DER DIGITALE WELTKRIEG

HUIB MODDERKOLK

DER DIGITALE WELTKRIEG

DEN KEINER BEMERKT

Aus dem Niederländischen
von Sabine Reinhardus

ecoWIN

Die niederländische Originalausgabe erschien 2019 unter dem Titel
Het is oorlog maar niemand die het ziet bei Uitgeverij Podium, Amsterdam.

1. Auflage
© 2020 Ecowin Verlag bei Benevento Publishing Salzburg – München,
eine Marke der Red Bull Media House GmbH, Wals bei Salzburg
© 2019 by Huib Modderkolk, represented by Uitgeverij Podium, Amsterdam

Medieninhaber, Verleger und Herausgeber:
Red Bull Media House GmbH
Oberst-Lepperdinger-Straße 11–15
5071 Wals bei Salzburg, Österreich

Satz: MEDIA DESIGN: RIZNER.AT
Printed by GGP Media GmbH, Germany
Umschlaggestaltung: Benevento Publishing
ISBN 978-3-7110-0262-4

*Technology is cool, but you've got to use it
as opposed to letting it use you.*

PRINCE

INHALT

PROLOG

Die erste Warnung gibt es im Jahr 2014. Kurz nach Weihnachten veröffentlicht das deutsche Bundesamt für Sicherheit in der Informationstechnik (BSI) einen Bericht mit beunruhigender Überschrift: »Gezielter Angriff auf ein Stahlwerk in Deutschland« heißt es da. Und weiter: »Massive Beschädigungen der Anlage«. Zum ersten Mal macht Europa mit Angreifern Bekanntschaft, die über ein Computernetzwerk physischen Schaden in einem anderen Land anrichten. In den Medien bleibt der Vorfall nahezu unbeachtet: Nur einige Fachzeitschriften berichten darüber. Die Angreifer haben sich über das Büronetzwerk Zugang verschafft, sind dann weiter vorgestoßen zum Kontrollnetzwerk und haben von dort aus die Steuerung der Hochöfen manipuliert. Der dadurch entstandene Schaden ist enorm. Warum der Angriff stattfand und wer ihn durchgeführt hat, ist nicht bekannt. Das BSI merkt an, dass die Eindringlinge gut vorbereitet waren und über »detailliertes Fachwissen zu den eingesetzten Industriesteuerungen und Produktionsprozessen« verfügten.

Vier Monate später die nächste Warnung: Russische Hacker treffen Deutschland ins Mark, als sie unbemerkt in die Netzwerke des Bundestages eindringen. Sie kommen an die Daten von mindestens 16 Abgeordneten, lesen E-Mails, greifen Dokumente ab und suchen nach vertraulichen Daten – sogar im Büro von Angela Merkel. Die Eindringlinge bleiben wochenlang unentdeckt. Einzelheiten des Vorfalls werden erst Jahre später bekannt. »Abgeordnete, deren IT-Mitarbeiter oder studentischen Hilfskräfte in Teilzeit arbeiten, sind gar nicht ausgerüstet, um diese Angriffe zu erkennen und entsprechend zu reagieren«, erzählt einer der Ermittler. SPD-Politikerin Bettina Hagedorn erklärt gegenüber der Zeitschrift *Die Zeit*, der digitale Einbruch habe sie völlig überrascht. Sie hätte keine Vorstellung, welche Möglichkeiten zur Spionage Rechner bieten. »Technisch bin ich eine völlige Niete.« Der Hack hat großen Einfluss auf sie. Hagedorn bleibt der Hauptstadt monatelang fern und fühlt sich dort nicht mehr sicher.

Ungeachtet der Warnungen nimmt die digitale Bedrohung in den folgenden Jahren zu. Der Chef des deutschen Inlandsnachrichtendienstes BfV weist nachdrücklich und mehrfach darauf hin, dass die Angriffe auf Deutschland und seine Verbündeten stetig bedrohlicher würden, dass die Souveränität des Landes bedroht sei. 2017: »Wir erwarten noch umfassendere und zahlreichere Angriffe und eine mögliche Manipulation der Wahlen.« 2018: »Wir sind besorgt wegen physischer Schäden.« Auch andere Länder sind betroffen. Anfang 2020 legen Staatshacker das österreichische Außenministerium lahm. Warum gelingt es Deutschland und anderen Ländern nicht, sich vor den Angriffen zu schützen? Warum bekommen Regierungen und Geheimdienste die digitale Bedrohung nicht unter Kontrolle?

Stellen Sie sich einmal Folgendes vor: Sie leben in einem schönen Haus in einer schönen Stadt. Nicht weit von Ihrem Zuhause entfernt liegt eine gute Schule, auf die Sie Ihre Kinder schicken, und im Viertel wohnen viele andere Familien. Eines Tages klingelt ein Mann an Ihrer Tür. »Ich muss Sie warnen. Wir haben Messungen durchgeführt, und in dieser Gegend besteht die Gefahr von Bodensenkungen. Woran es liegt, können wir noch nicht genau sagen.«

Sie sehen den Mann überrascht an. Von Bodensenkungen haben Sie noch nie gehört. Wovon redet er eigentlich? Sie tauschen sich mit Verwandten aus, die etwas weiter entfernt wohnen. Sie hatten Besuch von demselben Mann und waren ebenso überrascht. Auch bei ihnen gibt es keine sichtbaren Anzeichen einer Bodensenkung. Sie vergessen die Sache einfach. Bis der Mann wieder vor Ihrer Tür steht, diesmal in Begleitung eines Kollegen. »Uns liegen neue Untersuchungsergebnisse vor. Der Boden senkt sich schneller als erwartet und gefährdet die Anwohner. Um den Druck auf den Boden zu mindern, fordern wir die Anwohner auf, irgendwo anders zu wohnen.«

Obwohl Sie im Allgemeinen nicht zur Panik neigen, werden Sie jetzt doch unruhig. Im ganzen Viertel sind plötzlich Informationstafeln aufgestellt. »MASSIVE BODENSENKUNG«, steht in Großbuchstaben darauf. Weder Sie selbst noch Ihre Familie können irgendwelche Anzeichen einer Bodensenkung bemerken. Warum sind nirgendwo Risse zu sehen? In den Medien werden die Messergebnisse von Experten erklärt, aber viel schlauer sind Sie danach auch nicht. Das ist doch alles nur Spekulation. Manche sagen, es sei gar nicht so schlimm wie behauptet. Andere meinen, dass es höchstens noch ein Jahr dauere, bis die ersten Häuser einstürzen. »Bodensenkungen bedrohen ein ganzes Viertel«, titelt eine angesehene Tageszeitung. Müssen Sie alles aufgeben, wegen einer nicht sichtbaren Gefahr, die Kinder an anderen Schulen anmelden, Ihr schönes Haus verlassen und von Ihren Verwandten wegziehen?

Ganz ähnliche Zweifel tauchen auf, wenn vor den Folgen der Digitalisierung gewarnt wird. Wir telefonieren, teilen und liken den ganzen Tag, wir erleben täglich die Vorteile des digitalen Zeitalters: Die Smartwatch überwacht unseren Herzschlag, intelligente Zähler halten unseren Energieverbrauch fest, und das Smartphone steuert uns sicher durch den Verkehr.

Natürlich hören wir die warnenden Stimmen: »Pass bloß auf, die Geräte spähen dein Verhalten minutiös aus. Pass bloß auf, das kann gefährlich sein. Staaten nutzen in zunehmendem Maße das Internet, um dich zu kontrollieren und zu beeinflussen.« Spionage ist einfacher als je zuvor, und die Folgen bleiben nicht aus: Anonymität und Privatsphäre sind bedroht, Fake News verbreiten Misstrauen, Internetangriffe bedrohen unsere Gesellschaft.

Dennoch telefonieren wir, schicken unverdrossen WhatsApp-Nachrichten und kaufen trotz der beunruhigenden Babyfotos auf Facebook eine Apple Watch.

Liegt es daran, dass wir die Gefahren nicht erkennen oder daran, dass wir sie nicht wahrhaben wollen?

Anscheinend sind nicht einmal Regierungen und Geheimdienste in der Lage, wirksame Maßnahmen zu ergreifen. Unser unerklärliches Verhalten machte mich neugierig: Warum bleiben wir so gleichgültig, obwohl die Folgen derart gravierend sein können? Warum machen wir einfach apathisch weiter, wenn unsere Freiheit auf dem Spiel steht? Was muss passieren, ehe wir, Politiker und Bürger, die Bedrohungen tatsächlich ernst nehmen? Und wenn das geschieht, hören wir dann auf, Facebook zu nutzen, legen wir das Smartphone weg und passen unser Verhalten unseren Erkenntnissen an?

Es gab nur eine Möglichkeit, Antworten auf diese Fragen zu bekommen: Ich musste herausfinden, wie groß die Gefahren tatsächlich sind und was uns erwartet. Ich musste mich dorthin begeben, wo die Risiken des digitalen Zeitalters am deutlichsten zu erkennen sind.

TEIL I

WAS IST EIGENTLICH LOS?

1
EIN UNGEBETENER GAST

Bei mir zu Hause befindet sich ein Eindringling. Er sitzt in einer Ecke im Wohnzimmer neben dem weißen TV-Möbel: ein ungebetener Gast in meiner Wohnung in Amsterdam-West, der mich genau im Auge behält.

Wahrscheinlich wollte er möglichst unauffällig bleiben, aber er war unvorsichtig und hat sich verraten. Seine Anwesenheit schüchtert mich ein, denn obwohl ich ihn nicht sehen kann, beobachtet er mich sehr genau. Was mag er alles über mich wissen? Wie lange ist er schon hier? Und sehen außer ihm noch andere zu?

Während ich solchen Gedanken nachhänge, tigere ich am Samstag, den 2. November 2013, durch die Wohnung, den Blick auf die besagte Ecke in meinem Wohnzimmer geheftet.

Vor sechs Monaten hat mein Leben eine neue Wendung genommen. Ich bin investigativer Journalist beim *NRC Handelsblad* und berichte über innenpolitische Themen wie die Hochgeschwindigkeitsstrecke oder die Politik des niederländischen Außenministers Uri Rosenthal. Mein Chef Jan Meeus ermutigt mich, über größere gesellschaftliche Themen nachzudenken. »Privatsphäre und Geheimdienste«, sage ich zu ihm. »Darüber würde ich gern schreiben.« Ich habe den Eindruck, dass unsere Privatsphäre zunehmend unter Druck gerät. Das Smartphone übernimmt einen immer größer werdenden Teil unseres Lebens; statt anzurufen, schicken wir lieber eine E-Mail, und auf WhatsApp kostenfrei zu chatten, ist die neue Volksdroge. Mit dem Smartphone ist die Außenwelt in unsere Wohnungen eingedrungen. Welche Folgen hat das für unsere Sicherheit?

Dann taucht Edward Snowden auf. Der 29 Jahre alte Amerikaner spielt Journalisten Zehntausende streng geheimer Dokumente der NSA (US-Auslandsgeheimdienst) zu. Die Geheimnisse des mächtigsten Nachrichtendienstes der Welt werden veröffentlicht: Es ist ein unvorstellbarer Skandal, der weltweit Medienaufmerksamkeit erregte. Aufgrund von Snowdens Enthüllungen wird mit einem Mal offensichtlich, dass das digitale Zeitalter völlig neue Formen der Überwachung und Spionage hervorgebracht hat.

Plötzlich weiß die ganze Welt, dass die NSA Daten von Google und Facebook abfragen kann und es dabei pro Jahr um 230 Millionen Datensätze geht: Mailverkehr und Chatverläufe von vielen Hundert Personen. Und dass die NSA jeden Tag Kopien der Telefongespräche von 120 Millionen Amerikanern erhält. Jan Meeus ist der Meinung, ich solle herausfinden, wie es in puncto Datensicherheit und Überwachung in Europa und den Niederlanden aussieht. »Das ist deine Chance«, sagt er.

Ich möchte mich mit Snowden treffen, weiß aber nicht, wie ich an ihn herankommen soll. Kann ich direkt Kontakt zu ihm aufnehmen? Oder soll ich die Journalisten anrufen, denen er die Geheimdokumente zugespielt hat? Hätte mir jemand zu diesem Zeitpunkt gesagt, dass Edward Snowden mir anderthalb Jahr später vermummt gegenübersitzen würde, dann hätte ich ihn für verrückt erklärt.

Diese Welt ist völlig neu für mich. Ich nutze zwar wie jeder andere auch eifrig die neuen Technologien, bin in den Social Media unterwegs und besitze ein iPhone. Ich staune immer wieder, wie schnell Berichte verschickt werden können, aber wie das genau funktioniert, könnte ich nicht erklären. Die Technologie hat etwas Schwer-zu-Greifendes, Beängstigendes: Wie viele Unbekannte betrachten meine Urlaubsfotos, und wer hört alles mit, wenn ich meine Freundin anrufe?

In technischen Fragen bin ich nicht bewandert und weiß jetzt nicht recht, wo ich anfangen soll. Ein Kollege rät mir,

Kontakt mit Erik Bais aufzunehmen, der ein eigenes Internetunternehmen aufgebaut hat. Im Sommer 2013 fahre ich nach Purmerend in sein nüchternes Büro: abgehängte Decken, Glastrennwände und breite Schreibtische mit großen Computerbildschirmen. Die Belegschaft ist ausschließlich männlich. Wir trinken Kaffee aus großen Bechern. Bais, im zerknitterten Hemd, zeichnet Pfeile und Linien auf ein Whiteboard. Er fängt sofort an, über »Protokolle«, »Hashtags«, »switchen« und »Redundanzen« zu reden. Auf meine Bitte hin geht er die Sache etwas langsamer an.

»Nehmen wir als Ausgangspunkt einmal das Verkehrsnetz«, erklärt er. »Straßen, Abfahrten, Kreuzungen. Dank des Verkehrsnetzes können Autos zwischen den Städten hin- und herfahren und Menschen sich von Ort zu Ort bewegen. Genauso ist es im Grunde auch mit dem Internet. Hinter unseren Monitoren und Smartphones liegt ebenfalls ein Verkehrsnetzwerk. Obwohl wir dieses Netz kaum wahrnehmen, besteht es trotzdem aus physischen Elementen: Drähte, Gebäude, Telefonmasten, Serveranlagen.

Eine Mail oder WhatsApp-Nachricht in diesem Verkehrsnetzwerk läuft auf ihrer Reise durch sieben Stationen: zuerst das Modem deines Internetproviders, dann den lokalen Knoten dieses Internetproviders, dann das Rechenzentrum dieses Internetproviders; anschließend den Internetknoten und das Rechenzentrum vom Internetprovider des Empfängers. Von da aus geht es zu einem lokalen Knoten und schließlich zum Modem des Empfängers. Das ist alles. Ganz einfach eigentlich.«

Ich sehe die Reise vor mir. Sobald man eine Mail geschrieben und auf »Senden« gedrückt hat, wird die Nachricht in verschiedene Datenpäckchen aufgeteilt, die alle jeweils ein eigenes Etikett haben: Inhalt, Herkunft, Ziel. Diese Päckchen wählen den kürzesten Weg zum Modem des Providers. Anschließend schwirren sie via Kabel zum nächstgelegenen Knotenpunkt und von dort zum Rechenzentrum des Providers. Der Transport erfolgt meist in Glasfaserkabeln, dafür müssen die Päckchen in Lichtsignale umgewandelt werden. Rechenzentren sind Gebäude mit Gängen voller Rechnerschränke, in denen Computer surren.

Diese Computer schicken die Päckchen weiter zu einem großen Internetknotenpunkt, auf der Suche nach dem Empfänger; das kann ohne Weiteres ein anderer Provider sein. Die Internetknoten spielen eine entscheidende Rolle, denn hier findet der Austausch der Daten statt.

In Amsterdam befindet sich einer der größten Internetknoten weltweit: der Amsterdamse Internet Exchange oder auch AMS-IX. Obwohl es sich tatsächlich nur um einen einzigen Knoten handelt, besteht er aus verschiedenen, riesigen Rechenzentren an unterschiedlichen Standorten. Einer davon liegt beispielsweise an der Ringautobahn A10 in Richtung Osten; dort hat man zwei große, fensterlose Hochhäuser hochgezogen, in denen sich Rechnerschränke mit Computern befinden, die Millionen Datenpäckchen pro Sekunde verarbeiten.

Ein Internetknoten ähnelt im Grunde einer riesigen Kreuzung mit 20 Fahrbahnen: viele Verbindungen und viel Kapazität. Denn die großen Anbieter wie Netflix, Google und YouTube wollen möglichst breite Straßen und damit möglichst schnelle Verbindungen. Dass ein derart gewaltiger Knoten in Amsterdam liegt, ist ein bedeutender wirtschaftlicher Vorteil für die Niederlande. Aber er zieht auch Trittbrettfahrer an: Kriminelle und Fahndungsdienste bedienen sich gern an dem Schatz von Informationen, der hier fließt.

Anschließend wandern die Datenpäckchen zum Rechenzentrum des empfangenden Internetproviders. Dieses kann sich in den Niederlanden befinden, könnte aber auch ebenso gut in Taiwan oder den Vereinigten Staaten liegen: Die Päckchen überqueren dann einfach schnell den Ozean, und zwar in dicken schwarzen Kabeln, die aus vielen Schichten bestehen und auf dem Meeresboden liegen. In den Niederlanden münden etliche große Kabelstränge etwa in Beverwijk, in Katwijk oder im nördlich gelegenen Eemshaven in der Provinz Groningen. Die Lage der Kabel erklärt auch, warum sich ein Rechenzentrum der amerikanische Plattform Google in Groningen befindet: Der Anbieter will so nahe wie möglich an der großen transatlantischen Datenautobahn dran sein. Überall dort, wo die Kabel an Land kommen, stehen große bunkerartige Anlandestationen, umzäunt und von Sicherheitskameras bewacht.

2010 setzten die Vereinigten Staaten Beverwijk und Katwijk auf die Liste der »kritischen Infrastrukturen« (CFDI – *Critical Foreign Dependency Initiative*), die, wenn sie angegriffen oder zerstört würden, die Sicherheit der USA gefährden könnten. In der Nähe von New York liegt die weltweit größte Anlandestation. Als der Hurrikan Sandy 2012 über dem Bundesstaat New York wütete, war die Sicherung der Anlandestation oberste Priorität, und es wurden besondere Schutzmaßnahmen getroffen, damit die Station funktionstüchtig blieb.

Rasend schnell reisen die Päckchen also durch dieses Netzwerk von Drähten und Gebäuden. Bais sieht mich grinsend an und nimmt einen Schluck Kaffee. »Alles klar?« Ich nicke zögernd und weiß jetzt so ungefähr, wie das Internet funktioniert.

Die Erklärung von Bais wirft sofort neue Fragen auf: Wer hat online das Sagen, wer führt Cyberangriffe durch, wer kümmert sich um die Datensicherheit? Wie verwenden Geheimdienste die neuen Techniken? Mit diesen Fragen werde ich mich als Nächstes beschäftigen. Aber Geheimnisse geben sich nicht einfach von selbst preis. Edward Snowden kann ich nicht anrufen, er ist in Moskau untergetaucht. Ich muss nach anderen Leuten suchen, die etwas von dieser Welt verstehen.

Anrufen, anrufen, anrufen, das habe ich als Journalist gelernt. Wenn du nicht weiterkommst, denk drüber nach, wer dir helfen könnte. Ich lade mich bei Internetprovidern und Telekommunikationsexperten ein, bei ehemaligen Geheimdienstmitarbeitern und Sicherheitsfachleuten. Alle sind ausnehmend freundlich. Häufig sind es Männer zwischen 30 und 50 Jahren, die keinen Anzug, sondern ein T-Shirt, Jeans und Turnschuhe tragen. Viele von ihnen arbeiten in Gewerbegebieten. Ich betrete eine Welt der Betriebskantinen und Empfangshallen mit Eingangsschranken.

Ehemalige Regierungs- oder Geheimdienstmitarbeiter treffen mich lieber auf neutralem Boden. Sie tragen oft ein Sakko, um ihre frühere Position zu betonen.

Wochen verstreichen, ich habe viele Verabredungen. Alle sind gern bereit, mir etwas über das Internet zu erzählen. Ich erfahre vieles über digitale Gefahren, Fallstricke, sogar über Spionage und die Bedrohung der Privatsphäre. Außerdem geht eines aus den Gesprächen klar hervor: Es findet ein enormer Datenhandel statt, die Amerikaner sind online in der Übermacht und technisch in der Lage, vieles abzuhören; die Niederländer besitzen Spezialkenntnisse, dürfen aber aus rechtlichen Gründen keine Glasfaserkabel anzapfen. Die Briten kennen sich ebenfalls gut aus und sind gute Hacker. Außerdem gibt es zahlreiche Unternehmen wie Hosting-Provider, SIM-Karten-Hersteller, Dienstleistungsbüros und Transitnetzwerk-Provider, die ebenfalls interessant sind. Die technologische Entwicklung ist so rasant, dass man kaum Schritt halten kann.

Nach diesen allgemeinen Informationen versanden die Gespräche allerdings häufig. Es passiert alles Mögliche. Es wird deutlich, dass wir in aufregenden Zeiten leben und jeder nach Daten und noch mehr Daten auf der Jagd ist, aber wie das genau vor sich geht, bleibt ein Rätsel. Solange es um technische Fragen, Infrastruktur und die Theorie geht, sind meine Gesprächspartner mitteilsam, aber bei praktischen Fragen hüllen sie sich in Schweigen. Als ich nicht lockerlasse, erzählt Erik Bais schließlich, dass der Nachrichtendienst ihn gelegentlich beauftragt. Dann muss er auf Kosten des AIVD (niederländischer Nachrichten- und Sicherheitsdienst) eine bestimmte

Internetverbindung anzapfen. Wie genau geht das eigentlich? Saugt er dann alle Datenpäckchen ab? Und wie sieht so ein Befehl aus? »Kann ich mal einen sehen?«, frage ich, bekomme aber keine Antwort.

So geht es die ganze Zeit. Hat ein Internetprovider jemals bemerkt, dass Amerikaner, Russen oder andere in sein Netzwerksystem eingedrungen sind? Wissen Ermittler, wie und wo Facebook Nutzerdaten speichert und wer Zugang dazu hat? Können Geheimdienste auf Google Maps einen Suchverlauf nachverfolgen?

Je präziser meine Fragen, desto mühsamer und unangenehmer die Gespräche. In solchen Augenblicken fragt mich mein Gegenüber häufig, auf welchem Weg ich zum Treffpunkt gekommen sei, ob ich mein Telefon ausgeschaltet habe, oder ob ich beim nächsten Mal meine Fragen nicht per E-Mail stellen könne. Ein Spezialist für Industriespionage will kein Beispiel aus seiner Arbeit nennen. »Ausgeschlossen. Wenn jemand davon erfährt, bin ich sofort meinen Job los«, sagt er und sieht mich etwas verärgert an. Der ehemalige Mitarbeiter des Nachrichtendienstes möchte ausschließlich über juristische Themen reden. Womit die Dienste tatsächlich beschäftigt sind, bleibt geheim. Darüber darf er nichts sagen. In manchen Fällen wird mein Nachhaken ignoriert, oder man bittet mich um ein zweites Treffen.

Auch Presseberichte helfen mir nicht weiter. Es wird zwar über bestimmte Vorfälle geschrieben, aber der Kontext fehlt. Nirgendwo finde ich Artikel darüber, inwieweit die Technologie unsere Sicherheit beeinflusst.

Zum ersten Mal stehe ich als Journalist vor einer Mauer des Schweigens. Ich frage einen Freund – ein in der Hackerszene gut bekannter Jurist – um Rat. Er schlägt mir vor, zur OHM2013 zu gehen. Ansonsten sagt er nichts. »*Observe. Hack. Make*«, erklärt er nur, »ein Festival mit Tausenden Besuchern und vielen ehemaligen Spionen, Hackern und Informanten.« Anscheinend ist es das erste Mal seit den Enthüllungen von Edward Snowden, dass die Hackerszene sich in Europa trifft. Rein zufällig findet das Festival in Nord-Holland statt, im Erholungsgebiet Geestmerambacht in der Nähe von Alkmaar.

Auf dem Gelände geht es chaotisch zu: ein Durcheinander von Menschen, Strohballen, Spruchbändern. Aufs Geratewohl aufgebaute Zelte, Golfcarts fahren kreuz und quer. Auf dem Gelände gibt es verschiedene sogenannte Inseln: Rainbow Island oder Noisy Square – die Domäne der echten Hacker. Männer und Frauen in schwarzen T-Shirts und mit stickerbeklebten MacBooks. Eine »Einkaufsdrohne« fliegt herum – ein Quadrokopter mit vier Propellern, der Pizza ausliefern kann.

Ich höre mir die Reden an und sehe das Videointerview mit Julian Assange von Wikileaks. Er spricht von zunehmender Überwachung: Konzerne und Regierungen versuchten, das Internet zu kontrollieren. Assange bezeichnet diese Überwachungssysteme als »den Feind«. Er spricht in Begriffen wie »wir« und »sie«. »Letztlich werden sie alle Internetnutzer überwachen«, sagt er voraus.

Das Internet, so die einhellige Schlussfolgerung der Teilnehmer, ist nicht mehr frei. Früher war es eine Austauschplattform, und Regierungen besaßen keine Befugnisse. Aber Großkapital und Staaten haben sich inzwischen einen festen Platz darin erobert. Längst geht es nicht mehr um das Verbinden, um Netzwerke und Kommunikation. Je tiefer das Internet in das Leben seiner Benutzer über Smart-TV, Smartphone, smarte Messgeräte und DigiD (digitale Unterschrift bei Onlineanträgen) eindringt, desto wichtiger die digitale Sicherheit.

Das Internetverkehrsnetzwerk ändert sich rasch. Google und Amazon kümmern sich um die Ausschilderung, stellen die Transportwege für die Datenpakete bereit, und an jeder Abfahrt steht ein Einkaufszentrum der beiden Großanbieter. Durch deren Präsenz nimmt die Anzahl der Internetanbieter

Jahr für Jahr ab. Während es in den 1990er-Jahren noch Zehntausende gab, sind inzwischen nur noch wenige große Anbieter übrig. Die Macht hat sich von den Kunden – also den Nutzern – hin zu Konzernen wie Google verschoben. Diese verfügen über Milliarden Nutzerdaten, sie steuern und beherrschen den Internetverkehr. Kein einziges Datenpaket überquert unbeachtet den Ozean.

Auf der OHM2013 herrscht eine merkwürdige Stimmung, eine Mischung aus Optimismus und Niedergeschlagenheit. Einerseits die beinahe kindliche Freude über alte Computerspiele in 3-D oder Spielautomaten aus den 1980er-Jahren, andererseits sind alle besorgt wegen der Macht der Großkonzerne und Behörden wie der NSA. Thomas Drake, ein ehemaliger leitender Angestellter der NSA und späterer Whistleblower, prangert in seiner Präsentation die Methoden der Geheimdienste an: »Der Überwachungsstaat nimmt seinen Bürgern die Souveränität und dringt in ihre Privatsphäre ein.«

Während des Festivals kommt es zu einem Konflikt, der diesen Machtkampf widerspiegelt. Die niederländische Firma FOX-IT, eine Sicherheitsfirma, ist Sponsor des OHM2013. Gründer der Firma ist der exzentrische Kryptograf Ronald Prins. FOX-IT überwacht weltweit Betriebsnetzwerke. Die Firma wächst schnell, viele internationale Banken gehören zu ihren Kunden. Geladene Gäste von FOX-IT werden auf dem Festival als VIPs behandelt und in Golfcarts über das Gelände chauffiert.

In der Hackerszene genießt FOX-IT nicht den besten Ruf. Die Firma gilt als Symbol der mächtigen Überwachungsindustrie: Aus Sicht der Hacker bedrohen solche Unternehmen die Freiheit des Internets. Ursprünglich geht das Internet auf eine Entwicklung des Militärs zurück; man teilte E-Mails und Berichte aus Sicherheitsgründen in kleine Päckchen auf, wodurch sie unlesbar waren, wenn sie abgefangen wurden. Firmen wie FOX-IT haben eine smarte Software entwickelt, die erkennt, welche Päckchen zueinander gehören. Das wiederum ist ideal für Regierungen, die das Internet anzapfen und die abgesaugten Daten lesen wollen.

FOX-IT verkauft die Software an westliche Länder, bildet aber auch in Staaten wie Ägypten Spezialisten in digitaler Spurenauswertung aus. Aus diesem Grund hat das Sponsoring der Firma schon vor Beginn von OHM2013 für heftige Diskussionen gesorgt. Insbesondere die deutschen Hacker des Chaos Computer Clubs möchten keinesfalls mit FOX-IT in Verbindung gebracht werden und wollten das Unternehmen, das dieses Festival mit mehreren 10.000 Euro unterstützt, herauskaufen. Aber die Stiftung, die das OHM organisiert, sieht die Sache eher entspannt. Pikantes Detail: Zwei Leute des Vorstandes – unter anderem der Leiter des Festivals – sind bei FOX-IT beschäftigt.

FOX-IT bleibt als Sponsor also einfach an Bord. Daraufhin boykottierten die deutschen Hacker das OHM. Und damit nicht genug: Auf das Zelt von FOX–IT wird während des Festivals mit roter Farbe »NSA« gesprüht, und die Golfcarts erregen ebenfalls viel Anstoß. Mitarbeiter von FOXIT werden von Hackern beleidigt und ausgepfiffen. Die Spannung ist mit Händen zu greifen. Und dann geschieht noch etwas, das niemand für möglich gehalten hätte: Offenbar ist auch der Geheimdienst vor Ort.

Ich bin mit Jurre van Bergen verabredet. Er ist um die 20 und einer der Organisatoren des Festivals. Er schläft in einem Zelt neben dem besonders lauten und betriebsamen Noisy Square am Rande des Geländes. Van Bergen ist ein kluger Technikfreak und entwickelt Software für idealistische Organisationen, damit Menschen auch in Ländern wie etwa dem Iran sicher und anonym kommunizieren können. Er ist an der Entwicklung von Tails beteiligt, ein Betriebssystem, das Anonymität und Privatsphäre garantiert: Ein sicherer Browser verschleiert die IP-Adresse des Nutzers, und die Datenpäckchen werden mit unlesbaren Etiketten verschickt.

Am ersten Tag des Festivals bemerkt Jurre etwas Sonderbares: Sein Handy, ein Samsung Nexus, verliert innerhalb weniger Stunden 50 Prozent Batterie. Weil er mit dem Aufbau ziemlich beschäftigt ist, vergisst er die Sache zunächst. Am Tag darauf ist sein Telefon weg, und er bekommt es erst Wochen später über den Lost-&-Found-Service zurück.

Am Dienstag nach dem Festival arbeitet van Bergen in der Bibliothek von Haarlem, als sein Vater ihn anruft: »Krieg keinen Schreck, gerade war jemand vom AIVD hier. Sie möchten mit dir sprechen.« Jurres Vater erklärt ihm, was passiert ist. Ein Mann mittleren Alters stand vor der Tür und stellte sich als Hans Turksema vom Innenministerium vor. Als der Begriff »Innenministerium« fällt, wird sein Vater misstrauisch und fragt: »Dann sind Sie bestimmt vom AIVD?«

Der Mann möchte mit Jurre sprechen und das »Image des Nachrichtendienstes unter Hackern verbessern«. Er hinterlässt seine Telefonnummer. Als van Bergen nach Hause kommt und die Nummer sieht – 0681704511 –, ist es dieselbe Nummer, unter der ihn jemand während des OHM angerufen hat. Ihm wird mulmig. Er hat Kontakt zu Menschen, die er schützen will, Dissidenten und Aktivisten.

Das sei kein Einzelfall, erklärt van Bergen. »Es war auf dem Festival ein offenes Geheimnis, dass der Nachrichtendienst an einige von uns herangetreten ist.« Der AIVD hatte die Veranstaltung ausgewählt, um dort eine Charmeoffensive zu starten. Ziel: Hacker als Informanten anzuheuern und ihr Wissen für den Dienst zu nutzen. Technisch ist der AIVD nämlich nicht auf dem neuesten Stand. Die Zeiten, als Richtmikrofone angebracht und Kabel angezapft wurden, sind längst vorbei, jetzt geht es um Smartphones und Router. Neue Zeiten erfordern neue Methoden. Van Bergen und seine Freunde sind das Zugangsportal.

Langsam zeichnen sich die Umrisse des Konflikts deutlicher vor mir ab: Einerseits sind die Sicherheitsdienste auf der

Suche nach technischem Nachwuchs und wollen die Kenntnisse der Hacker für ihre Zwecke nutzen, andererseits sehen die Hacker ihre Freiheit durch mächtige Unternehmen und spionierende Regierungen bedroht. Wenn ich mehr über diesen Konflikt herausfinden will, muss ich noch näher an die Quelle heran.

Am Sonntag, den 15. September 2013, fahre ich mit meinem *NRC*-Kollegen Steven Derix nach Deutschland. Wir sind in Kontakt mit dem Nachrichtenmagazin *Der Spiegel*; die Zeitschrift hat die geheimen Snowden-Dokumente. Auf eigene Faust habe ich keinen Zugang in die Welt der Sicherheitsdienste gefunden, darum hat Steven sich angeschlossen. Er war häufig in Afghanistan, hat jahrelang über die Armee berichtet und ist gut vernetzt mit Informanten im Verteidigungsministerium.

Dass der Kontakt zu den Diensten schwierig ist, liegt auch an der niederländischen Kultur. Unsere Sicherheitsdienste sind deutlich abgeriegelter als amerikanische Behörden wie CIA oder FBI. Diese sind viel größer und kooperieren außerdem häufiger mit freien Mitarbeitern. Die beiden Dienste spielen auch im politischen Kräftemessen eine Rolle, und die amerikanische Kultur ist insgesamt offener als die niederländische – beides Anfälligkeiten für undichte Stellen. CIA-Dokumente werden im Prinzip nach 30 Jahren freigegeben, in den Niederlanden unterliegen auch Dokumente aus der Nachkriegszeit noch Schutzfristen, und man kann sie weder beim AIVD noch beim MIVD, dem niederländischen militärischen Sicherheitsdienst, einsehen. Darüber hinaus veröffentlichen ehemalige Mitarbeiter des amerikanischen Geheimdienstes regelmäßig Memoiren über ihre Dienstzeit. In den Niederlanden wäre das unvorstellbar. Ehemalige CIA-Leute oder ehemalige Angestellte der CIA gehen gelegentlich sogar an die Öffentlichkeit oder spielen jemandem Geheimdokumente zu. Auch das wäre in den Niederlanden praktisch undenkbar.

Steven und ich haben jede Menge Fragen. Hacken AIVD und MIVD auch Telefone? Was passiert mit unseren Daten, die bei den Providern liegen? Wie sicher ist eine Internetverbindung von zu Hause aus? Was macht Facebook mit den personenbezogenen Daten? Aber auch gemeinsam kommen wir nicht weiter. Als gäbe es eine Art Geheimcode unter den Beteiligten: Darüber sprechen wir nicht, das gibt es nicht. »Tut mir leid, dazu kann ich leider nichts sagen«, heißt es nur. Obwohl die Dokumente von Snowden natürlich kaum einen Zweifel daran lassen, dass alles Mögliche vor sich geht.

Vielleicht liegt es an der Kommunikation, überlegen wir. Ich kenne mich weder mit sicheren E-Mails noch mit Verschlüsselungstechniken aus. Im Allgemeinen rufe ich einfach an oder frage per Mail, ob wir uns auf einen Kaffee treffen können. Ob das potenzielle Informanten abschreckt? Es wäre jedenfalls denkbar. Je mehr ich über diese neue Welt erfahre und höre, desto deutlicher sehe ich selbst die Risiken.

Jeder Kontakt hinterlässt eine digitale Spur. Anrufen: Der Telefonprovider zeichnet die Metadaten des Gespräches auf. Mail: Die Datenpäckchen fließen durch Rechenzentren und Internetknoten, manche davon auch in Amerika; Dritte können an die Daten kommen. Außerdem zeichnen E-Mail-Dienste ebenfalls Informationen auf. Sobald amerikanische Anbieter beteiligt sind – wie etwa Google – fallen diese Aufzeichnungen unter die amerikanische Gesetzgebung.

Steven und ich versuchen es also mit neuen Techniken. Wir kaufen Prepaid-Handys mit verschiedenen SIM-Karten. Die Idee dahinter ist: Sollte es jemand auf uns abgesehen haben, wird er sich wahrscheinlich als Erstes unsere Telefone vornehmen. Die Prepaid-Handys sorgen für neue Probleme: Wie sollen wir uns mitteilen, wann wir sie benutzen? Denn sobald wir vorher mit unseren eigenen Handys das Prepaid-Handy anrufen, sieht eine Behörde oder ein Dienst sofort, dass wir Kontakt mit einer unbekannten Prepaid-Nummer aufgenommen haben.

Es gibt noch mehr praktische Probleme. Bleibt das Prepaid nämlich ständig in der Nähe des anderen Handys, greifen beide Geräte auf denselben Funkmast zu. Ein aufmerksamer Beobachter kann daraus ein Muster ablesen: Beide Nummern legen denselben Weg zurück. Sicherheitshalber muss ich daher zuerst das eigene Handy ausschalten, anschließend ein paar Meter weiterlaufen und dann erst mit dem Prepaid-Handy Steven anrufen, der unter einem Pseudonym eingetragen ist.

Unsere Mails verschlüsseln wir ebenfalls: Der Mailserver ist nicht sicher, ebenso wenig wie unsere Computer. Wir besorgen uns ein paar gebrauchte und komplett gereinigte Rechner, mit denen wir nur im Notfall ins Internet gehen. Mails versenden wir entweder verschlüsselt oder gar nicht. Unser Kontakt läuft hauptsächlich über Chats in gesicherten Kanälen: Via USB-Stick öffnen wir einen separaten Treiber, in dem sich wiederum ein eigener Browser öffnet, der die IP-Adresse verschleiert. Außerdem kommunizieren wir mit einem Chatprogramm, das alle Berichte verschlüsselt.

Wir hoffen, dass wir auf diesem Weg an die richtigen Personen herankommen.

Wir fahren auf der A1 nach Hamburg zum *Spiegel*-Verlagssitz, der eindrucksvolle Glasbau liegt an einem Seitenarm der Elbe. Das Magazin arbeitet mit der amerikanischen Dokumentarfilmregisseurin Laura Poitras zusammen. Edward Snowden hatte ihr und dem amerikanischen Journalisten Glenn Greenwald in Hongkong sein Archiv von Geheimdokumenten übergeben, das sie daraufhin gemeinsam mit dem *Spiegel* nutzte. Vielleicht wollen die Journalisten zusammen mit uns über die Niederlande schreiben. Mit diesem Vorschlag haben wir uns jedenfalls selbst eingeladen.

Aber aus der Sache wird nichts. Der Reporter, den wir treffen, ist verärgert, weil ich ihm ein paar Tage zuvor auf Twitter gefolgt bin. Seiner Meinung nach ist unser Kontakt deswegen kontaminiert: Jeder könne jetzt herausfinden, dass wir uns vielleicht treffen. In Zukunft solle ich besser über solche Schritte nachdenken, findet er. Ich halte das für eine paranoide Vorstellung.

Enttäuscht fahren wir zurück in die Niederlande. Auf dem Rückweg haben wir jedoch Glück. Eine unserer Quellen ruft an und gibt uns einen Tipp. Wir haben ihn vor einigen Wochen kennengelernt. Er sagt, bei dem belgischen Mobilfunkanbieter Belgacom sei etwas im Gange. Was genau das ist, sollen wir selbst herausfinden.

Zum ersten Mal kontaktiert uns jemand aufgrund unserer Nachforschungen. Offenbar haben wir inzwischen doch einen Fuß in der Tür. Wir haben noch ein zweites Mal Glück. Die *NRC*-Korrespondentin in Brasilien, Floor Boon, hat Glenn Greenwald interviewt – den Journalisten, der Zugang zu den Geheimdokumenten von Snowden hat. Nach dem Interview hat sie ihn gefragt, ob er mit dem *NRC* zusammenarbeiten möchte. Er will.

Die Kontaktaufnahme mit Glenn Greenwald gestaltet sich mühsam, wir bekommen ihn einfach nicht zu fassen. Sein Telefon ist ständig besetzt, und auf Mails reagiert er nicht. Wir sind frustriert, schicken ununterbrochen verschlüsselte Nachrichten, rufen an oder versuchen, per SMS Kontakt aufzunehmen.

Nachdem wir zwei Monate lang vergeblich versucht haben, Greenwald zu sprechen, buche ich kurz entschlossen einen Flug nach Rio de Janeiro. Von ehemaligen Spionen habe ich erfahren, dass das direkte Gespräch immer noch am besten funktioniert. Jemand, der mit dir zusammenarbeiten wird, will dir erst mal in die Augen sehen. Die Strategie bewährt sich: Weil Floor jetzt argumentieren kann, dass ich extra seinetwegen nach Rio geflogen bin, erklärt sich Greenwald zu einem Treffen bereit.

Wir treffen ihn in der Lobby eines Nobelhotels im Stadtteil Leblon, das Beverly Hills von Rio. Ringsum lauter breitschultrige Männer, die auffällig mit ihren Handys beschäftigt sind und immer wieder Blicke in unsere Richtung werfen. Mich macht das nervös, aber Greenwald lässt sich davon überhaupt nicht stören. Lautstark begrüßt er uns beide. Ich beschreibe kurz, für welche Zeitung wir arbeiten und was ich inzwischen über die niederländischen Geheimdienste herausgefunden habe. Greenwald erklärt uns, wie er sich die Zusammenarbeit vorstellt. Beispielsweise möchte er namentlich als Mitverfasser eines Artikels genannt werden, denn dadurch ist er Autor und genießt rechtlichen Schutz, wenn sie Staatsgeheimnisse veröffentlichen. Ist er an Publikationen beteiligt, möchte er als Freelancer bezahlt werden. Das ist alles. Erleichtert nehmen Floor und ich Abschied.

Nach meiner Rückkehr in die Niederlande hat sich etwas verändert. In einem Café am Europaplein in Amsterdam sprechen Steven und ich mit einem ehemaligen Mitarbeiter des niederländischen Nachrichtendienstes. Unser Informant weiß viel, ist aber ebenso zurückhaltend wie seine Kollegen. Wir sind uns nicht sicher, ob wir ihm vertrauen können. Soll er uns womöglich im Auftrag seines Dienstes ausspähen und herausfinden, wie viel wir wissen? Wir fühlen vorsichtig vor, ob er bereit wäre, Informationen zu bestätigten, wenn es uns gelingt, an die NSA-Dokumente zu kommen.

Darauf reagiert er sehr ungehalten, beinahe aggressiv. »Euch kann man nicht vertrauen, ich verschwende hier bloß meine Zeit.« Offenbar hat er erwartet, dass wir ihm die Dokumente übergeben würden. Er fordert, dass wir uns loyal verhalten und will »nicht länger so behandelt werden«. Das Treffen ist so schnell zu Ende, dass wir kaum Zeit haben, unser Mineralwasser und den Kaffee hinunterzustürzen. Wir sind völlig verblüfft.

Dann, schon im Gehen, hält er plötzlich inne. »Warum seid ihr über Portugal nach Brasilien geflogen?«, fragt er und mustert uns. Wir sind erschrocken. Nach meinem Treffen mit Greenwald haben Steven und ich überlegt, wie die Übergabe der Dokumente stattfinden soll. Niemand, nicht mal unsere Familien und engsten Freunde, wissen über unseren zweiten Flug nach Rio Bescheid. Die Tickets haben wir nicht über die Zeitung gebucht und sie auch nicht an unsere Mailadressen schicken lassen. Wie hat er dann davon erfahren? Aber noch ehe ich ihn fragen kann, ist er schon verschwunden.

Wir bleiben mit einem unangenehmen Gefühl zurück. Anscheinend will dieser Informant vor allem etwas von uns wissen. In wessen Namen? Und dass er nach ein paar Treffen bereits unsere Loyalität fordert, ist auch sonderbar.

Am Samstagmorgen, dem 2. November 2013, überkommt mich wieder dieses unangenehme Gefühl. Diesmal in meiner eigenen Wohnung. Ich werde ausgespäht.

Gestern Abend ist das Internet plötzlich ausgefallen. Steven und ich waren dabei, über eine sichere Verbindung zu chatten, mit einem besonderen Laptop, ein altes, komplett bereinigtes Windows-Modell. Ein Gerät, mit dem man eigentlich nichts mehr anfangen kann, es hat lediglich ein einfaches Textprogramm. Per USB-Stick starte ich Tails und öffne zuerst einen anonymen Browser und mit diesem ein zahlenchiffriertes Chatprogramm. Unter einem Pseudonym kann Steve dann Kontakt mit mir aufnehmen. Er steigt auf demselben Weg in den Chat ein, bis die Verbindung plötzlich abbricht.

Ich sage Steve telefonisch, dass ich nicht länger sprechen könne. Für den restlichen Abend und auch am nächsten Tag habe ich keinen Internetempfang, obwohl nichts von einer Störung bekannt ist. Das Modem des Providers funktioniert tadellos. Nur der weiße Router, der mein Wi-Fi-Signal ins Wohnzimmer schickt, hat den Geist aufgegeben. Ein Neustart bringt nichts, und wahllos auf Knöpfen herumzudrücken, hilft ebenso wenig; der Router gibt keinen Mucks mehr von sich. Er ist mausetot.

Als ich Steven anrufe und ihm davon erzählen will, fällt er mir sofort ins Wort. »Komisch, bei mir geht auch nichts mehr. Mein Modem ist kaputt.« Er hat keinen getrennten Router, sondern sein Modem – von Siemens – sendet zugleich das Wi-Fi-Signal. Sein Problem ist jedoch dasselbe: Von einer Störung ist nichts bekannt, aber das Gerät funktioniert nicht.

Zwei Geräte, die gleichzeitig kaputtgehen: eines in Amsterdam, das andere in Rotterdam, eine Woche vor unserem Flug nach Rio. Jeder, mit dem ich später darüber spreche, denkt insgeheim dasselbe: Das war bestimmt kein Zufall. Der belgische Kryptograf Bart Preneel sagt: »Vielleicht haben sie versucht, Malware auf euren Routern zu installieren. Dabei haben sie zweimal denselben Fehler gemacht und etwas beschädigt.« »Und wer sind *sie*«, frage ich leicht beunruhigt. Preneel: »Professionelle Hacker, vielleicht vom Nachrichtendienst.«

Sicherheitsexperten sagen mir, dass die NSA dahinterstecken könnte. Dem amerikanischen Dienst sind Hunderttausende Geheimdokumente entwendet worden, und man will herausfinden, wie groß der Schaden ist. Damals ahnte ich noch nicht, welche Folgen sich aus den Enthüllungen für die NSA ergeben und inwiefern sich ihre Beziehungen zu europäischen Diensten dadurch verändern würden. Aber der Gedanke, dass ein derart mächtiger Dienst alle Verbindungen zu einem Journalisten, der möglicherweise im Besitz dieser Daten ist, im Auge behält und dadurch in meiner Wohnung in Amsterdam-West gelandet ist, kommt mir nicht mal so abwegig vor.

Überhaupt begreife ich allmählich, dass ich es mit einer anderen Welt zu tun habe. Noch vor meiner zweiten Reise nach Rio stellt sich heraus, auf welche ungeahnten Möglichkeiten die Dienste zugreifen können, um weltweit zu infiltrieren, Geräte zu hacken und automatisch anzuzapfen. Geheimdienste sind geradezu versessen auf Router. Router sind perfekt im Netzwerk platziert: Der gesamte Internetverkehr läuft durch sie hindurch. Aber das ist noch nicht alles. Sobald ein Gerät mit dem Internet verbunden ist, kann jeder solide Geheimdienst sich Zugang dazu verschaffen. Der Standort des Gerätes spielt keine Rolle: Distanzen sind bedeutungslos.

Durch die NSA-Dokumente werden Geheimdienste mit einem Mal auf mich aufmerksam. Der Leiter des AIVD höchstpersönlich besucht das *NRC Handelsblad* und warnt, dass der Besitz von Staatsgeheimnissen Folgen nach sich ziehen kann. Der militärische Nachrichtendienst MIVD will im Schnellverfahren die Veröffentlichung eines Artikels verhindern. Ich bin in dieser Welt plötzlich kein unwissender Beobachter mehr, sondern ein Mitspieler.

In den Snowden-Dokumenten wird genau das stehen, was mir niemand sagen wollte: Durch den technologischen Fortschritt sind Informationen nicht mehr sicher. Die NSA dringt in Hunderte ausländischer Computersysteme ein, und daraus werden bald Millionen. Der AIVD hackt bereits seit dem Jahr 2000. Noch ehe der Euro als neue Währung eingeführt wurde, konnten Hacker des Geheimdienstes Mails ausspähen, auch außerhalb der Niederlande, und schon damals wurde mittels virtueller Identitäten spioniert. Später dringt der AIVD in Webforen ein, die dschihadistische Texte verbreiten. Der MIVD hat Zugang zu über 1000 ausländischen Computersystemen, und niemand merkt, was los ist.

Die neue Welt ist digital, so lautet das Fazit an diesem Samstag, dem 2. November 2013. Eine Welt mit unbegrenzten Möglichkeiten und unklaren Regeln. Welche Folgen das für die Sicherheit hat, werden wir nach unserem zweiten Aufenthalt in Rio erfahren.

2
TOTALER BLACKOUT

Als Steven und ich in unserem Zimmer im *Benidorm Palace Hotel* in Rio zum ersten Mal die Snowden-Dokumente sehen, zittern wir vor Aufregung. »Jetzt werden wir selbst lesen, was immer geheim bleiben sollte«, denken wir. Wir schließen uns ein und klappen die Laptops auf.

Aber statt drauflos zu tippen, starren wir auf Grafiken und Beschreibungen mit Kürzeln wie »PSTN«, »MYSQL«, »CNE«, »Sigad«, »Thuraya« und »CERF Call«. Wenn man eine neue Welt betritt, macht man als Erstes die frustrierende Erfahrung, wie unwissend man ist. So ähnlich wie nach dem ersten Arbeitstag in einem neuen Job: Man kann sich noch so gut vorbereiten und noch so gut Bescheid wissen, in erster Linie weiß man anschließend nur, was man alles noch nicht weiß. Routineaufgaben, die Namen der Kollegen, Beziehungen untereinander, der Umgangston.

Nach einer Weile wird uns klar, dass es sich bei den Abkürzungen um technische Begriffe handelt, die sich entweder auf Codes beziehen oder auf eine Technik, die benutzt wurde. Die genaue Bedeutung erschließt sich nur aus dem Kontext.

Wie kompliziert das ist, verstehen wir, als wir einen Text lesen, in dem niederländische Geheimdienstexperten ihren amerikanischen Kollegen etwas präsentieren. Der Text lässt keinen Zweifel daran, dass die Amerikaner schwer beeindruckt sind, es ist von einem »sehr hohen Niveau« die Rede. Aber worin genau bestehen diese Fähigkeiten der Niederländer?

Im Dokument heißt es, dass sie »MYSQL-Datenbanken« via »CNE-Zugang« hereinholen. Wir müssen wieder googeln.

MYSQL ist offenbar eine Anwendung, um Datenbanken zu erstellen und zu verwalten. Dort werden alle Nachrichten der Nutzer gespeichert, ebenso wie deren Log-in-Zeiten, IP-Adressen und Passwörter. Mithilfe dieser Daten kann der Dienst anschließend nach den wahren Identitäten der Nutzer suchen. CNE ist das Akronym für Computer Network Exploitation, ein anderer Begriff für Hacken. Eigentlich steht dort also, dass der AIVD sich Zugang zu einer Webplattform verschafft und die gesamte Datenmasse absaugt, um zu erfahren, wer im Forum aktiv ist. Unserer Meinung nach ist das ein Verstoß gegen geltendes Recht und damit wieder einer von vielen losen Fäden, denen wir nachgehen und die wir überprüfen müssen.

Aber das ist noch nicht alles. Der AIVD benutzt die Datenbank auch für andere Zwecke. »Sie prüfen«, schreibt die NSA, »ob sie die Daten der Webforen mit anderen Social-Media-Daten verknüpfen können und suchen nach neuen Data-Mining-Methoden.« Data-Mining. Wieder ein neuer Fachbegriff. Darunter versteht man die systematische Datenanalyse, das Erkennen von Verhaltensmustern der Nutzer. Auf diese Weise kann der Dienst herausfinden, wer auf den Foren aktiv ist – wichtiger noch: wer sich hinter den Benutzernamen verbirgt.

In großen Datenbeständen lässt sich das beispielsweise durch Querverbindungen ermitteln: Es kann sein, dass sich ein Nutzer jedes Mal gleichzeitig bei Facebook und in einem bestimmten Forum anmeldet. Auf Facebook unter seinem richtigen Namen, im Forum unter einem Benutzernamen. Je mehr Daten, desto deutlicher die Muster.

Als wir dieses Dokument nach unserer Rückkehr im *NRC* veröffentlichen, wird eine Frage besonders heftig in der Öffentlichkeit diskutiert: Darf der AIVD das überhaupt machen? Nach Ansicht von Datenschutzfachleuten und Juristen darf er es nicht. Der Dienst erfasst dabei nämlich auch die Daten unbescholtener Bürger. Der AIVD ist allerdings ganz anderer

Meinung. Ein Jahr später wird die Aufsichtsbehörde des AIVD nach einer eigenen Untersuchung zu dem Schluss kommen, dass der Dienst in mehreren Fällen »unrechtmäßig« gehandelt hat.

Der Artikel auf der Titelseite und die sich daran anschließende Diskussion ist ein typisches Beispiel für Artikel, die ich in diesen Monaten geschrieben habe. Sie beschäftigen sich vor allem mit der Frage nach der Rechtmäßigkeit und den Folgen für unschuldige Bürger. Anders ausgedrückt: Ist dieses Vorgehen gesetzeskonform? In welchem Ausmaß verletzt es die Privatsphäre? Aus journalistischer Sicht handelt es sich dabei um relevante Fragen, die jedoch gleichzeitig zu kurz greifen und daher unbefriedigend sind. Sie beschäftigen sich nämlich nicht mit den tiefer liegenden Ursachen, sondern mit dem, was von der Norm abweicht, und nicht mit dem, was üblich ist. Durch diese Fragen finden wir nicht heraus, wie das Internet organisiert ist, warum es so attraktiv für Geheimdienste ist und warum Internetnutzer dadurch gefährdet sind.

Diese Art der Berichterstattung, die sich vor allem mit Ausnahmen beschäftigt, ist natürlich eine Berufskrankheit, denn Journalisten berichten gern über alles, was neu ist und sich verändert. Es ist neu, dass der AIVD Webforen ausspäht. Und wenn es obendrein auch noch ungesetzlich ist, dann ist es erst recht ein Skandal. Zu Skandalen haben viele Menschen und auch Politiker eine Meinung. Anschließend folgen Maßnahmen – also weitere Nachrichten – und eventuell führt es zu politischen Konsequenzen – noch mehr Nachrichten.

Dabei geht es auch um gesellschaftliche Akzeptanz. Aufgrund der Dokumente, die ich gelesen und der Gespräche, die ich geführt habe, begreife ich allmählich, wie verletzlich dieses Internetnetzwerk an vielen verschiedenen Stellen ist. Und dass alles, was damit verbunden ist – Telefonie, Laptops, Sicherheitskameras – von anderen nachverfolgt werden kann.

Das World Wide Web übt eine magnetische Anziehungskraft aus: Organisationen, Unternehmen, Regierungen docken sich nur allzu gern ans Internet an, um dort ihre Dienste anzubieten. Die Folge davon sind weitere Schwachstellen und weitere Interessen, die geweckt werden; ganz oben auf der Liste stehen dabei die Sicherheitsdienste.

Aber ist es eigentlich für irgendjemand von Bedeutung, wie das Internet tatsächlich funktioniert und welche Auswirkungen es auf unsere Gesellschaft hat? Denken wir nur mal an den berühmten Kurzfilm, den Frans Bromet 1998 gedreht hat. Mit seiner unverkennbaren, nasalen Stimme befragt er Passanten, ob sie gern ein Handy hätten, seinerzeit noch eine absolute Neuheit. Die Antworten sind eindeutig: Niemand will ein Handy. »Ich finde die Vorstellung, dass ich ständig erreichbar bin, nicht besonders angenehm«, entgegnet eine Passantin. Kurz darauf kommt das Handy auf den Markt und wenig später das Smartphone. Es wurde ein unglaublicher Erfolg. Ähnlich verhält es sich mit allen digitalen Neuheiten: Nach anfänglichem Zaudern werden die Bedenken rasch über Bord geworfen – und das hat inzwischen zu einer breiten Akzeptanz geführt, beispielsweise was digitalisierte Patientenakten betrifft.

Während ich zu Hause oder in einem gesicherten Raum der Redaktion die NSA-Dokumente lese und die technischen Fachbegriffe zu verstehen versuche, habe ich immer wieder den Eindruck, ein stockfinsteres Zimmer zu betreten. Irgendwo in der Dunkelheit muss ein unsichtbarer Kampf in einem Gewirr aus Kabeln und Drähten toben.

Ständig tauchen neue Fragen auf: Wie hackt man eigentlich? Wie kann der AIVD von seinem Sitz in Zoetermeer aus in ein weit entferntes Webforum eindringen? Oder: Was bedeutet dieses Ausspähen für die Beziehung zwischen Bürger und Regierung, für die Demokratie? Das Projekt lässt mich nicht mehr los, stelle ich fest, wenn ich eine Runde jogge oder noch lange nach Mitternacht im Bett Gedanken wälze.

In den Gesprächen, die ich in den darauffolgenden Monaten und Jahren führe, geht es immer wieder um einen Vorfall, der sich im Jahr 2011 in den Niederlanden abgespielt hat.

Die Geschichte fängt mit Aart Jochem an. Der 46-jährige IT-Experte berät die Regierung in nationalen Krisensituationen und ist keiner, der sich ständig Sorgen macht. Er führt ein Team von IT-Fachleuten in einer Behörde mit dem unmöglichen Namen GOVCERT, das Government Computer Energy Response Team.

In den 1980er-Jahren studiert Aart Jochem Computertechnik an der HTS in Den Haag. Anschließend macht er an der TU Delft seinen Doktor in Elektrotechnik und Computerarchitektur. Der erste Mac kommt auf den Markt, und Ruud Lubbers ist Premierminister.

2007 beginnt Aart bei GOVCERT; dort geht es recht geruhsam zu, ab und zu werden Sicherheitsratschläge an die Ministerien ausgegeben. Aart Jochem ist ein vertrauenerweckender, ruhiger Spezialist. Kollegen schätzen sein freundliches Wesen, seinen Innovationsdrang und seine umfassenden Kenntnisse auf dem Gebiet der Computersicherheit. Sie spüren bei ihm noch den Idealismus der 1980er- und 1990er-Jahre: dass die Technik vor allen Dingen dazu dienen soll, den Menschen freier zu machen.

In den vier Jahren, acht Monaten und 30 Tagen, die er für GOVCERT arbeitet, hat er bisher noch nie das Gefühl gehabt, dass ihm die Dinge entgleiten. Jedenfalls nicht bis zu diesem Mittwochabend, dem 31. August 2011. Er nimmt an einem Elternabend in der Schule seiner Kinder in Alphen am Rhein teil und bereut zutiefst, dass er gekommen ist. Vor Anspannung ist er wie erstarrt, und er darf niemandem sagen, was passiert ist.

Zwei Tage zuvor sitzt Aart Jochem am ovalen Konferenztisch bei GOVCERT, als sein Kollege Hans Petri hereinkommt. Aart Jochem spürt sofort, dass irgendwas nicht in Ordnung ist. Petri hat Wachdienst und ist zuständig für den Notruf. Er sieht bleich aus, sein Schnurrbart zittert. So verstört hat Aart seinen Kollegen noch nie erlebt.

Petri berichtet von einem iranischen Beitrag in einem Google-Forum. Dort beschreibt ein Mann, wie er Gmail öffnen wollte und von Google Chrome die Warnung erhalten hat, dass das Programm nicht sicher sei. Der Mann kann sich die Sache nicht so recht erklären, vermutet jedoch, dass sich jemand als Gmail ausgibt.

Spezialisten vom CERT-Bund, das deutsche Gegenstück der niederländischen Behörde, haben sich den Beitrag bereits angesehen. Sie sind ebenfalls der Ansicht, dass etwas nicht stimmt. Ihrer Meinung nach liegt das Problem allerdings nicht bei Google Iran oder Google USA, sondern in Beverwijk, bei einer Firma namens DigiNotar. Daraufhin haben die Deutschen ihre niederländischen Kollegen umgehend gewarnt.

Aart Jochem und sein Team sind zunächst ratlos und wissen nicht weiter. Dann schreibt Jochem auf ein Whiteboard: »Welche Informationen haben wir?«, und daneben: »Welche Szenarios sind möglich?« Wieder tritt Stille ein, das Whiteboard bleibt eine ganze Weile lang unbeschrieben. In aller Eile wird recherchiert, was DigiNotar genau macht und seit wann die Firma besteht. Häppchenweise treffen die Informationen ein. Die Firma stellt offenbar Zertifikate aus. Sehr wichtige Zertifikate. Anscheinend hat jemand diese Dokumente so gut gefälscht, dass sie nicht von den Originalen zu unterscheiden sind. Das ist überhaupt nicht gut, soviel weiß Aart: Digitale Zertifikate sind die Bausteine des Internets. Fällt einer davon heraus, stürzt das gesamte Gebäude ein.

Das Internet ist eine Aneinanderreihung von Computern, die durch Websites, Suchmaschinen und Browser miteinander verbunden sind. Aber nicht jede Website in diesem Netzwerk ist sicher. Es kann sein, dass die Website des Finanzamtes die Fälschung eines Kriminellen ist, der auf diese Weise die Daten der eingeloggten Besucher stiehlt. Um das zu verhindern, gibt es ein Sicherungssystem: Sobald ein Nutzer auf die Webseite geht, kontrolliert der Internetbrowser, ob die Seite sicher ist.

Google (Chrome), Microsoft (Internet Explorer) und Firefox (Mozilla) erledigen das nicht selbst. Die Kontrolle ist an Firmen ausgelagert, die Zertifikate ausgeben. Dieses System lässt sich mit der Tätigkeit eines Notars vergleichen, der beim Hausverkauf prüft, ob auch tatsächlich die richtigen Beteiligten anwesend sind. DigiNotar ist ein digitaler Notar. Die Firma kontrolliert, wer zu einer Website gehört und ob die Website vertrauenswürdig ist.

Es gibt Hunderte, wenn nicht Tausende solcher Firmen wie DigiNotar; auf Englisch heißen sie CA, abgekürzt für *Certificate Authority*. Konzerne vertrauen ein paar Hunderten dieser CAs, die einen Sonderstatus haben und als »Root-CAs« bezeichnet werden. Root-CAs prüfen, ob eine Website vertrauenswürdig ist, und zertifizieren andere CAs als glaubwürdig. Sie sind eine Art übergeordneter »Supernotar«. DigiNotar gehört zu den Root-CAs. Microsoft und Google verlassen sich blind auf Zertifikate der Firma. Genau darin besteht auch das Risiko: Gelingt es jemandem, das Zertifikat eines solchen Supernotars zu fälschen, kann er sich als vertrauenswürdige Website ausgeben und Nutzerdaten stehlen.

Das weiß auch Tony de Bos. Der forsche de Bos – mit dem jugendlich wirkenden, hochgegelten Kurzhaarschnitt – hat Ende der 1990er-Jahre DigiNotar mit aufgebaut. In dieser Periode, als die Niederlande das Internet begeistert annehmen, wächst seine Firma rasant: Erst sind es nur eine Handvoll Mitarbeiter, dann wächst die Anzahl rasch auf 20 und schließlich 50 an. DigiNotar zieht aus dem ersten, bescheidenen Büro an der Zeestraat im Zentrum von Beverwijk in ein großes Gebäude an der Vondellaan am Stadtrand.

Dort erlebt de Bos ab 2008 seine guten Jahre. Die digitale Kommunikation nimmt zu: online Kaufen, Internetbanking, die Kommunikation zwischen Regierungsbehörden und Bürgern, zwischen Geräten untereinander. Während traditionell arbeitende Notare zunehmend in Schwierigkeiten geraten, geht es mit der Firma von de Bos steil bergauf. Überall werden seine Zertifikate dringend benötigt. Die Firma hat einen guten Ruf, die aufwendigen Sicherheitsmaßnahmen machen großen Eindruck auf Kunden und Besucher.

Da die Zertifikate von DigiNotar eine so wichtige Rolle spielen, ist deren Ausgabe besonders gut geschützt. Nahezu militärische Sicherheitsvorkehrungen sollen Diebstahl verhindern: Bei DigiNotar wird der gesamte eingehende Datenverkehr gescannt und das interne Rechnernetzwerk ist in verschiedene, voneinander getrennte Segmente aufgeteilt. Jede Zertifikatsanfrage wird von zwei Mitarbeitern nach dem Vier-Augen-Prinzip überprüft und beurteilt.

Anschließend geht es weiter in eine Sicherheitszone, in der das Zertifikat ausgestellt und mit dem digitalen Echtheitsstempel versehen wird. Dafür muss ein Mitarbeiter von DigiNotar physisch eine Smartcard in einen Rechner stecken. Dieser Rechner befindet sich in einem besonders geschützten Raum, etwa so groß wie die Hälfte eines Wohnzimmers. Bevor der Mitarbeiter den Raum betreten kann, muss er eine Anzahl von Türen mit Schleusenfunktion passieren, für die er spezielle elektronische Ausweise benötigt. Je näher die Türen am eigentlichen Ausgaberaum liegen, desto weniger Mitarbeiter haben Zugang. Der Raum selbst ist durch eisenverstärkte Türen gesichert. Sie öffnen sich erst nach biometrischer Kontrolle und der Eingabe eines persönlichen PIN-Codes. Der futuristisch wirkende Tresorraum ist das Prunkstück der Firma.

Alle denkbaren Untergangsszenarios wurden in die Planung miteinbezogen. Sollte der Strom ausfallen, springt ein Notaggregat an. Sollte ein Flugzeug über dem Gebäude abstürzen, steht eine Replik des gesamten Systems in einem gesicherten Bunker in der Nähe von Schiphol zur Verfügung.

Aart Jochem und seine Kollegen sind daher sehr erschrocken, als sie erfahren, dass ein falsches Zertifikat in Umlauf ist. Obendrein auch noch eines von dem Riesen Google: Der Hacker ist gleich ganz oben eingestiegen. Während Jochem und seine Kollegen nach weiteren Informationen suchen, führt die Meldung des Iraners ein Eigenleben. Auch Ronald Prins erfährt von dem Bericht. Der Gründer von FOX-IT ist rund um die Uhr am Telefon und twittert eifrig. Sein kryptografisches Wissen macht ihn zu einer echten Autorität in Sicherheitsfragen. Er beteiligt sich gern an Onlinediskussionen – nicht zuletzt, weil das auch geschäftliche Vorteile für ihn hat. Prins weist auf die möglichen Folgen der Google-Meldung hin: Falls tatsächlich Zertifikate von DigiNotar gefälscht werden können, sei der Schaden unabsehbar. »Eine Katastrophe«, twittert Prins.

Tony de Bos ist die Aufregung auf Twitter nicht entgangen. Zu Beginn des Jahres ist DigiNotar für 3,7 Millionen Euro von der amerikanischen Firma Vasco übernommen worden. Ein erstklassiger Deal, der wieder einmal beweist, wie wichtig seine rasch wachsende Firma ist. Für de Bos selbst, einen der beiden Gründer, ist die Übernahme ausgesprochen lukrativ. Auf dem Papier ist er jetzt Millionär. Ein Teil des Geldes, rund 1,4 Millionen Euro, wurde bereits ausgezahlt, der Rest soll in ein paar Monaten fließen – vorausgesetzt, es kommt in der Zwischenzeit nicht zu Vorfällen, die den Vertrag gefährden.

Inzwischen rufen beunruhigte Kunden bei de Bos an. Er soll ihnen erklären, was vor sich geht. De Bos fällt plötzlich ein Zwischenfall ein, der schon ein paar Wochen zurückliegt. Er befand sich gerade in den Ferien, als man ihn verständigte, dass etwas bei DigiNotar passiert sei. Vielleicht ein Hack. Er hatte sich noch erkundigt, ob er seinen Urlaub abbrechen solle. »Nicht nötig«, hieß es. Die Sache sei bereits erledigt. Jetzt wollen die Kunden wissen, ob DigiNotar noch vertrauenswürdig und sicher ist. »Aber selbstverständlich«, versichert de Bos voller Überzeugung. Er glaubt fest an seine Firma und an alle Sicherheitsmaßnahmen. Vorsichtshalber ruft er am Abend trotzdem Ronald Prins an und bittet ihn, die Angelegenheit genauer zu untersuchen. Prins ist eine Autorität in Sachen digitale Sicherheit, und ein Bericht von ihm wird alle Gerüchte über zweifelhafte Vorfälle bei DigiNotar zum Verstummen bringen, überlegt de Bos.

Der Termin mit Prins ist noch nicht vereinbart, als Google in einer öffentlichen Stellungnahme erklärt, dass jeder, der eine von DigiNotar zertifizierte Website besucht, ab sofort die Meldung erhält, dass diese nicht mehr vertrauenswürdig sei. Jemand gebe sich als Google aus, um Mails und Dokumente auszuspähen. Die Wirkung dieser Google-Meldung lässt sich kaum überschätzen: Die ganze Welt weiß jetzt Bescheid, dass es in der Firma in Beverwijk ein Problem gibt.

Am Dienstagmorgen, pünktlich um neun Uhr, telefoniert Aart Jochem mit Tony de Bos. Der sitzt gerade neben Ronald Prins. Die Galionsfigur von FOX-IT schlägt vor, DigiNotar solle sich möglichst offen zu dem Vorfall äußern. Widerstrebend folgt de Bos diesem Rat und macht die Untersuchung von FOX-IT publik. Inzwischen wimmelt es in seinem Betrieb nur so vor Neugierigen: Die Fachleute von FOX-IT haben viele Fragen zum Aufbau des Netzwerkes, sie installieren Sensoren und untersuchen den Tresorraum. Der erste Rechtsanwalt ist bereits damit beschäftigt, die Folgen des Vorfalls in Bezug auf die Übernahme einzuschätzen.

Aart Jochem möchte schnelle Antworten liefern. Was hat das alles zu bedeuten? Er und sein Team tappen im Dunkeln. Die öffentliche Stellungnahme von Google ist jedenfalls schwerwiegend, so viel ist klar. Irgendjemandem ist es gelungen, ein Zertifikat von DigiNotar zu fälschen, in den gesicherten Tresorraum einzudringen und mit der Smartcard ein Zertifikat auszustellen. Dahinter könnte ein Maulwurf bei DigiNotar selbst, ein Hacker oder ein feindlicher Staat stecken. Alles ist denkbar.

Sie müssen so schnell wie möglich herausfinden, wie genau der Hack passiert ist.

Aart Jochem kann im Augenblick nur den Schaden begrenzen und alle Zertifikate von DigiNotar, die für einen sicheren Datenaustausch zwischen Nutzern und Behördenwebseiten sorgen, neu ausstellen.

Die sich zuspitzende Krise öffnet allen die Augen: Die niederländische Regierung wirkt völlig unvorbereitet. Im Jahr 2011 scheint niemand die geringste Ahnung davon zu haben, wie wichtig die Firma in Beverwijk für das niederländische Internet ist. Eigentlich müsste sich die Aufsichtsbehörde OPTA – zuständig für die Telekommunikation – um den Fall kümmern, aber die OPTA hat die Kontrolle von DigiNotar an PricewaterhouseCoopers abgegeben. PwC überprüft jedoch in erster Linie Organisationsstrukturen und nicht deren Technik.

Aart Jochem muss improvisieren, und dabei hat er keinen Auftrag. Sein Team weiß nicht mal, ob der Kontakt mit Prins rechtlich unbedenklich ist, denn offiziell darf GOVCERT nur Regierungsbehörden auf entsprechende Anfrage helfen. Eine sonderbare Einschränkung für eine Organisation, die doch eigentlich alles überblicken und die Regierung beraten soll. Das Team von Jochem gerät von allen Seiten unter Druck: Das Innenministerium will wissen, welche Regierungswebseiten Zertifikate von DigiNotar nutzen, Softwareanbieter wie Google wollen wissen, ob ihre Nutzer noch sicher sind, CERTs in aller Welt wollen ihre Regierungen beraten. Das Telefon klingelt ununterbrochen.

Erik de Jong, ein GOVCERT-Mitarbeiter, der für den Kontakt mit großen Organisationen zuständig ist, weiß nicht genau, welche Informationen über DigiNotar er weitergeben darf und welche vertraulich sind. Er weiß nur eines: Wenn Google und Microsoft der Firma gleichzeitig das Vertrauen entziehen, entsteht ein immenser Schaden. Es ist auch völlig unklar, welche

Organisationen mit DigiNotar zusammenarbeiten. Glücklicherweise hat de Jong gute Kontakte zu Microsoft und Mozilla, mit denen er täglich telefoniert. »Wartet noch einen Moment ab«, bittet er sie jedes Mal, »sperrt DigiNotar nicht alle gleichzeitig«. De Jong: »Wir wissen noch nicht genau, welche Folgen daraus für unser Land entstehen könnten.«

Und das ist sogar noch eine Untertreibung, denn Beamten auf allen Ebenen fehlt es an Fachwissen. Erik de Jong wird beispielsweise gefragt, wer der Eigentümer von Firefox sei; dabei ist Firefox ein Open-Source-Projekt und hat keinen Eigentümer. Erik Akerboom, nationaler Koordinator zur Terrorismusbekämpfung und Vorstandsmitglied im Cyber Security Raad, hat noch nie von digitalen Zertifikaten gehört.

Die digitale Krise löst außerdem einen Zusammenprall unterschiedlicher Firmenkulturen aus: Verwaltungen sind hierarchisch aufgebaut, und der Ranghöchste trifft die Entscheidungen. In Organisationen mit technischen Experten wie GOVCERT ist es genau umgekehrt: Hier vertraut der Chef auf das Know-how des Spezialisten.

Am Mittwoch, zwei Tage nach der ersten Meldung, ist nach wie vor ungeklärt, wer sich Zutritt zum Tresorraum von DigiNotar verschafft hat. Aart Jochem bleibt kaum noch Zeit zum Schlafen. Frühmorgens ist er abermals in Den Haag und telefoniert um neun Uhr mit Tony de Bos und Ronald Prins in Beverwijk. Dort ist inzwischen Frank Groenewegen von FOX-IT eingetroffen. Der Hacking-Experte mit dem Lockenkopf und der strengen dunklen Arztbrille war gestern bis Mitternacht bei DigiNotar und ist heute in seinem schwarzen Seat Altea über die A22 wieder nach Beverwijk gefahren. Er installiert überall Sensoren, um sich den Internetverkehr genauer anzusehen, und versucht, sich einen Überblick über das Netzwerk zu verschaffen. Den futuristischen Tresorraum im ersten Stock des Gebäudes hat er sich ebenfalls angesehen.

Ein Kollege weist Groenewegen auf ein Netzwerkkabel hin, das quer durch das ganze Gebäude verläuft. Es ist eines dieser grauen Internetkabel, die auch Modem und Computer miteinander verbinden. Das Kabel ist auf dem Boden verlegt und ordentlich mit einer Leiste abgedeckt. Bisher ist es noch niemandem aufgefallen. Als Groenewegen dem Verlauf des Kabels folgt, bemerkt er, dass die eine Seite in einem der Rechner im Tresorraum steckt. An der anderen Seite führt das Kabel zu einem Server namens DIGIWS146.

Dieser hat eine besondere Aufgabe: Er liegt genau an der Schnittstelle zwischen dem Büronetzwerk und dem gesicherten Netzwerk des Tresorraums. Der Server regelt die Ausgabe von Zertifikaten, indem er eine verschlüsselte Aufforderung an das Netzwerk des Tresorraums sendet. Anschließend geht ein Mitarbeiter in den Tresorraum, kontrolliert und signiert das Zertifikat und schickt es dann an DIGIWS146 zurück. Aus Sicherheitsgründen fließen die Daten nur in eine Richtung: Eine Firewall sorgt dafür, dass es nur eine direkte Verbindung vom Tresorraum zu diesem Rechner gibt und nicht umgekehrt.

Nichtsdestotrotz sieht Groenewegen nun ein zusätzliches graues Kabel, das direkt von DIGIWS146 in den Tresorraum führt. Also ist es eine zweispurige Verbindung. Ein Angreifer kann sich über diesen Server zu den CA-Servern weiterhangeln. Dagegen ist die Firewall machtlos. Im Tresorraum steht der Rechner, der die Zertifikate ausstellt und mit einem Stempel versieht. Dieses eine zusätzliche Kabel macht alle Sicherheitsvorkehrungen zunichte. Ein Eindringling, dem es gelingt, sich über den außerhalb des Tresorraums liegenden DIGIWS146 Zutritt zum Tresorraum zu verschaffen, kommt über dieses Netzwerkkabel auch wieder heraus. Groenewegen ist fassungslos.

Als er die Mitarbeiter befragt, erwidern sie, sie fänden das mühsame Schleusensystem in den Tresorraum hinein zu zeitaufwendig. Es dauere jedes Mal 10 bis 15 Minuten, um hinein-

und wieder hinauszugelangen. Außerdem sei es im Tresorraum eiskalt, beschweren sie sich. Daher haben sie sich die Sache etwas einfacher gemacht: Sie haben den Arbeitsplatz DIGIWS146 so eingerichtet, dass sie direkt von dort aus Zugriff auf das gesicherte Netzwerk im Tresorraum haben und Zertifikate signieren können. Die Smartcard, mit der sie im Tresorraum selbst signieren müssten, bleibt einfach standardmäßig im Ausgaberechner.

Die Entdeckung des zusätzlichen Kabels stellt alles auf den Kopf. Ein digitaler Einbruch bei DigiNotar ist plötzlich nicht mehr auszuschließen. Außerdem ist es eine schlimme Nachricht für Tony de Bos: Er muss davon gewusst haben, dass die Sicherheitsprozeduren umgangen wurden. Später geht dann aus entsprechenden Mails hervor, dass intern ausführlich über den Server DIGIWS146 gesprochen wurde. Das hat Konsequenzen, was den Verkauf von DigiNotar betrifft. Ein Richter wird später das Urteil fällen, dass durch die Bastelei mit dem Netzwerkkabel die Bedingungen für den Verkauf nicht erfüllt sind. De Bos erhält seine Millionen nicht und muss die vorab gezahlte Summe an Vasco zurückerstatten.

Von diesem Schlag erholt sich de Bos nur mühsam, und in der Öffentlichkeit nimmt man ihn als jemanden wahr, der den Niedergang seiner Firma nicht verkraftet hat. Wegen einer »Geheimhaltungsklausel« weigert er sich, auf Fragen zu antworten. Er beschränkt sich auf die Erklärung, dass Geschehen sei »nicht ohne Auswirkungen« geblieben. De Bos: »Die Ereignisse von damals beeinflussen bis heute mein Handeln.«

60 Kilometer entfernt erhält Aart Jochem ebenfalls eine unangenehme Nachricht. Er hat Fachleute vom Zoll, vom Rotterdamer Hafen und von der Steuerbehörde zu einem Treffen eingeladen, um die Rolle von DigiNotar zu klären. Erst da erfährt er, dass DigiNotar erheblich wichtiger ist als angenommen. Firmen nutzen die Zertifikate, um ihre Steuererklärungen ab-

zuzeichnen. Werden die Erklärungen nicht bearbeitet, können sie keine Mehrwertsteuer abführen. Ohne die Zertifikate kann die Regierung ihre Beamten nicht bezahlen. Dem gesamten Finanzhaushalt des Staates droht das Chaos.

Ohne Zertifikate geht auch im Hafen nichts mehr. Ein Laster, der einen Container Mangos abholen will, kommt nicht durch den Zoll, weil seine Registrierung nicht bearbeitet werden kann. Auch dafür werden die Zertifikate von DigiNotar benötigt. Der Container muss im Hafen bleiben, und die Fracht verdirbt.

Die Vorstellung von Mangos, die in einem Container verfaulen, verfolgt Aart Jochem. »Mein Gott, die ganzen Niederlande sind abhängig von Zertifikaten aus Beverwijk«, denkt er. Wenn Microsoft und Google beschließen, diese Zertifikate abzulehnen, können die Rechner in den Niederlanden nicht mehr miteinander kommunizieren. Firmen können nichts mehr verzollen, Einwohner nicht mehr mit PIN bezahlen, Laster keine Güter mehr verladen. Alles würde zum Stillstand kommen. Es wäre eine nationale Katastrophe.

Trotzdem geht Aart zum Elternabend seines Sohnes. Er wechselt sich mit seinem Kollegen Erik de Jong ab, damit einer von ihnen gelegentlich zur Ruhe kommt. Spaßeshalber haben sie beschlossen, dass derjenige, der um Mitternacht noch arbeitet, einen Haiku für die Frühschicht schreiben muss. Ein Moment der Unbeschwertheit, das brauchen sie jetzt. Auch wenn in der Firma im Augenblick alles drunter und drüber geht. Geistesabwesend sitzt Aart Jochem zwischen den anderen Eltern.

Zwei Tage darauf blickt Aart in das besorgte Gesicht des niederländischen Innenministers Piet Hein Donner. Es ist Freitagabend, 2. September 2011, 22 Uhr. Im Ministerium für Sicherheit und Justiz, in der Nähe des Hauptbahnhofs von Den Haag, brennt noch in einigen Etagen Licht. Donner wurde in aller

Eile ins Nationale Krisenzentrum zitiert. Sein Fahrer hat ihn gerade hergebracht, draußen ist es stickig und warm.

Aart Jochem sitzt dem Minister gegenüber, im Zimmer neben dem Krisensitzungsraum; dort gehen Dutzende Beamte Presseberichte und Dokumente über den Fall DigiNotar durch. Jochem hat genau zehn Minuten Zeit, um Donner zu briefen. So klar und verständlich wie möglich. Der Minister, ein trockener Jurist, gilt nicht gerade als Fachmann, was den digitalen Bereich seines Amtes betrifft.

Die Entdeckung des Netzwerkkabels hat die Sache beschleunigt. Auf den Servern von DigiNotar wurden inzwischen die Spuren eines Hackers gefunden. Auf der Software dieser Server war seit einem halben Jahr kein Update mehr ausgeführt worden. Von dort aus ist der Angreifer ins Büronetzwerk gekommen. Er konnte anschließend, wahrscheinlich zu seiner eigenen Überraschung, über den Server DIGIWS146 direkt in den Tresorraum vorstoßen. Am 10. Juli hat der Angreifer dann das erste Zertifikat ausgestellt, auf das noch 530 weitere folgen sollten. Dabei handelt es sich nicht um kleine Domains: Amazon, Microsoft, Google, die Website des britischen Geheimdienstes MI5, die CIA, verschiedene niederländische Organisationen und der israelische Geheimdienst Mossad. Mit Grüßen aus Beverwijk.

Die ganze Firma ist betroffen. Der Angreifer hatte auch Zugang zu allen Rechnern, die Zertifikate für niederländische Behördenwebseiten ausstellen: das Ministerium für Sicherheit und Justiz, die Nederlandse Orde van Advocaten (Anwaltsvereinigung), die TU Delft. Der Internetverkehr zu und von den Behördenwebseiten ist damit nicht mehr vertrauenswürdig, ebenso wenig wie die Kommunikation zwischen den Behörden.

Ein Gedanke, der die Beamten in Panik versetzt. Für sie ist das eine unfassbare Krisensituation. Direktor Jaap Uijlenbroek vom Innenministerium und Aart Jochem ergreifen die Initiative. Die beiden gehören zu den wenigen, die die Folgen des

Hacks überblicken. Nach einer Besprechung mit dem General-staatsanwalt beschließt Uijlenbroek am Freitag, die Führung bei GOVCERT zu übernehmen. Die vorherigen Berater sind damit ausgeschaltet.

Das ist ein Schlag für Erik de Jong. Er war die ganze Woche lang mit Microsoft, Google und Mozilla in Kontakt und hat die amerikanischen Großunternehmen gebeten, noch abzuwarten, bevor sie die Zertifikate von DigiNotar sperren. Er war ständig über die zunehmende Notlage bei DigiNotar auf dem Laufen-den. Gerade jetzt, als klar wird, welche Katastrophe sich abzeich-net, stellt man ihn kalt. Der Generalstaatsanwalt untersagt GOVCERT sogar jegliche Kommunikation nach außen.

De Jong telefoniert ein letztes Mal mit Mozilla; er legt die neue Situation dar und erklärt, dass er ab sofort der Schweige-pflicht unterliege. Dasselbe teilt er Microsoft mit. Dieses Unter-nehmen bereitet ihm die größten Sorgen, die Glaubwürdigkeit der amerikanischen Firma steht auf dem Spiel. Täglich fragen sich Kunden und Nutzer, warum Microsoft die Zertifikate von DigiNotar nicht zurückzieht, denn inzwischen ist das Chaos bei der niederländischen Firma unübersehbar. De Jong ist sich über die entscheidende Bedeutung des Gespräches im Klaren. Gegen die Weisung des Anwaltes spielt er mit offenen Karten: Er stellt den Ernst der Lage dar, schildert, welche Schritte der niederländische Staat unternehmen will und welche Folgen eine Sperrung der Zertifikate hätte. Dann käme das gesamte Leben im Land zum Stillstand. Der totale Blackout. »Bitte war-tet noch«, sagt er. Ein letzter moralischer Appell, mehr kann er nicht tun.

Um 15.30 Uhr ruft Aart Jochem Erik Akerboom an, den rang-höchsten für Sicherheit zuständigen Beamten der Niederlande. FOX-IT hat in Delft seinen ersten Bericht über die Lage bei DigiNotar präsentiert. Alarmstufe Rot: DigiNotar ist leck wie ein Sieb.

Akerboom lässt unverzüglich den Notfallplan anlaufen. Zum ersten Mal wird das Nationale Krisenzentrum, das 2004 eingerichtet wurde, bei einem digitalen Notfall aktiv. Um 17 Uhr steigt Aart Jochem an der Straßenbahnhaltestelle Schedeldoekshaven aus und nimmt an einer Krisensitzung des Innenministeriums teil. Er erfährt nähere Einzelheiten: Der niederländische Staat wird die Leitung von DigiNotar übernehmen und die Zertifikate ersetzen, damit keine Systeme ausfallen. In der Zwischenzeit werden Internetnutzer gewarnt, dass Websites mit Zertifikaten von DigiNotar nicht mehr vertrauenswürdig sind.

Im Anschluss erklärt Aart Jochem den Beamten stundenlang, was ein digitales Zertifikat ist und warum ein Scheitern von DigiNotar katastrophale Folgen nach sich ziehen kann. Direktor Uijlenbroek telefoniert mehrmals mit Vasco, dem neuen Eigentümer von DigiNotar. Er versucht, die Firma zu überzeugen, die Kontrolle über DigiNotar »freiwillig« abzugeben. Falls Vasco sich weigert und die gesamte Verwaltung durch das Durcheinander bei DigiNotar zum Stillstand kommt, müsse DigiNotar für den Schaden aufkommen, droht Uijlenbroek. Gegen Mitternacht stimmen die Amerikaner schließlich zu.

Aart Jochem sitzt Minister Donner und dessen Kollegen, Minister Ivo Opstelten, gegenüber. In zehn Minuten soll er die beiden Politiker über die Auswirkungen von Zertifikaten aufklären; direkt im Anschluss an das Gespräch gibt Donner eine Pressekonferenz. Jochem denkt nach, sieht Donner an: Es gibt keine brennenden Häuser, keine eingestürzten Tunnel, keine Toten. Trotzdem muss er irgendwie verdeutlichen, warum der Vorfall bei DigiNotar das Eingreifen der Regierung erforderlich macht.

Er beginnt schließlich, indem er den Vergleich mit einem physischen Ausweis zieht. »Weltweit«, sagt er, »gilt ein Ausweis als vertrauenswürdig. Es gibt dafür bestimmte Sicherheitsmerkmale, die Fälschungen verhindern. Stellen Sie sich vor«, fährt er fort, »plötzlich würde der vertrauenswürdige Hersteller eines Ausweises aufgrund eines Hacks Ausweise anfertigen, die von echten nicht zu unterscheiden sind. Als Folge davon wäre überhaupt kein Ausweis dieses Herstellers mehr vertrauenswürdig. Genau dasselbe ist gerade passiert. Nur dass es sich dabei um Systeme und Websites handelt: Niemand weiß mehr, ob er auf der echten Website ist oder nicht, und ob die elektronische Signatur auf einem Dokument echt ist oder nicht.« Donner hört aufmerksam zu.

Einige Stunden später, mitten in der Nacht, sieht Jochem gespannt zu, wie Donner seine Pressekonferenz beginnt. Er liest vom Blatt ab. Die Regierung wird die Leitung von DigiNotar übernehmen, da nicht länger garantiert werden kann, dass wichtige Regierungszertifikate sicher sind. Dann muss Donner sich den Fragen der Journalisten stellen und kann nicht mehr ablesen. Als *NOS*-Berichterstatter Jeroen Wollaar nicht lockerlässt und wissen will, was die Folgen des Hacks seien, zieht Donner einen Vergleich: »Es ist ein System, das gewährleistet, dass der Briefkasten, den man im Internet benutzt, auch tatsächlich der Briefkasten der Behörde ist, die man sucht.« Da die Regierung diese Sicherheit im Augenblick jedoch nicht garantieren könne, rate sie zurzeit davon ab, Websites der Behörden zu nutzen.

»Er hat es verstanden«, denkt Aart Jochem zufrieden. Anschließend lässt er sich müde in ein Taxi fallen, das ihn nach Alphen am Rhein bringt.

Ausgerechnet der über 60 Jahre alte Donner, der als nicht besonders fortschrittlich gilt, wird zum Gesicht der ersten digitalen Krise. Der Minister hat erfolgreich vermittelt, dass die Regierung DigiNotar übernimmt und die Angelegenheit unter Kontrolle hat. Hinter den Kulissen herrscht allerdings nach wie vor Panik: Der niederländische Staat ersucht Microsoft, mit der Sperrung der DigiNotar-Zertifikate noch zu warten. Daraufhin fasst die amerikanische Firma einen außergewöhnlichen Entschluss. Windows wird ein Update veröffentlichen, niederländische Rechner jedoch davon ausnehmen. Die Niederlande haben somit anderthalb Wochen Zeit, die Zertifikate auszutauschen.

Der Blackout ist in letzter Minute verhindert worden, aber die Folgen wirken lange nach. Der Vorfall bei DigiNotar hat die Verwundbarkeit des World Wide Web deutlich gemacht: Eine Schwachstelle kann das gesamte Netzwerk bedrohen. Dabei ist es belanglos, ob sich diese Schwachstelle in Beverwijk, Peking oder Buenos Aires befindet. Durch DigiNotar wird mir mit einem Mal klar, wie komplex das Internetverkehrsnetz ist, und dass man unmöglich alles überblicken kann. Ich begreife auch, dass die Regierung hoffnungslos im Rückstand ist, was Kenntnisse und Verständnis dieses Netzwerkes betrifft. Und wie verwundbar die Nutzer sind.

In den darauffolgenden Jahren bauen Google, Microsoft und Mozilla zusätzliche Sicherheiten ein. Sie machen sich dadurch weniger abhängig von Anbietern wie DigiNotar, die in ihrem Namen Zertifikate ausgeben. Google und Microsoft werden dadurch noch mächtiger. In den Niederlanden wird GOVCERT umgewandelt in das Nationaal Cyber Security Centrum (NCSC). Zudem fordert die Regierung eine Übersicht der wichtigsten Schaltstellen des Internetverkehrs, mit anderen Worten eine Bestandsaufnahme der Infrastruktur.

Der Auftrag des NCSC verändert sich hingegen kaum: Die Organisation hat vor allen Dingen eine beratende Funktion, ähnlich wie ein Schiedsrichter, der zwar pfeifen, aber keine Roten Karten verteilen darf. Der Untersuchungsausschuss für Sicherheit veröffentlicht ein Jahr nach der Krise bei DigiNotar einen typischen Regierungsbeschluss: Alle Verantwortlichen müssen Fortbildungskurse besuchen und sich grundlegend mit der digitalen Welt auseinandersetzen.

Eine Frage bleibt allerdings die ganze Zeit offen: Wer ist eigentlich bei DigiNotar eingebrochen und aus welchem Grund?

In den darauffolgenden Jahren gibt es darauf nur unvollständige Antworten und Vermutungen. Die Geschichte wird niemals von Anfang bis Ende erzählt.

Im Netzwerk von DigiNotar findet sich ein erstes Indiz. Wer eine »sichere« Website besucht – zu erkennen am Schloss auf der Adressleiste –, benutzt dabei ein sogenanntes SSL-Zertifikat. Es sorgt dafür, dass die Verbindung zwischen Nutzer und Webseite sicher ist. Heutzutage besitzen praktisch alle Seiten ein solches SSL–Zertifikat, aber im Jahr 2011 ist das noch die Ausnahme. Das Zertifikat findet sich nur bei besonders fortschrittlichen Unternehmen oder bei Institutionen, die es benötigen, wie Steuerbehörden, Banken und auch Google.

Geht ein Nutzer auf eine Seite mit dieser SSL-Verbindung, wie beispielsweise Google, dann überprüft der Browser beim Ausgeber des Zertifikates, ob es noch gültig ist. Das erledigt ein OCSP, ein Netzwerkprotokoll. Es sendet ein Signal zurück: Das Zertifikat ist okay, gesperrt oder ungültig.

Ermittler von FOX-IT wissen, dass ein gefälschtes Google-Zertifikat ausgegeben wurde. Im OCSP können sie die Anzahl der Nutzeranfragen nach dem gefälschten Google-Zertifikat sehen. In einem Monat gibt es rund 300 000 IP-Adressen. Als die Ermittler kurz darauf feststellen, woher die IP-Adressen kommen, erschrecken sie: Beinahe alle sind aus dem Iran.

2011 kommt es im Iran zu Unruhen und Demonstrationen, wie viele es genau sind, ist nicht bekannt. Der Arabische Frühling in den angrenzenden Staaten sorgt auch im islamistischen Iran für Aufruhr. Die Machthaber versuchen, die Kritik gewaltsam zu unterdrücken, es gibt Zehntausende Tote. Außerdem führen sie eine Internetzensur ein und blockieren westliche Dienste wie Twitter, Facebook und Gmail.

Die niederländischen Ermittler sehen jetzt, dass jemand ein Google-Zertifikat gefälscht hat und 300 000 Iraner, die sich im Glauben wähnten, auf einer Google-Seite zu sein, tatsächlich auf einer gefälschten Google-Seite gelandet sind. Das bedeutet, dass ihre Nutzernamen, Mailadressen, Wohnorte und Dokumente von anderen eingesehen werden konnten. Es ist sehr wahrscheinlich, dass sich unter diesen 300 000 Iranern regimekritische Personen befanden. Im Vertrauen auf die sichere Verbindung via Gmail haben sie sich in Gefahr begeben – und das alles durch ein kleines Extrakabel in Beverwijk.

Für das spezialisierte, im Jahr 2007 aufgebaute Team High Tech Crime der niederländischen Polizei ist DigiNotar der erste große Spionagefall. Die Kopien der Firmenserver werden im Polizeiwagen in die Zentrale nach Driebergen transportiert und dort genauer untersucht.

Den Täter zu finden, erweist sich als schwierig. Außerdem ist es langweilig: Stundenlang müssen die Fahnder auf *logs* starren, gespeicherte Zahlenreihen, die etwas darüber aussagen, wer eine Verbindung mit DigiNotar hergestellt hat. Die Fahnder suchen darin nach Auffälligkeiten. Im Grunde genommen ist es nicht wesentlich anders als die Aufklärung eines Einbruchs; hier wie dort suchen die Ermittler nach Spuren.

Die Leiter des Teams High Tech Crime wissen, dass der Angreifer über die Website von DigiNotar hereingekommen ist. Die Software der Seite war nicht auf dem neuesten Stand. Die Ermittler durchforsten die Webserver nach Spuren des Angreifers und stoßen auf drei verdächtige Adressen: eine iranische, eine englische und eine dritte aus Russland. Das Problem dabei: In keinem dieser drei Länder sind die Niederlande zu selbstständigen Ermittlungen befugt. Auch wenn sich das Internet nicht an Grenzen hält, gilt das für die Polizei gleichwohl. Ermittler haben keinen Zugang zu ausländischen Rechenzentren, sie können höchstens per Rechtshilfeersuchen um Kopien des Servers bitten. Zwischen dem Iran und den Niederlanden besteht kein Rechtshilfevertrag, wohl aber mit England und Russland.

Die englische National Crime Agency liefert ziemlich schnell die Kopie eines englischen Computers. Die Russen erklären sich bereit, eine Kopie zu liefern, die von den Niederlanden aus heruntergeladen werden kann. Aus unklaren Gründen wird jedoch nichts daraus. Erst Wochen später bringt eine Delegation von Spezialisten des russischen Inlandsgeheimdienstes FSB bei einem Besuch in Driebergen eine physische Kopie mit.

Die Ermittler kommen der Sache allmählich näher. In den Daten der englischen und russischen Computer sehen sie, dass beide manchmal Verbindung zu einem niederländischen Server aufnehmen. Die drei Computerserver außerhalb des Irans waren offenbar die Angriffsmittel des Einbrechers. Die IP-Adresse gehört zu Leaseweb, einem der größten niederländischen Hosting-Unternehmen. Das wiederum ist ein Glücksfall für die Polizei: Einen Computer in den Niederlanden dürfen sie anzapfen.

Im Herbst 2011 begibt sich ein Polizeiteam in ein Gewerbegebiet etwas außerhalb von Haarlem. Ihr Ziel ist eine graue Halle, gut gesichert mit einem stabilen Zaun. Am Eingang sind Überwachungskameras angebracht. Dieses 40 000 Quadratmeter große Rechenzentrum ist in Gänge mit Rechnerschränken unterteilt, in denen Computer summen. Sollte der Strom ausfallen, versorgen drei Dieseltanks mit einem Volumen von 50 000 Litern den Generator, der 48 Stunden lang laufen kann.

Das Terrain ist der Polizei bekannt: Einer ihrer Server mit Ausspähsoftware steht hier standardmäßig bereit. Das Anschließen ist ein Kinderspiel: Es geht lediglich darum, den richtigen Server zu finden, Kabel einzustecken, den Internetverkehr umzuleiten und nach Driebergen zu schicken. Leaseweb ist zur Mitarbeit verpflichtet, wenn ein Richter das Ausspähen – nur einer IP-Adresse – bewilligt. Zwischendurch essen die Mitarbeiter der Polizei gemeinsam mit den Technikern von Leaseweb im Gasthof *De Waarderpolder* zu Mittag; das kleine Lokal mit Spielautomaten liegt neben einer Saab-Werkstatt.

Bei einem Teller Hühnchensaté mit Pommes frites tauscht man sich aus. Der Angreifer hat bei Leaseweb einen Server gemietet und darauf eine VPN-Verbindung eingerichtet. Unternehmen und Privatpersonen nutzen häufig VPN-Verbindungen: Dabei handelt es sich um einen verschlüsselten Datenstrom, der auch durch offene Netzwerke fließt. Die Verschlüsselung sorgt dafür, dass die Verbindung zwischen dem eigenen und einem anderen Netzwerk anonym bleibt. Über VPN-Verbindungen können Privatpersonen beispielsweise im Ausland Netflix-Serien ansehen. Sie verbinden sich zuerst mit ihrem VPN-Server in den Niederlanden, weswegen Netflix annimmt, dass der Nutzer sich in den Niederlanden befindet. Der Angreifer glaubt, durch seine VPN-Verbindung sicher zu sein; er weiß nicht, dass die Polizei seinen VPN-Server entdeckt hat und seinen gesamten Datenverkehr ausspäht.

Außerdem ist der Angreifer ziemlich schlampig. Beim Ausspähen der Daten sehen die Mitarbeiter des Teams High Tech Crime, dass er via VPN auch auf Facebook geht. Die IP-Adresse, die er dabei benutzt, stimmt überein mit einer Adresse in den Daten des englischen Servers. Dort hat sich der Angreifer einmal von seinem eigenen Computer aus eingeloggt. Ein folgenreicher Fehler. Die Polizei vergleicht die beiden IP-Adressen: Sie nutzen denselben Browser (Firefox), dieselbe Version des Browsers und dieselbe Spracheinstellung (Persisch). Die Polizei kann außerdem sehen, bei welchem Facebook-Profil sich der Angreifer einloggt: Es gehört einem iranischen Jungen um die Zwanzig. Name und Adresse sind im Handumdrehen gefunden.

Die Ermittler halten den jungen Mann zunächst für einen Einzeltäter. Sie geben seinen Namen und die Adresse an das amerikanische FBI und den israelischen Geheimdienst weiter. Auch in diesen Ländern sind Firmen von demselben Angreifer gehackt worden. Das Profil scheint übereinzustimmen. Unter einem Decknamen hat sich der Täter bereits verantwortlich erklärt und gesagt, dass er allein handelt. Bei DigiNotar hat er außerdem einen persischen Text hinterlassen: »Ich bin bereit, meine Seele für meinen Führer zu opfern.«

Doch als die Ermittler die IP-Adresse im Iran aufsuchen, kommen ihnen Zweifel. Der Hacker arbeitet von einem Gebäude an der Imam-Khomeini-Straße aus, im Zentrum von Teheran. Die Polizei stellt fest, dass das Gebäude weder auf dem Universitätscampus noch in einem Wohngebiet steht, sondern auf iranischem Militärgelände.

Diese Entdeckung wirft sofort neue Fragen auf. Hat der Mann auf Anweisung gehandelt? Wieso hat ein Hacker Zutritt zu einem Gebäude des iranischen Militärs? Die Polizei will eine Rechtshilfeanfrage schicken und im Iran um Informationen zum Täter suchen. Doch dann müssen die Ermittlungen abgebrochen werden: Man teilt dem Team mit, es sei jetzt genug. Ein AIVD-Mann, zuständig für den Kontakt zwischen Polizei und Geheimdienst, hat sich quergestellt. Dieser W., Sohn eines Widerstandskämpfers und sehr religiös, ist ein altgedienter Mitarbeiter des Geheimdienstes. Er erklärt Wilbert Paulissen, Leiter der Rechercheabteilung, er wolle nicht, dass die Polizei in dieser Angelegenheit weiter ermittle. »Ein absolutes No-Go«, wie sich W. ausdrückt. Was der AIVD weiß, verrät er nicht.

Das Außenministerium möchte im Augenblick ebenfalls keine weiteren Ermittlungen. Der Name des Täters soll nicht veröffentlicht werden. »Hier ist Schluss«, heißt es in einer knappen Mitteilung. »War die Arbeit des Teams also völlig umsonst?«, fragen sich die Ermittler vom Team High Tech Crime. Eine Antwort bekommen sie jedoch nicht. Zumindest vorläufig nicht.

3

DIE SCHWEIZ UNTER DEN GEHEIMDIENSTEN

Normalerweise hängt meine dunkelbraune Ledertasche für den Laptop an meinem Fahrradlenker, das iPhone ist in einer Jackentasche verstaut, und ich trage Kopfhörer. Jetzt nicht. Jetzt liegen Tasche und Telefon in der Redaktion des *NRC Handelsblad* am Rokin in Amsterdam.

Ich bin mit dem Fahrrad unterwegs zu einem Informanten, mit dem ich bereits zweimal gesprochen habe. Unsere letzte Begegnung endete ziemlich geheimnisvoll. Er sagte, er könne mir bei unserem nächsten Treffen etwas erklären, vorher müsste ich jedoch einige Vorsichtsmaßnahmen treffen: kein Telefon, kein Kontakt per SMS oder Mail, am selben Ort und zur selben Zeit verabreden, keine Notizen machen, und sobald zweifelhafte Typen auftauchten, müssten wir die Sache abbrechen.

Wir bestellen Mineralwasser und Eistee. Wenn die Bedienung in unsere Nähe kommt, hören wir sofort auf zu reden. Er sieht sich unruhig um und beugt sich dann wieder zu mir vor. Er will mir etwas über den AIVD erzählen. »Der Dienst hat den iranischen Botschafter in den Niederlanden abgehört«, flüstert er. Alle Räume der Botschaft seien verwanzt gewesen. »Wir wussten sogar, wann der gute Mann auf die Toilette ging.«

Ich verspüre eine gewisse Aufregung. Zum ersten Mal erzählt mir jemand von einer verdeckten Operation. So geht das also: Sobald einem jemand vertraut, kommt man auch an geheime Informationen. Ich bedanke mich und verspreche, seinen Namen nirgends zu nennen.

Es ist nur ein kleiner Schritt. Durch die NSA-Dokumente von Snowden ist das technische Vorgehen etwas klarer geworden.

Zwischen Sender und Empfänger durchläuft eine Mail sieben verschiedene Stationen, das Netzwerk wird zunehmend voller und unübersichtlicher, und der Staat weiß keineswegs immer, wo die Schwachstellen liegen. Das ist ein Grund, warum wir verwundbar sind. Eine der Fragen, die sich logisch daraus ergeben, lautet, ob die Geheimdienste diese Verwundbarkeit ausnutzen oder ob sie dagegen ankämpfen. Es ist nicht einfach, eine Antwort auf diese Frage zu bekommen, denn niemand will darüber reden.

Aber nach diesem Gespräch schöpfe ich neue Hoffnung. Anscheinend ist es doch nicht völlig ausgeschlossen, eine geheime Operation zu enthüllen. Doch da taucht schon das nächste Problem auf: Journalisten sind verpflichtet, ihre Informanten zu schützen. Obwohl ich nicht an den Enthüllungen meines Informanten zweifele, darf ich in der Zeitung nicht darüber berichten. Eine Information muss erst von einer anderen Person bestätigt werden, und zwar einem Insider, der genauso an Geheimhaltung gebunden ist wie der Informant, und der weiß, dass ihm hohe Gefängnisstrafen drohen.

Wochenlang versuche ich es bei allen möglichen Leuten. Es rächt sich, dass der Geheimdienst in streng getrennten Einheiten arbeitet: Mitarbeiter haben immer nur Zugang zu ihrem eigenen Projekt. Damit wird das Risiko einer Sicherheitslücke verringert. Aufs Geratewohl in den Systemen des Dienstes zu forschen, ist für Mitarbeiter völlig ausgeschlossen, Befugnisse sind exakt festgelegt.

Ich lade mich wieder bei Personen ein, die mit dem Geheimdienst Kontakt haben, treffe sie an Raststätten oder in Tennisklub-Cafés. Vorab muss ich meinen Gesprächspartnern Anonymität zusichern, sonst kommt kein Treffen zustande. Diejenigen, mit denen ich spreche, trauen sich kaum zu reden. Ich versuche, das Eis zu brechen, indem ich von meinen Nachforschungen erzähle und versichere, dass ich weiß, welche Folgen unser Gespräch für sie haben könnte.

Nach wochenlangen, vergeblichen Versuchen habe ich endlich Glück. Jemand, der Bescheid wissen könnte, ist anscheinend bereit, die Geschichte meines Informanten zu bestätigen. Aber dann kommen mir doch Zweifel, denn er beschränkt sich auf Vermutungen: »Angenommen der AIVD würde sich dafür interessieren, welche Ziele der iranische Botschafter verfolgt, wäre das eine ausgezeichnete Methode.« Ziemlich verwirrend. Ich beschließe, ihn ein zweites Mal zu treffen und das Gespräch zu wiederholen. Aber er benutzt dieselben Formulierungen. Mit meinem Chefredakteur Jan Meeus denke ich über unsere Optionen nach. Seine Schlussfolgerung: »Auf diese Weise bestätigt er deine Informationen, ohne dass er es *tatsächlich* sagt.«

Das muss es sein. Er bestätigt die Information nur indirekt. Damit kann ihm die Sache nicht gefährlich werden. Als ich meine andere Quelle frage, lacht diese: Offenbar ist das ein altbekannter Trick. Endlich kann der Artikel veröffentlicht werden. »AIVD belauschte monatelang den iranischen Botschafter«, lautet der Titel. Erst Jahre später komme ich dahinter, dass in Bezug auf den Iran noch mehr im Gange ist. Dass ein großer, nicht sichtbarer Konflikt schwelt. Und dass alles mit dem Einbruch bei DigiNotar und der damaligen Polizeiermittlung zusammenhängt, die so abrupt eingestellt werden musste.

Bevor im Sommer 2011 in den Niederlanden eine nationale Krise wegen DigiNotar in Beverwijk ausbricht, kommt es zu zwei Vorfällen, die auf den ersten Blick nichts damit zu tun haben; erst im Nachhinein zeigt sich, wie wichtig sie waren.

Bei dem ersten Vorfall handelt es sich um einen geheimnisvollen Angriff auf eine Nuklearanlage im Iran. Zwischen 2007 und 2009 manipuliert ein raffiniertes Computervirus die Antriebe iranischer Uran-Zentrifugen in der Nähe der Stadt Natanz, ungefähr 300 Kilometer südlich von Teheran. Diese Zentrifugen, mit denen das Uran angereichert werden soll, rotieren plötzlich viel zu schnell. Die iranischen Techniker stehen vor einem Rätsel, denn die Systeme zeigen keine Fehlfunktion an. Hilflos müssen sie zusehen, wie Hunderte von Zentrifugen wie wild rotieren und sich vor den Augen der erstaunten Techniker selbst zerstören. Etliche iranische Experten werden daraufhin entlassen, und die Entwicklung des Kernwaffenprogramms wird durch den Angriff schätzungsweise um mehrere Jahre zurückgeworfen.

Bei dem digitalen Angriff handelt es sich um eine Kooperation des amerikanischen und des israelischen Geheimdienstes. Sie haben jahrelang an dem Programm gearbeitet. Sie entwickelten und schrieben das Sabotagevirus, das im Nachhinein von den Ermittlern als Stuxnet bezeichnet wurde. Soweit bekannt, ist Stuxnet die erste offensive digitale Waffe. Es ist der Beginn einer neuen Phase im digitalen Kampf: Ohne dass auch nur ein einziger amerikanischer oder israelischer Soldat iranischen Boden betreten hätte, wurde ein Präzisionsangriff durchgeführt, der mindestens so schädlich war wie Bombenabwürfe aus einem Flugzeug. Später gerät das Virus in die freie Wildbahn und infiziert Tausende von Rechnern.

Die Vorbereitungen dieses Angriffs waren offenbar erheblich komplexer als zunächst bekannt. Die Vereinigten Staaten und Israel sind nicht die einzigen Staaten, die sich für die Anlage in Natanz interessieren. Beinahe alle westlichen Dienste haben in den Jahren nach dem Jahrtausendwechsel ihre Aufmerksamkeit auf die unterirdischen Nuklearanlagen im felsigen Wüstengelände gerichtet. Zu diesen Diensten gehörten auch AIVD und MIVD, vertrauen mir Informanten insgeheim an.

AIVD und MIVD haben eigentlich andere Aufgaben. Der AIVD beschäftigt sich vornehmlich mit der nationalen Sicherheit, während der MIVD Informationen über militärische Operationen und Verteidigung sammelt. Beide Dienste haben sehr unterschiedliche Kulturen, was zu regelmäßigen Zusammenstößen führt. Gegenseitiges Misstrauen beeinträchtigt den Informationsfluss. In einigen Bereichen arbeiten die Dienste zusammen, unter anderem beim Sammeln von Informationen über Nuklearprogramme.

Die Niederlande haben eine lange Geschichte, was derartige Informationen betrifft. Der pakistanische Ingenieur Abdul Khadir Khan erwarb in den 1970er-Jahren in den Niederlanden atomphysikalische Kenntnisse und arbeitete mehrere Jahre in einem Forschungslabor in Amsterdam. Er ließ sich mit seiner südafrikanischen Frau in den Niederlanden nieder, hatte niederländische Freunde und gute Kenntnisse der Landessprache. Er besuchte auch gelegentlich die Urananreicherungsanlage der Firma UCN, ein britisch-deutsch-niederländisches Konsortium, in der eine Ultrazentrifuge eingesetzt wurde. Das Verfahren war einzigartig und in anderen Ländern noch unbekannt. Trotz strenger Verbote, die Technologie zu exportieren, gab es immer wieder Versuche, die umfassenden Sicherheitskontrollen zu umgehen.

Im Jahr 1975 kehrte Khan nicht mehr von einem Besuch in Pakistan zurück, und drei Jahre später war Pakistan allem Anschein nach in der Lage, eine Atombombe zu bauen. Anschließend verkaufte Khan sein Wissen auch an Nordkorea, Libyen und den Iran. Obwohl er so lange in den Niederlanden gelebt hatte, wandte er sich gegen den Westen; die niederländischen Nachrichtendienste standen vor einem Rätsel.

Aufgrund der niederländischen Kenntnisse über Zentrifugen haben AIVD und MIVD schon seit Jahrzehnten Erfahrung mit dem Prozess der Urananreicherung und den dafür notwendigen Maschinen. Daher überwacht und kontrolliert der AIVD alle Käufer engmaschig, berichten Quellen. Bei diesen Käufern handelt es sich um Transportunternehmen, die, manchmal mit falschen Papieren, Material in Länder wie Pakistan und den Iran verschiffen. Die Überwachung führt der AIVD zusammen mit anderen Diensten durch: der CIA, dem deutschen BND, dem englischen MI5 und dem israelische Mossad.

Stellt der AIVD fest, dass eines dieser Transportunternehmen – die häufig abgehört werden – Material zu verschiffen versucht, weist ein Mitarbeiter des Dienstes das Unternehmen explizit auf den eigentlichen Zielort der Fracht hin. Es kann auch vorkommen, dass der AIVD eine Lieferung verhindert. Da viele Güter den Transitweg über Schiphol oder den Hafen von Rotterdam nehmen, ist es nicht weiter schwierig, Ladungen oder Container aufzuhalten. Es kann also passieren, dass Aluminiumrohre, die der Iran gekauft hat, über den Hafen von Rotterdam in das Vereinigte Königreich verschifft werden sollen. Der AIVD fängt die Fracht ab, hinterlässt ein winziges, praktisch unsichtbares Loch in den Rohren und schickt sie weiter. Die Rohre, die Vakuum ziehen sollen, werden durch diesen winzigen Eingriff irreparabel beschädigt. Die Iraner stellen den Schaden erst fest, wenn die Rohre bereits installiert sind.

Ein anderer Kunstgriff besteht darin, Peilsender in der Verpackung unterzubringen; so kann der AIVD das Ziel der Fracht orten. Diese Methode wird beispielsweise bei Luftdruckmessgeräten angewandt, die beim Bau von Raketen von entscheidender Bedeutung sind. Kein Land im Nahen Osten ist technisch in der Lage, diese Messgeräte herzustellen. Sind die Geräte für Syrien oder den Iran bestimmt und werden via Schiphol nach Rotterdam geliefert, wird die Fracht mit unsichtbaren Peilsendern versehen. In Ausnahmefällen manipuliert der Dienst sogar die Geräte selbst. Das ist nicht ungefährlich, denn die Messgeräte werden auch in Passagierflugzeugen verbaut.

Es ist eine Überraschung für mich, dass niederländische Nachrichtendienste sabotieren: Ich hatte immer die Vorstellung, das würde nur in anderen Ländern vorkommen. Amerikaner, Briten, Israelis, Franzosen, Chinesen und natürlich Russen. Aber die Niederländer sabotieren genau wie alle anderen.

Und Sabotage ist nicht das einzige Mittel. Der AIVD überwacht auch Khan und sein Netzwerk. Khans Tochter wohnt in Amstelveen. In den Zulieferungsbetrieben des Netzwerkes sind Strohmänner des AIVD beschäftigt, die den Nachrichtendienst über Bestellungen informieren. Auch die CIA ist in das Netzwerk eingedrungen, und daher wissen westliche Nachrichtendienste anscheinend bereits kurz nach der Jahrtausendwende, was in Natanz vor sich geht.

Ein Zwischenfall im September 2003 bringt gleich mehrere Steine ins Rollen. Das Schiff *BBC China* wird auf dem Weg von Dubai nach Libyen abgefangen. An Bord entdecken Briten und Amerikaner Tausende von Bauteilen für Ultrazentrifugen. Ein Leckerbissen für die internationalen Medien: Ein Coup der westlichen Geheimdienste kann in letzter Sekunde verhindern, dass Libyen ein geheimes Kernwaffenprogramm startet. Der libysche Führer Muammar al-Gaddafi ist auf frischer Tat ertappt.

Unbekannt ist hingegen, dass die gerade noch rechtzeitige Entdeckung des Schmuggels hauptsächlich einem kleinen europäischen Land zu verdanken ist: Denn der niederländische AIVD warnt die Briten vor der Fracht, woraufhin das Schiff unter irgendwelchen Vorwänden zu einem süditalienischen Hafen gebracht wird. Was anschließend mit der Fracht geschieht, ist unbekannt.

Zuerst wollen die Amerikaner die Bauteile beschlagnahmen, aber dieses Vorhaben stößt in den Niederlanden auf Widerstand. Kenntnisse über den Prozess der Urananreicherung dürfen nicht exportiert werden, auch nicht an Verbündete wie die USA. Vor Ort, in Süditalien, haben die Niederländer jedoch keine Leute und das rächt sich: Die Briten teilen die Bedenken der Niederländer nicht und überlassen den Amerikanern die Teile.

Einige Monate später geht eine Anfrage der CIA und des israelischen Mossad beim AIVD am Leidschendam ein. Geheimdienstliche Anfragen erfolgen über offizielle Kanäle, die sogenannten »Liaisons«: Liaisons sind die Kontaktpersonen der Dienste in Den Haag. CIA und Mossad haben als Partnerdienste des AIVD ein ähnliches Profil, und der Dienstweg ist kurz. Die Liaisons von CIA und Mossad haben folgende Frage an den AIVD: Können die Niederländer in Bezug auf eine bestimmte Fabrik im Süden von Teheran helfen? Oder wie es im Geheimdienstjargon heißt: Können sie den »Zugang zu Natanz herstellen«?

Dass diese Anfrage Jahre später zu zerstörten Ultrazentrifugen in einer unterirdischen Fabrik im Iran führen wird, kann niemand vorhersehen. Es ist das Jahr 2004. Die Amerikaner haben unter George W. Bush den Irak angegriffen und bedienen sich dabei konventioneller Waffen: Bomben und Panzer. Die amerikanischen Nachrichtendienste hingegen sind bereits einen Schritt weiter. Noch bevor die ersten Bomben auf Bagdad fallen, dringen amerikanische Hacker in die Rechner des iranischen Militärs ein, um den Angriff vorzubereiten.

Die Metamorphose setzt Ende der 1990er-Jahre ein, als die Geheimdienste das Internet für sich entdecken. Die NSA stellt schon 1997 – zu diesem Zeitpunkt haben noch nicht mal zwei Prozent der Weltbevölkerung Zugang zum Internet – das erste Hackerteam zusammen. Nur wenig später folgen andere Weltmächte. Im darauffolgenden Jahr gelingt es Hackern der ehemaligen Sowjetunion, die Computersysteme des Pentagon, der NASA und anderer amerikanischer Organisationen zu infiltrieren. Bei ihrem Raubzug erbeuten sie Tausende von sensiblen Daten. Diese Operation namens Moonlight Maze findet im selben Jahr statt, in dem Frans Bromets Dokumentarfilm entsteht und seine Landsleute ihm im Brustton der Überzeugung versichern, dass ein Leben mit Mobiltelefon für sie unvorstellbar sei.

Der AIVD unternimmt Ende der 1990er-Jahre ebenfalls erste Gehversuche in der digitalen Welt. Der Dienst geht dabei zögernd vor, denn viele Mitarbeiter sind sehr skeptisch. Insbesondere neue Mitarbeiter drängen in diese Richtung, wie etwa der junge, ungestüme Ronald Prins, der 1998 in den AIVD eintritt.

Prins begeistert sich für das Internet und Rechner, ist fasziniert von Scannern, Abhörtechniken und codierten Berichten. Als Mathematikstudent hat er Ende der 1980er-Jahre nächtelang mit seinem eigenen Scanner den Polizeifunk in der Region Den Haag abgehört. Er war daher bestens über Ermittlungen der Polizei unterrichtet und hörte auch von geheimen Operationen.

Als der hochgewachsene Prins, mittlerweile ausgebildeter Kryptograf und Verschlüsselungsexperte, zum AIVD kommt, findet er den technologischen Rückstand erschreckend. Der Dienst macht die ersten Vorstöße ins Internet, in Prins' Abteilung sind gerade mal drei Mitarbeiter beschäftigt. In diesem Jahr zapft der Dienst zum ersten Mal das Internet an: Man ist einem Terrorverdächtigen in Zeeland auf der Spur. Zu diesem Zeitpunkt ist Prins technisch bereits so versiert, dass er sich Zugang zu den Mailboxen von Zielpersonen verschaffen kann, was juristisch allerdings noch nicht erlaubt ist. Für Nachrichtendienste entsteht soeben ein neues Gesetz: Prins rät, eine zusätzliche Passage über das Hacken mit in die Vorlage aufzunehmen. »Das kann später mal wichtig sein«, erklärt er seinen Kollegen.

Prins hält es nicht allzu lange beim AIVD aus und kündigt bereits nach einem Jahr. Trotzdem hat er in der kurzen Zeit etwas in Bewegung gebracht. Der Dienst erkennt, dass neue Zeiten angebrochen sind. Der AIVD besteht aus verschiedenen Abteilungen, wie etwa Demokratische Rechtsordnung, Staatssicherheit, Besondere Aufklärungsdienste. Unter Besondere Aufklärungsdienste fallen wiederum mehrere Teams, etwa Besondere Operationen und Technik. Das Abfangen von Informationen und Abhören ist Teil des Bereiches Technik, in dem die größten Veränderungen stattfinden.

Bisher hat der AIVD neue Mitarbeiter häufig direkt im zweiten oder dritten Studienjahr an der Universität rekrutiert.

Der Trick bestand darin, Studenten, die ihr Studium noch nicht abgeschlossen hatten, ein sehr großzügiges Einstiegsgehalt anzubieten und sie dadurch langfristig an den Dienst zu binden. Es war unwahrscheinlich, dass sie – ohne Studienabschluss – jemals eine besser bezahlte Stelle finden würden. Ab 1998 treten jedoch auch Mitarbeiter mit abgeschlossenem Studium in den Dienst ein, darunter Erik Akerboom, der spätere nationale Koordinator zur Terrorismusbekämpfung und Chef der Nationalen Polizei, oder Inge Philips – sie steigt bis an die Spitze der Polizei auf und leitet anschließend das Team Cyber Risks bei Deloitte. Philips interessiert sich für das Thema Technik und führt später das Team Kernwaffenverbreitung. Im Unterschied zu den Studenten ohne Abschluss, die sich rasch in die Firmenkultur einfügen, ist diese zweite Gruppe unabhängiger und stellt alte Denkmuster infrage.

In Bezug auf Computertechnologie ist der AIVD hoffnungslos naiv und altmodisch. Zum Millenniumswechsel verfügt der Dienst über 16 Rechner mit der Suchmaschine Altavista, die für Open-Source-Recherchen benutzt wird. Einer der Rechner stammt von der CIA, und manche Mitarbeiter würden ihn am liebsten so schnell wie möglich aus dem Fenster werfen. Sie vertrauen dem Gerät nicht und speichern darauf nur wertlose Informationen, bis es irgendwann für immer verschwindet.

Um die IT-Kenntnisse zu verbessern, stellt der AIVD schließlich nach langen internen Diskussionen – und auf Betreiben von Inge Philips – den Hacker und Internetexperten Roland Vergeer ein. Vergeer sorgt für eine andere Herangehensweise der Mitarbeiter. »Denkt nicht aus den Abteilungen heraus und hierarchisch«, sagt er, »sondern eher nachfrageorientiert: Über welche Informationen sollte der AIVD theoretisch verfügen?«

Das führt dazu, dass der Dienst um die Jahrtausendwende damit anfängt, das Internet zu durchforsten. Websites, Formulare, offene Foren: Der AIVD speichert alles, die Informationen werden thematisch gegliedert. Schon damals beginnt der Dienst, virtuelle Identitäten zu erschaffen: Fiktive Personen mit genau umrissenem kulturellen Profil, die online eine Lebensgeschichte erhalten, beispielsweise eine Kurdin im mittleren Alter. Wenn eine solche Person plötzlich aus dem Nichts in einem Webforum auftaucht, weckt das sofort Misstrauen. Deswegen wird ein virtuelles Profil erschaffen und Dutzende von Personen werden mit einer fiktiven Lebensgeschichte ausgestattet. Braucht der AIVD für eine Operation einen Online-Infiltranten, steht sofort jemand zur Verfügung.

Geheimdienste betreiben auch sogenanntes Data-Mining: Sie verbinden Datenbestände aus Telefonverzeichnissen, Abhördaten, Informationen aus Chatrooms, von der Handelskammer und dem Katasteramt miteinander. Dadurch kann der AIVD die unterschiedlichsten Zusammenhänge und Querverbindungen erkennen. Mitarbeiter beschränken sich nicht mehr darauf, Gespräche nur abzuhören, sondern kombinieren die erfassten Daten. Während zum Jahrtausendwechsel das Gespenst des sogenannten Millennium-Bugs umgeht, lernt der AIVD allmählich den Wert von Metadaten zu schätzen. Trotz anfänglichen Zögerns gehört die Behörde im Jahr 2000 gemeinsam mit den Israelis, Chinesen, Amerikanern und Briten zu den digital führenden Diensten.

Während diese Veränderungen beim AIVD im Gange sind, trifft die Anfrage von CIA und Mossad nach »Zugang« zu Natanz ein. Dass sie ausgerechnet die Niederlande ausgewählt haben, verwundert nicht. Der niederländische Nachrichtendienst gilt als die Schweiz unter den Geheimdiensten: klein, aber fein und eher neutral. Außerdem sind die Niederlande kein bedeutender Machtfaktor. Die Briten nutzen das Land gern als Angriffsbasis und haben hier mehrere *Safehouses* eingerichtet.

Ein Vorteil der Niederländer besteht darin, dass sie, im Unterschied zu amerikanischen oder israelischen Diensten, unauffällig operieren können, insbesondere was den Iran betrifft. Darüber hinaus wird den niederländischen Diensten genügend Freiraum gegeben, um nach eigenem Ermessen zu handeln, und ihr Einfallsreichtum wird von anderen Diensten immer lobend hervorgehoben.

Der Iran ist ein häufiges Ziel des AIVD. Bereits im Jahr 2000 gelingt es Mitarbeitern des Dienstes, von Leidschendam aus in die Mailsysteme der iranischen Abwehr einzudringen und an nützliche Informationen über iranische Nuklearpläne zu gelangen. Nicht zuletzt deswegen wissen westliche Dienste – allen voran CIA und Mossad – so gut Bescheid, was in Natanz vor sich geht. Dass der Iran beispielsweise P2-Zentrifugen einsetzt, eine neue und gefährlichere Variante der pakistanischen P1-Zentrifugen. Und dass diese Zentrifugen durch Steuerungssysteme von Siemens angetrieben werden. Während der Iran noch mit dem Bau der gesamten Anlage – mit 2,5 Meter dicken Mauern und einer 22 Meter hohen Erdschicht darüber – beschäftigt ist, entwickeln amerikanische IT-Fachleute und ihre Kollegen vom Mossad ein Sabotagevirus. Sie wollen den Ausgang des diplomatischen Scharmützels zwischen der IAEA (Internationale Atombehörde) und dem Iran nicht abwarten und jederzeit eingreifen können, sobald sie das für nötig halten.

Wie sich zeigt, erweist sich das Abfangen des Frachtschiffes *BBC China* im Jahr 2003 als Glücksfall. An Bord befinden sich Bauteile für Tausende von Ultrazentrifugen – dieselbe Technik, die auch der Iran benutzt. Das ist genau das, was die Amerikaner benötigen, um das Sabotagevirus zu testen. Die Angelegenheit macht rasche Fortschritte. Allerdings gibt es ein Hindernis: der Zugang zur Fabrik in Natanz. Der Iran hat das gesamte Gelände hermetisch abgeriegelt, die besonders sensiblen Netzwerke haben keine Verbindung zum Internet.

Strohmänner zur Infiltration zu rekrutieren, ist eine Wissenschaft für sich. Es ist ein zeitraubender Prozess, bei dem Überzeugungskraft und gelegentlich auch Geld eine ausschlaggebende Rolle spielen. Gefälschte Identitäten und Firmen aufzubauen, kann Jahre dauern. Daher ist es kein Wunder, dass CIA und Mossad bereits 2004 beim AIVD anklopfen. Damals beginnt die operative Vorbereitung, die schließlich zum ersten digitalen Angriff führen wird. Zwei Jahre später gibt der amerikanische Präsident George W. Bush offiziell grünes Licht für die Operation, die unter dem Decknamen Olympic Games später zur Lancierung von Stuxnet führen soll.

Über die Periode danach weiß man wenig. Tatsache ist jedoch, dass Stuxnet in Natanz eingeschleust wird und der AIVD einen bisher unbekannt gebliebenen Beitrag dazu geleistet hat. Der Dienst baut dafür fiktive Firmen mit jeweils einem Mitarbeiter auf. Die eine Spur verläuft im Sande, und dem Mitarbeiter gelingt es nicht, nach Natanz hineinzukommen. Die zweite Spur erweist sich als erfolgreicher: Ein iranischer Ingenieur wird als Monteur eingestellt. Unter diesem Deckmantel gelingt es dem von den Niederländern rekrutierten Mann mehrfach, nach Natanz hineinzukommen, erstmals ist er im Sommer 2007 dort. Er verschafft sich Daten aus dem internen Netzwerk. Anschließend sind mehrere Anpassungen des Stuxnet-Virus notwendig, damit die Waffe zielgenau eingesetzt werden kann. Ein paar Wochen oder Monate später ist der Ingenieur erneut in Natanz und versucht, Stuxnet auf einem der Rechner in der Anlage zu installieren. Seinen Angaben nach gelingt ihm das. Eine besonders wichtige Rolle habe dabei ein »niederländischer Router« gespielt, sagt eine Quelle. Als anschließend allmählich die ersten Berichte über Probleme der Zentrifugen in Natanz eintreffen, ist beim AIVD niemand überrascht. Durch ihren Ingenieur hat der AIVD mitgeholfen, die erste digitale Waffe der Welt zu lancieren.

Diese Ereignisse gehen dem Sommer 2011 voraus, als ein iranischer Hacker sich bei DigiNotar in Beverwijk meldet. Von Zufall kann keine Rede sein, denn der Iran reagiert auf den Stuxnet-Angriff. Es wird eines der aktivsten Länder im Internet und führt erfolgreiche Angriffe auf unterschiedliche westliche Ziele durch. In New York verschaffen sich iranische Hacker die Kontrolle über einen Staudamm, sie greifen die Netzwerke der UN und etlicher Universitäten an, unter anderem auch in den Niederlanden. Durch die Cyberattacke auf den Iran hat der Westen ein bis dahin unbekanntes digitales Wettrüsten ausgelöst.

Die zweite wichtige Entwicklung in Bezug auf DigiNotar, ohne die man die dortigen Vorgänge nicht begreifen kann, betrifft den AIVD.

Damit ich diese Geschichte überhaupt rekonstruieren und aufzeichnen konnte, waren jahrelange Vorarbeiten nötig, um das Vertrauen von Informanten zu gewinnen. Teilweise frustrierende Jahre, in denen manchmal Rücksicht darauf genommen werden musste, dass Quellen entweder nicht zu erreichen oder nicht zu einem Treffen bereit waren. Oft trifft man auch auf Unverständnis – nur die wenigsten wissen, wie Geheimdienste arbeiten und warum sie sich abschirmen. Das gilt sogar für Kollegen. Bei *de Volkskrant*, die Tageszeitung, für die ich seit 2015 schreibe, ist das nicht anders als beim *NRC Handelsblad*.

Ich erinnere mich an ein Gespräch mit Chefredakteur Philippe Remarque. Nach langer Zeit gab es endlich eine Bestätigung dafür, dass der AIVD Geert Wilders überprüft und dessen Kontakte zur israelischen Botschaft durchleuchtet hatte.

Aufgeregt lief ich zu Remarque und teilte ihm die Neuigkeit mit. »Okay«, sagte er eher zurückhaltend. »Und was genau ist bei der Durchleuchtung herausgekommen?«

»Das würde ich auch gern wissen, aber meine Informanten sagen es mir nicht.«

»Kann man dann vielleicht den Bericht lesen?«, fragte er.

Leider war auch das völlig ausgeschlossen. An Berichte aus der AIVD-Zentrale zu kommen, ist praktisch unmöglich. Die Enttäuschung war Remarque anzusehen.

Natürlich wollte auch ich unbedingt weitere Beweise und Informationen. Aber das würde mir wahrscheinlich nicht gelingen. Schon allein eine Verabredung mit einem Informanten zu treffen, ist schwierig genug, von zweien ganz zu schweigen. Niemand ist so verrückt, heimlich Dokumente an sich zu nehmen. Alles wird streng überwacht.

Am Seiteneingang des AIVD-Komplexes in Zoetermeer befindet sich der Irisscan für Mitarbeiter. Handys sind wegen des Sicherheitsrisikos nicht erlaubt. Es finden immer wieder unangekündigte Mitarbeiterkontrollen statt. Dann schrillt ein Alarm und alles wird durchsucht: Tasche, Jacke, Schuhe. Damit muss ein AIVD-Mitarbeiter ungefähr fünfmal pro Jahr rechnen.

Der AIVD arbeitet mit zwei Computersystemen: eines für den internen, das andere für den externen Gebrauch. Die technischen Fachleute arbeiten mit noch mehr Systemen. Internetrecherchen finden über anonyme Browser statt. Rechner können nur mit Mitarbeiterausweis und Passwort hochgefahren werden. Alle Dateien sind fragmentiert und lassen sich nur mit Zugangsberechtigung öffnen. Man kann auch nicht einfach nach Dateien suchen: Manche sind so sensibel, dass sie nicht auftauchen.

Der Fall Edward Snowden hat deutlich gemacht, welche Folgen die Entwendung von Dokumenten hat. Im Jahr 2015 habe ich gemeinsam mit dem Journalisten Eelco Bosch van Rosenthal und dem Kameramann Joris Hentenaar von »Nieuwsuur« unter allen möglichen hochgeheimen Sicherheitsvorkehrungen einen Interviewtermin mit Snowden. Über einen Mittelsmann ist es uns tatsächlich gelungen, ein Treffen zu vereinbaren. Das ist eine absolute Ausnahme: Snowden trifft sich so gut wie nie physisch mit Journalisten. Die Wahl des Hotels überlässt er uns. Wir bereiten uns vor Ort ein paar Tage lang auf das Gespräch vor und teilen unserer Kontaktperson die Zimmernummer mit. Eine Stunde vor dem Termin ruft Snowden über das Hoteltelefon an. Er will wissen, ob er für den Aufzug seine

Schlüsselkarte benötigt. Wir sollen in der Lobby auf ihn warten. Eelco beobachtet den Eingangsbereich, ich den Hintereingang. Plötzlich steht Snowden zu unserer Verblüffung vermummt im Aufzug, wie ein vom Himmel herabgeschwebter Verkleidungskünstler.

Im Hotelflur lässt er uns vorangehen. Er spricht kaum ein Wort und wirkt nervös. Amerikanische und englische Geheimdienste sind ihm auf den Fersen, und schon die geringste Nachlässigkeit bringt ihn in Gefahr. In unserem Hotelzimmer legt er seine Verkleidung ab und entspannt sich allmählich. Das Interview dauert vier Stunden lang. Anschließend setzt er die Brille wieder ab, setzt eine Mütze auf und verschwindet in den langen Hotelgängen – zurück in seine selbst gewählte Verbannung. Er kann Russland nicht verlassen; das ist der Preis, den er für die Veröffentlichung von Staatsgeheimnissen zahlen muss.

Gespräche mit Informanten sind kompliziert: Auch wenn sie sich zu einem Treffen bereit erklären, greifen sie auf alle möglichen Tricks zurück, um keinesfalls direkt Informationen preiszugeben. Beispielsweise sprechen sie immer nur im Konjunktiv. Ein anderer Kniff besteht darin, niemals direkt über die Dienste zu sprechen: »Zoetermeer« bezeichnet den AIVD, die »Frederikskazerne« oder schlicht »Frederik« den MIVD. Oder, noch kürzer, »A« und »M«. Ein deutliches »Ja« oder »Nein« wird niemals ausgesprochen, stattdessen heißt es, »das könnte sein« oder »vielleicht müssten Sie da noch mal nachhaken«.

Daher dauert es Jahre, um herauszufinden, was genau der AIVD weiß, als die DigiNotar-Krise ausbricht. Erst als der Vorfall eine Weile zurückliegt, sind Informanten bereit, sich vorsichtig dazu zu äußern. Der niederländische Geheimdienst hat zusammen mit der amerikanischen CIA einen iranischen Informanten. Der Kontakt hat sich durch einen glücklichen Zufall ergeben: Der Mann ist eines Tages einfach in die niederländische oder die amerikanische Botschaft eines Landes im Nahen Osten spaziert und hat um Hilfe gebeten. Er hat im Iran eine Straftat begangen und Angst vor der Verfolgung; jetzt will er das Land so schnell wie möglich verlassen.

Informanten betonen, dass es sich um einen hochrangigen Vertreter handelt: Der Mann ist gut über die iranische Revolutionsgarde (IRG) unterrichtet, das militärische Elitekorps des Iran, das unter anderem für Nuklearpläne und den iranischen Geheimdienst zuständig ist. Nur wenige haben Zugang zur Elite des IRG. Der Informant kennt sich auch in der iranischen Hackerszene aus. Beim AIVD bekommt er einen Decknamen – ein Verweis auf einen bekannten Ort an der Küste. Der AIVD gibt allen Informanten Decknamen, zur damaligen Zeit sind es Ortsnamen.

Als der AIVD beschließt, den Mann als Informanten zu übernehmen, schließt sich der Dienst mit der CIA zusammen. Ein älterer Mitarbeiter der CIA, H., der in den Niederlanden arbeitet, ist bei den langen Gesprächen mit dem Informanten dabei. Der AIVD schickt einen jüngeren Mann als Beobachter dazu.

Neben strategischen Gründen – hin und wieder gibt der AIVD Hinweise an die CIA weiter und hofft auf entsprechende Gegenleistungen – kommt es in erster Linie aus finanziellen Gründen zu dieser Zusammenarbeit. Die Bezahlung von Informanten ist bei den Amerikanern einfacher geregelt und großzügiger. Der AIVD ist skeptisch, was das »Kaufen« von Information betrifft, und sieht darin eine Gefahr für die Glaubwürdigkeit.

Der Informant erhält von der CIA einige Tausend Euro pro Monat. Zu seiner eigenen Sicherheit bringt man ihn in ein anderes westliches Land, das sich mit amerikanisch-niederländischen Operationen auf seinem Staatsgebiet einverstanden erklärt hat; der Gastgeber bedingt sich jedoch aus, dass die Gesprächsnotizen auch an den eigenen staatlichen Sicherheitsdienst übermittelt werden.

Der AIVD hat also bereits vor dem DigiNotar-Hack ein As im Ärmel. Und es nicht das einzige. Wie bereits vermutet, interessiert sich der AIVD seit längerer Zeit für den Iran. Daher hat sich der Dienst schon seit dem Jahr 2000 – als der Iran sich gerade ins World Wide Web einklinkt – digital in die iranischen Regierungsnetzwerke hineingearbeitet.

Ab 2005 schottet sich der Iran zunehmend ab und beginnt mit dem Aufbau eines eigenen, abgeriegelten Internets, einerseits um Neugierige abzuhalten, andererseits um die ausländische Einflussnahme via Internet zu verhindern. Nach Stuxnet beschleunigt sich dieser Prozess. Das Land schränkt nun auch die Nutzung von Satellitenverbindungen ein, ein Nachteil für den MIVD, der im friesischen Burum Satellitenkommunikation abfängt.

Dem AIVD bereitet der politischen Wechsel im Iran weniger Schwierigkeiten. Der Dienst arbeitet seit jeher mit Informanten und Hackern zusammen, um in andere Computernetzwerke einzudringen. Das iranische Internet anzuzapfen, ist wenig erfolgversprechend: Das ist nur von den Niederlanden aus möglich, aber niemand kann vorhersagen, welche iranische Internetverbindung letztlich den Weg dorthin findet. Abgesehen davon ist es teuer und arbeitsintensiv.

Also konzentriert sich der AIVD auf zielorientierte und weniger teure Hackeraktivitäten. Sie sind vor allem auf diejenigen Geheimdienste des IRG ausgerichtet, die das Ausland beobachten. Es gelingt dem AIVD regelmäßig, in das Computer- oder Mailsystem einer Hackergruppe einzudringen.

Beim Angriff auf DigiNotar hat der AIVD also zwei Eisen im Feuer: den iranischen Informanten, der sich bestens mit iranischen Hackergruppen auskennt, und die eigenen Dienste. Was allerdings nicht bedeutet, dass der AIVD in der Lage ist, das Rätsel sofort zu lösen. »Das war eine wirklich schwere Krise in Zoetermeer«, erklärt einer der Beteiligten.

Zwischen AIVD und MIVD kommt es rasch zu Spannungen. Der MIVD verfügt nicht über dieselben Informationen wie der AIVD, und letzterer ist nicht zur Zusammenarbeit bereit. Man schenkt sich gegenseitig nichts.

Der AIVD stellt fest, dass der Angreifer von DigiNotar das »wissenschaftliche« Netzwerk des Irans für seine Zwecke nutzt. Im Iran gibt es zwei Arten von Internet: ein streng kontrollierter öffentlicher und ein etwas freierer »wissenschaftlicher« Teil, der Regierungsbehörden zur Verfügung steht. Der AIVD hat auch das Umfeld des Angreifers ausgespäht. »Bei uns bestand kein Zweifel daran, dass der Angriff auf DigiNotar vom iranischen Geheimdienst ausging«, sagt ein Beteiligter.

Der AIVD glaubt jedoch nicht, dass mehr Personen hinter dem Angriff stecken als der 20-jährige junge Mann, den die Polizei ausfindig gemacht hat. Oder dass dieser zum iranischen Geheimdienst gehört. Der Iran will sich das Internet zunutze machen und setzt dabei auch Hacker oder kriminelle Hackergruppen ein. Der AIVD identifiziert eine befreundete Gruppe rings um den Täter – und die steht in Verbindung mit der iranischen Regierung.

Aus diesem Grund ist der AIVD-Mitarbeiter W. so vehement dagegen, dass die niederländische Polizei den Iran um Informationen zu dem Vorfall bei DigiNotar bittet. Er hat Angst, der einzigartige Zugang über den Informanten könnte dadurch ruiniert werden. Und als die Ermittler der Polizei sich einschalten und digital herumschnüffeln, geraten sie in die Hoheitsgewässer des AIVD. Geheimdienste ziehen es nämlich vor, eine Operation zu observieren, ohne sie zu stören: Das kann nützliche Informationen liefern. Auch deswegen ist W. der Meinung, die Anfrage sei ein »No-Go«.

Dass das Außenministerium sich später weigert, die Identität des Täters preiszugeben, lässt sich ebenfalls erklären: Zwischen den Niederlanden und dem Iran gibt es kein Auslieferungsabkommen; der Iran würde den Mann also niemals ausliefern. Es brächte ihn in Gefahr, wenn sein Name an die Öffentlichkeit gelangen würde. Das iranische Regime könnte den Mann öffentlich bestrafen und vorgeben, er habe auf eigene Initiative gehandelt.

Alles in allem ist DigiNotar daher in vielerlei Hinsicht ein beispielhafter Fall. Dadurch wird die Verwundbarkeit des Internets und einer Regierung, die genau dieses Problem noch nicht erkannt hat, augenfällig. Man kann daran aber auch ablesen, wie sich Geheimdienste just diese Verwundbarkeit für ihre eigenen Zwecke zunutze machen. Westliche Dienste, allen voran der AIVD, sind die Antreiber des digitalen Wettstreits. Nach Ansicht einiger Mitarbeiter des AIVD könnte DigiNotar durchaus die iranische Vergeltungsmaßnahme für Stuxnet sein.

Nach dem Fall DigiNotar lässt mich eine Frage nicht los: Wie kann es sein, dass ein junger Mann mit seinem Laptop eine ganze Gesellschaft destabilisiert?

4

ALARMSTUFE ROT

Gerade als José Robbe das Rehabilitationszentrum Rijndam verlässt, nähern sich ihr ein Mann und eine Frau. José arbeitet seit ein paar Jahren als Krankenschwester in Rijndam. Tagtäglich fährt sie die neun Kilometer von Barendrecht, wo sie wohnt, bis zum Westersingel in Rotterdam mit dem Rad; die Fahrt dauert ungefähr 45 Minuten. Sie will ihr Fahrradschloss aufschließen, als die beiden sie ansprechen. Es ist Dienstagnachmittag, der 20. März 2012, 13.10 Uhr.

»Sind Sie Frau Robbe?«

Sie nickt.

Die Frau in Jeans und schwarzer Windjacke erklärt ihr, sie sei von der Polizei. »Ich möchte kurz mit Ihnen reden. Es betrifft Ihren Sohn Edwin: Wir werden ihn festnehmen.« Robbe bleibt wie erstarrt stehen. Die Polizistin fragt, ob sie mitkommen möchte. Zögernd nickt sie, lässt ihr Rad stehen und folgt den beiden.

Am Einsatzwagen fragt die Polizistin, ob sie dazu bereit sei, ihre Haustürschlüssel abzugeben. Die Polizisten möchten ihren Sohn zu Hause stellen und ihn direkt verhaften. Kaum sitzt José Robbe auf der Rückbank, fragt der Polizist: »Wo genau befindet sich Edwins Zimmer?« Sie erklärt rasch, dass es ein Dachbodenzimmer ist und nicht von innen abgeschlossen werden kann. Diese Information scheint wichtig für die beiden Beamten zu sein. Sie nicken. Robbes Gedanken fliegen wild durcheinander. »Also ist doch was mit dem Computer«, schießt es ihr durch den Kopf.

Die Polizisten sagen, dass sie nicht erschrecken solle, es befänden sich bereits viele Einsatzkräfte vor ihrem Haus, die im Anschluss an die Verhaftung auch noch eine Zeit lang bei ihr Zuhause blieben. Die Polizistin fragt, ob Robbe als Zeugin bei der Verhaftung dabei sein wolle. »Nein«, sagt sie mit Nachdruck. »Natürlich nicht«, denkt sie. Sie hat das Gefühl, ihren Sohn zu verraten. Sie will nicht auch noch zusehen, wie er abgeführt wird. Die Polizisten fahren daraufhin zum Muziekplein, direkt vor den Supermarkt in Barendrecht und 500 Meter entfernt von ihrem Zuhause. Sofort kommt eine Frau mit blondem Lockenschopf, Jeans und genau derselben schwarzen Windjacke wie die Polizistin auf sie zu. Es ist ziemlich kühl, die Frau hat sich die Jackenärmel über die Hände gezogen. Sie erkundigt sich freundlich, ob sie den Haustürschlüssel haben kann. José Robbe ist sterbenselend zumute, als die Beamten sich auf den Weg zu ihrem Haus machen, wo ihr Sohn in seiner Dachkammer sitzt. Edwin ist ihr Ältester, ihr 17-jähriges Sorgenkind.

Sieben Beamte haben sich vor einer Doppelhaushälfte am Menuethof in Barendrecht postiert, zwei weitere Polizisten stellen sich am Zaun zum Nachbargrundstück auf. Ein Beamter in einem unauffälligen VW filmt von der gegenüberliegenden Straßenseite, wie seine Kollegen ins Haus schleichen. Kurz darauf kommen drei Beamte mit Edwin im Schlepptau wieder heraus. Er leistet keinen Widerstand. Ein Nachbar filmt die Szene von seinem Schlafzimmer aus.

Edwin wird in den Haftkomplex in Houten gebracht. Dann betritt José Robbe ihr Haus. Wie betäubt setzt sie sich auf das Wohnzimmersofa. Noch vor einer Stunde wollte sie nichts ahnend auf ihr Fahrrad steigen. Nun muss sie dabei zusehen, wie Polizeibeamte ihre Schränke durchsuchen, die Treppe hochlaufen und USB-Sticks, CD-ROMs und Handys in Plastiktüten stopfen. Ihr Sohn ist derweil auf dem Weg zur Polizeiwache.

Jahre später sitze ich mit José und ihrem Mann Ruud Robbe in der Etagenwohnung des Paares in Rotterdam. Sie erzählen von Edwin, der nicht dabei ist. Im Bücherregal steht ein Buch auffällig weit nach vorn gerückt: *Tonio*, ein Roman von A. F. Th. van der Heijden über seinen verstorbenen Sohn.

Ich hatte Edwin über eine Quelle aufgespürt. Nach mehreren Versuchen war es mir gelungen, Kontakt mit ihm aufzunehmen. Zuerst reagierte er nicht auf meine WhatsApp-Nachrichten, schickte mir aber schließlich über eine andere Nummer eine Antwort. Ich wollte von ihm wissen, warum er KPN, einen großen niederländischen Telekommunikationsanbieter, angegriffen und eine Krise ausgelöst hatte, woher seine Kenntnisse stammten, und wie es nach seiner Verhaftung weitergegangen war.

Der Kontakt verlief zäh. Manchmal war Edwin entgegenkommend und charmant, dann wieder sehr distanziert. Mitunter beantwortete er meine Nachrichten tagelang nicht. Anscheinend war er irgendwo in Asien unterwegs. Einmal hatten wir Kontakt per Skype. Ich wollte ihn gern persönlich treffen. Das wolle er auch, sagte er.

Aber dazu sollte es nicht kommen. Edwin ist vor ein paar Monaten beerdigt worden, das ist mein zweites Treffen mit seinen Eltern. Während des Gesprächs ist immer wieder deutlich zu spüren, wie erschüttert sie sind, wie ihnen der Tod ihres Adoptivsohnes zusetzt. Ruud, der Vater, hat mit Gewissensfragen zu kämpfen: Er hat Edwin als Letzter gesehen.

Edwin ist noch nicht mal ein Jahr alt, als er von seiner biologischen Mutter getrennt wird. Sie ist geistig etwas zurückgeblieben, alleinerziehend und kümmert sich nicht ausreichend um ihr Kind. Sie berührt Edwin monatelang nicht. José und Ruud Robbe nehmen Edwin als Pflegesohn auf. José ist Krankenschwester, und Ruud arbeitet als Chemiker. Die beiden haben keine eigenen Kinder und wollen ihm ein liebevolles Zuhause geben.

Aber Edwin ist ein Sorgenkind. »Ich habe schon immer vermutet, dass seine Ängste sehr früh entstanden sein müssen. Er hat sich nie anderen angeschlossen und blieb immer für sich«, sagt José. Edwin klagt häufig über Bauchschmerzen. Seine Eltern suchen unzählige Male Ärzte und Krankenhäuser auf. Ständige Untersuchungen sind die Folge, eine Gluten-allergie wird als mögliche Ursache genannt. »Ich glaube, dass die Bauchschmerzen eher psychische Gründe hatten. Edwin hatte oft Angst, aber Ärzte suchen nach körperlichen Ursa-chen«, erklärt José.

Edwin ist anders, das erkennen seine Eltern und auch seine Lehrer. Bei einem Elternabend fragt ein Mentor (im niederlän-dischen System ein Ehrenamtlicher, der einen bestimmten Schüler während der Grundschule begleitet): »Was ist eigent-lich mit Edwin los? Er hat praktisch keine Freunde.« Edwins kleiner Bruder, ebenfalls ein Pflegekind, ist nicht so verschlos-sen und viel kommunikativer. Wenn Edwin überhaupt Besuch von Freunden bekommt, endet es meist damit, dass die Kinder mit seinem Bruder spielen. In Gesellschaft wirkt Edwin ange-spannt, er wird still und zieht sich zurück.

Er interessiert sich nicht für Sport und spielt auch so gut wie nie draußen. Am liebsten sitzt er in seiner Dachkammer am Computer. José und Ruud lassen ihn gewähren: Sie sind froh, dass er etwas hat, was ihn interessiert. Sie selbst sind in Bezug auf Computer völlig ahnungslos. Hin und wieder schreiben sie eine Mail oder suchen im Netz eine Ferienunter-kunft, das ist alles.

Nach einem technischen Kurs an der Realschule fängt Edwin im Sommer 2010 eine ICT-Ausbildung (Informations- und Kom-munikationstechnologie) am Albeda-College in Rotterdam an. Er möchte später »was mit Computern« machen. Seinen Com-puter darf er sich selbst zusammenstellen. Große Speicherkarte, leistungsstarker Prozessor. Das Gerät steht in seinem Schlafzim-mer. »Das war wahrscheinlich unser größter Fehler«, sagt José.

Von da an verbringt Edwin seine gesamte Zeit vor dem Computer, er zeigt sich bloß noch zum Essen. Gelegentlich erhaschen seine Eltern einen Blick auf den Bildschirm: Anscheinend ist er hauptsächlich mit PC-Spielen beschäftigt, in denen Menschen beispielsweise gewaltsam getötet oder von Attraktionen in Vergnügungsparks heruntergeworfen werden. In jedem Fall wird viel geschossen. »In seiner Ausbildung wurde auch Wert auf Ethik gelegt«, sagt Ruud. »Wir dachten, dass alles in Ordnung wäre.«

Im Frühjahr 2010 erhalten sie Post vom Internetprovider KPN: Man sperrt ihren Internetanschluss. Bei der IP-Adresse der Familie Robbe hat die KPN »bösartige Aktivitäten« festgestellt.

Edwin tut die Sache als reinen Unfug ab. Als José nachhakt, wirft er mit technischen Fachausdrücken um sich: Unbekannte hätten ihm seinen »WPA2-Schlüssel« gestohlen und anschließend den Zugang missbraucht. José wird aus den Erklärungen nicht schlau und lässt die Sache auf sich beruhen. Gespräche mit Edwin sind schwierig.

KPN lässt sich nicht so leicht abschütteln. Das »Sicherheitsteam« des Anbieters glaubt Edwin nicht und geht den Dingen auf den Grund. Edwin hat über einen gemieteten Server einen Angriff auf *bakabt.com* durchgeführt. Diese Website bietet Filme und Programme zum Downloaden an. Edwins Begründung: Er kann die Administratoren der Website nicht leiden.

Edwin hat die Seite mit so viel Datenpäckchen überschwemmt, dass sie wegen Systemüberlastung abgestürzt ist: ein sogenannter DDoS-Angriff, der sich am besten mit einem Verkehrsstau vergleichen lässt. Eine Straße kann nur von einer bestimmten Anzahl Autos befahren werden. Wird diese Anzahl überschritten, bricht der Verkehr zusammen. Dasselbe gilt auch für das Internet, nur ist die Straße dann digital, und der Verkehr darauf führt zu einer Webseite.

DDoS-Angriffe sind strafbar. »Edwin ist sehr aktiv im Internet, gemeinsam mit ein paar Freunden. Manchmal werden solche Gruppierungen als Hackergruppen bezeichnet«, mailt ein KPN-Mitarbeiter an Ruud. »Wir fragen uns, ob ihm die

Folgen seines Handelns bewusst sind. Wir möchten Sie bitten, mit Ihrem Sohn ein Gespräch zu führen und diese Punkte zu klären.« Ruud knöpft sich seinen Sohn vor. »Ich habe ein ernstes Gespräch mit ihm gehabt. Edwin ist ein sensibler Junge und sieht allmählich ein, dass er sich eines ernsten Vergehens schuldig gemacht hat«, mailt er an KPN. Edwin darf anschließend seinen Computer drei Monate lang nicht benutzen und muss das Gerät von einem Fachmann reinigen lassen. »Ich bin Computer-Analphabet«, schreibt Ruud zum Schluss. »Können Sie mir vielleicht jemanden vorschlagen, der mir beim Reinigen des Computers helfen kann?« KPN bleibt die Antwort jedoch schuldig.

Edwins Eltern bemerken, dass sich etwas zusammenbraut. Edwin verlässt die Dachkammer nur noch selten. Nach dem drei Monate langen Computerentzug sitzt er wieder zwölf Stunden pro Tag an seinem Rechner. Er wirkt gleichgültig, will aber nicht erklären, was los ist. Die Ausbildung gefällt ihm nicht, er fühlt sich nicht wohl. An der Schule wird häufig in Gruppen gearbeitet, was ihm widerstrebt. Er arbeitet lieber allein. Den Lehrern fühlt er sich haushoch überlegen. »Ich weiß mehr von Computern als alle meine Lehrer zusammen«, sagt er eines Abends zu seinen Eltern. Außerdem klagt er von Neuem über Bauchschmerzen. Damit er ruhiger wird und schlafen kann, nimmt er Oxazepam, ein Mittel gegen Angstzustände.

Im Sommer 2011 wechselt er mit Zustimmung seiner Pflegeeltern in die ICT-Ausbildung des Zadkine-Colleges in Rotterdam. Dort lässt man den Studenten mehr Freiheit: Sie können selbstständig Aufgaben bearbeiten. Aber auch da gefällt es ihm nicht. Edwin wirkt zunehmend niedergeschlagen. Häufig liegt er auf dem Bett, bestellt online Diazepam und chemische und natürliche Öle, um sich zu betäuben. José und Ruud ziehen einen Arzt hinzu. Sein Rat: Der Junge scheint müde zu sein, er soll sich ausruhen.

Was Edwin genau treibt, wissen seine Eltern nicht. Sie vermuten, dass er online viele Kontakte hat. Hin und wieder erzählt er von jemandem in England oder Australien. »Endlich Freunde«, seufzen sie erleichtert. Aber er wirkt nach wie vor freudlos. Sie sagen sich, dass er Freiraum braucht. Dass er eben einfach Spaß an Computern hat und sich gut damit auskennt. Aber wenn er wieder einmal den ganzen Tag am Rechner gesessen hat, sind sie der Verzweiflung nahe. »Sollen wir den Strom abschalten?«, fragen sie sich mehr als einmal.

Während der Computer für seine Eltern ein reiner Gebrauchsgegenstand ist, bedeutet er für Edwin freien Zugang zu Abenteuern, Wissen und Anerkennung. Mit dem Computer kann er machen, was er will. Hat er Lust zu spielen, startet er Windows. Noch häufiger jedoch entscheidet er sich für Linux, sein bevorzugtes Betriebssystem. Er öffnet verschiedene virtuelle Maschinen, mit denen er unterschiedliche Rollen spielen kann. In Foren und Chatrooms trifft er Gleichgesinnte: Jugendliche auf der ganzen Welt, die den ganzen Tag am Rechner sitzen und online die Kontakte haben, die ihnen im täglichen Leben fehlen. Die meisten von ihnen sind introvertiert und schüchtern. Getarnt durch angenommene Identitäten tauschen sie sich über Computer, Mädchen und Nachtleben aus und überlegen sich auch, wie man in andere Computernetzwerke eindringen könnte.

Online heißt Edwin »xS« oder auch »YUI« – nach der japanischen Sängerin, in die er verknallt ist. Als YUI ist er ein anderer: verwegener und selbstsicherer. Am Computer kommt Leben in den stillen Edwin mit seinem verlegenen Lächeln. Im Laufe des Jahres 2011 trifft er in Chatkanälen den Australier »Dwaan« und den Amerikaner »Sabu«. Es wird über Hacks geredet, und die beiden zeigen Edwin, wo sie überall hineinkommen.

Insbesondere Sabu hat sich in der digitalen Welt bereits einen Namen gemacht. Er hat das Hackerkollektiv Lulzsec mitgegründet, eine Gruppe von sechs Leuten, die 2011 mehrere Organisationen unter Beschuss nimmt. Lulzsec verschafft sich Zutritt zu den Webseiten von Großunternehmen und macht so auf mangelnde Sicherheitsvorkehrungen aufmerksam. Meist will die Gruppe dabei nur ihren Spaß haben und ein bisschen nerven, aber manchmal hat der Übermut auch ernste Folgen. Bei einem Hack erbeutet die Gruppe die Daten von rund 70 000 Teilnehmern der bekannten amerikanischen TV-Sendung »X-Factor«, nachdem der schwarze Rapper Common nach Ansicht von Lulzsec dort beleidigt wurde. Lulzsec – das Wort setzt sich zusammen aus »Lulz« oder auch »lol« und »security« – greift außerdem auch das Playstation-Netzwerk von Sony und die Website der CIA an.

Mehrere Fahndungsdienste sind hinter Sabu her, doch er hält seine wahre Identität geheim, genau wie Edwin. In Chatkanälen – für die manchmal ein Passwort notwendig ist – haben alle Teilnehmer ein Pseudonym. Die Teilnehmer gehen außerdem via VPN, eine sichere Verbindung, in den Chat. Dafür verbindet sich Edwin zuerst mit einem VPN-Server und geht von dort aus anonym ins Netz. Das erfordert Disziplin: Wenn er ein einziges Mal vergisst, die VPN-Verbindung zu starten, ist seine IP-Adresse in Barendrecht für alle sichtbar.

Allmählich arbeitet sich Edwin in die Chatkanäle bekannter Hacker vor. Er muss erst einmal ihr Vertrauen gewinnen, denn auch die Polizei ist dort unter falschem Namen unterwegs. Edwin, zu diesem Zeitpunkt 16 Jahre alt, hat Kontakt zu Lulzsec und Anonymous, einer eher losen Gruppe. Er ist kein Mitglied, treibt sich aber auf ihren Chatkanälen herum. Es sind spannende Zeiten im Hackerland: Mitglieder von Anonymous greifen eine Organisation nach der anderen an und erklären sich solidarisch mit Wikileaks, der Enthüllungsplattform, die zahlreiche Geheimdokumente der amerikanischen Regierung veröffentlicht hat. Die Whistleblower-Plattform von Julian Assange wird von Zahlungsabwicklern wie PayPal, Mastercard und VISA blockiert, die Spendeneinnahmen sinken. Per DDoS-Attacke legt Anonymous daraufhin die Websites von PayPal und Mastercard lahm. Geschätzter Schaden: 5,5 Millionen Dollar. Eines der Mitglieder muss deswegen später in England eine Haftstrafe von 18 Monaten verbüßen.

Edwin wird durch seine ausländischen Kontakte zunehmend selbstsicherer. Er chattet stundenlang mit Menschen überall auf der Welt. Thema: Wie hackt man Websites? Um die Mittagszeit ist Dwaan aus Australien online, bei dem es dann Mitternacht ist. Die beiden spornen sich gegenseitig an und schmieden beispielsweise Pläne, an der großen Hackerkonferenz Defcon in Las Vegas teilzunehmen.

Dwaan: »Go to Defcon next year«
xS: »Lol, why?«
xS: »I go each year«
xS: »From now on«
Dwaan: »I wanna try to go«
Dwaan: »Because in 2013«
Dwaan: »It will be on like a week after I turn 18. And it's fucking epic.«

In den Chats geht es um Alkohol, Partys, Games und Computer. Regelmäßig zieht Edwin über das normale Leben und die westliche Gesellschaft her, kritisiert deren Materialismus und Oberflächlichkeit. »Eigentlich brauchst du doch bloß Wasser und Essen zum Überleben, aber alle scheinen sich nur für materielle Dinge zu interessieren«, schreibt er.

Hacken ist jedoch das wichtigste Thema. Dwaan rückt gelegentlich damit heraus, wo er schon überall drin war. Die beiden sehen das mehr als eine Art Klingelstreich: Mal sehen, ob man die Sicherheitsmaßnahmen austricksen kann, und dann nichts wie weg. Gestohlen wird nicht, das ist was für große Kaliber. Sie wollen nur mal gucken, wie herumlungernde Jugendliche, die schnell in ein Haus hineingehen, weil die Tür offensteht. Langsam verlässt Edwin sein Schneckenhaus. Er will sich beweisen und zeigen, dass er es draufhat.

Technisch ist er nicht besonders beschlagen, aber das kompensiert er mit Bluffs und logischem Denken. Im Dezember 2011, als er 17 Jahre alt ist, hat Edwin zum ersten Mal online Kontakt mit »Phed«. Der zeigt ihm einen sogenannten *Exploit*. Das ist ein kleines Schadprogramm, das Sicherheitslücken ausfindig macht, um sich Zugang zu verschaffen – so wie ein Schlüssel, der in ein altes Türschloss passt. In Computernetzwerken, insbesondere in Großunternehmen, steckt sehr viel unterschiedliche Software, und jede Software enthält Fehler oder Sicherheitslücken. Manchmal weiß man darüber Bescheid, häufig ist die Lücke aber noch unbekannt. Entdeckt der Software-Hersteller die Lücke, schließt er sie natürlich möglichst schnell mit einem Update. Unterdessen sind Hacker nach denselben Lücken auf der Suche und versuchen, mit einem Schlüssel, eben jenem *Exploit*, vor dem Update ins System zu kommen.

Jetzt hat Edwin etwas in der Hand. Wie ein Einbrecher, der abends nach offenstehenden Fenstern Ausschau hält, durchsucht er das Internet. Er »scannt« Netzwerke, um herauszufinden, wer die lückenhafte Software – in diesem Fall HP Data Protector – nutzt. Zuerst gibt er auf Google den Suchbegriff »Data Protector« ein, anschließend sucht er auf speziellen Seiten oder nach spezifischen IP-Adressen. Im Dezember 2011 landet er den ersten Treffer. Edwin sieht, dass eine Universität in Norwegen die Software nutzt und das Update, das die Lücken schließt, noch nicht installiert hat.

Er führt den *Exploit* aus und ist im Handumdrehen im Netzwerk der norwegischen Universität NTNU. Er sieht sich um und verschafft sich mühelos Kontrolle über sechs Computerserver. Aufgeregt berichtet er Dwaan von seinem geglückten Feldzug. Der spendet Beifall.

Edwin sucht weiter. Er verschafft sich Kontrolle über einen »Supercomputer« an der Universität von Tromsø. Auch dort sieht er sich um, nimmt aber nichts mit. Das Eindringen ist schon spannend genug. Diesmal führt er jedoch einen kleinen Kunstgriff aus und installiert eine sogenannte *backdoor*: Mit diesem Programm hat er jederzeit Zugang zum Server. Die Software hat er von einer Website kopiert. Wer sich ein bisschen aufs Googeln versteht, findet solche Hilfsmittel mühelos.

Alles ist wesentlich einfacher als erwartet, und Edwin bekommt jede Menge *credits* bei seinen neuen Freunden. Dwaan feiert den Siegeszug mit »Loooooooooollll« und »OMG!«. Edwin ist auf den Geschmack gekommen. Mit derselben bewährten Methode wie in Norwegen sucht er auch in anderen Ländern nach Opfern: die Universität Twente, dann eine Website in Island und anschließend eine Universität in Japan. Edwin zieht um die ganze Welt und ist nicht aufzuhalten. Solange er sich immer schön mit dem VPN-Server in Russland verbindet, sieht niemand, woher er tatsächlich kommt.

Im Gegensatz zu anderen Jungs, die schon mal vergessen, den VPN-Server aufzurufen, ist Edwin nicht nachlässig, und ihm unterlaufen keine Fehler. Er geht sehr überlegt vor und versteht daher auch nicht, warum sich seine Eltern Sorgen machen. Als sein Vater ihm einmal einen Artikel über einen jungen Hacker, der ertappt wurde, unter die Nase hält, sagt Edwin patzig: »Der war einfach dumm. Nur dumme Hacker lassen sich erwischen.« Was er in seiner Dachkammer so treibt, erzählt er allerdings nicht. Seine Eltern wären bestimmt nicht damit einverstanden.

Er findet es nur gerecht, dass er online für seine Hackerkünste anerkannt wird. »Droppy«, ein Freund, fragt, ob er die Bewachung seiner Website übernehmen will. Droppy handelt mit gestohlenen Kreditkarten. Gegen gelegentliche Bezahlung soll xS die Seite überwachen und kontrollieren, ob alles wunschgemäß läuft. Edwin sagt zu.

»Naomi«, eine Chatfreundin aus Singapur, mit der er täglich Kontakt hat, erkundigt sich, ob YUI vielleicht ihren Arbeitgeber ein bisschen ärgern könnte? Naomi ist gerade bei Singapore Press Holdings gekündigt worden. Könnte YUI die Website angreifen? YUI kann alles, das reinste Kinderspiel, er wird es ihr zeigen.

Dann gibt es den ersten Rückschlag in Norwegen: Edwin kann sich nicht mehr auf »seinen« Servern einloggen. Er ist rausgeflogen. »*I got detected*«, schreibt er seinen Onlinefreunden, die darüber lachen. Schnell kommen sie wieder auf andere Dinge zu sprechen. Aber Edwin will mehr. Und dann, Anfang 2012, stößt er auf eine Goldmine.

Aufgrund eines neuen Scans findet Edwin heraus, dass die Software von KPN ebenfalls veraltet ist. Der größte Telekommunikationsanbieter der Niederlande nutzt HP Data Protector und hat das Update nicht installiert. Ein offenes Fenster. Soll er das Risiko eingehen und ins Netzwerk seines eigenen Providers reinschauen? KPN gehört zu den ganz Großen. Das bringt Edwin bestimmt jede Menge *credits* in der Szene ein. Er wagt den Sprung.

Er gibt eine zufällig ausgewählte IP-Adresse von KPN ein, führt den *Exploit* aus und landet über einen Computer der japanischen Universität einfach so, tadaah, im Netzwerk von KPN.

Edwin ist jetzt in einer kleinen Ecke des Netzwerkes. Er ist zwar drin, muss aber noch etliche Türen öffnen. Beispielsweise kann er von seinem Computer aus noch keine direkten Befehle an KPN geben. Vollständigen Zugang zum Netzwerk hat er ebenfalls noch nicht, und außerdem ist da noch die Firewall. Aber das Problem löst er im Nu. Edwin umgeht die Zugangsbeschränkung, indem er ein Programm seines Computers im KPN-Computer installiert. Daraufhin hat er freie Hand.

»Die KPN ist ja so blöd«, denkt er. »Alles steht sperrangelweit offen.« Edwin scannt über einen KPN-Computer das restliche Netzwerk und entdeckt an vielen Stellen veraltete Software. So gut wie alle Server des riesigen KPN-Netzwerkes haben ein »Fenster offen«. Der Junge aus Barendrecht spaziert unbehelligt weiter und sieht sich erstaunt um. Er kann 514 Server ansteuern und stößt sogar bis in den *core router* vor, das Rückgrat des KPN-Netzwerkes. Er sieht die Daten von 2,1 Millionen Kunden der KPN, er kann bei Hunderttausenden die Verbindung zum 112-Server unterbrechen oder den Internetverkehr umleiten und dafür sorgen, dass Nutzer, die beispielsweise auf die Website *NU.nl* wollen, irgendwo anders landen. Edwin kann alles, und KPN hat nicht die geringste Ahnung.

Aufgeregt erzählt er Dwaan von der Eroberung. Als der ihm zuerst nicht glauben will, loggt sich Edwin über das KPN-Netzwerk in den Chatkanal ein und »beweist«, dass er Kontrolle über KPN hat. »WTF!«, schreibt Dwaan. Edwin erzählt ihm, wie er sich Zugang verschafft hat. Dwaan sieht selbst nach und, Wahnsinn, kurz darauf ist er ebenfalls drin. »Ganz ruhig bleiben«, mahnt Edwin, aber Dwaan ist völlig aus dem Häuschen. »Wie wär's«, schlägt er vor, »wenn ich die KPN-Computer untereinander und mit uns kommunizieren lasse?« Keine gute Idee, findet Edwin, aber Dwaan ist nicht aufzuhalten. Er installiert einen Bot, damit die Computer genau das machen, was er will.

Sein frisch erworbenes Renommee versetzt Edwin in Hochstimmung. Die ICT-Ausbildung bricht er ab. Die angespannte Stimmung im Haus lässt nach. Erleichtert mailt José einer Freundin: »Edwin geht es besser. Er hat die Ausbildung für ein Jahr unterbrochen und lernt jetzt zu Hause spaßeshalber Englisch auf Havo-Niveau« (ungefähr: Realschulniveau).

In der Dachkammer ist Edwin derweil mit seinem neuesten Fang beschäftigt. »*I'm hacking my ISP*«, schreibt er dem koreanischen Studenten »Combasca«. ISP steht für Internetprovider. Der glaubt ihm nicht und will Beweise sehen. Wieder geht

Edwin über das KPN-Netzwerk in den Chatkanal. »*U should become a hacker too*«, feuert er Combasca an.

Während Edwin online von Erfolg zu Erfolg eilt, tauscht eine Gruppe von Leuten in einem Apartmenthaus in der Nähe der A12 bei Den Haag ratlose Blicke aus. Das Grüppchen gehört zu einer größeren Truppe, die vor Kurzem über dem Studio des Radiosenders Fresh FM in eine leer stehende Büroetage eingezogen ist. Schreibtische wurden aufgestellt, Netzwerkkabel und Laptops installiert. Auf Nichteingeweihte muss das alles sonderbar wirken: Frühmorgens eilen die neuen Bewohner in die oberste Etage und kommen erst nach Mitternacht wieder zum Vorschein. Jeden Abend wird Essen geliefert. Alle, die in dieser Etage arbeiten, sprechen geheimnisvoll von dem »Projekt Victor«.

Täglich sind hier bis zu hundert Mitarbeiter zugange: Techniker der KPN, aber auch Ermittler von FOX-IT. Ronald Prins, der Chef des angesehenen IT-Unternehmens, ist wieder mit von der Partie. Eine Nachricht von Combasca aus Südkorea hat den Stein ins Rollen gebracht. Combasca will mit einem Jungen namens YUI gechattet haben, der sich mit einem KPN-Hack brüstete. Den Beweis dafür hat er auch gleich geliefert. Combasca hat den aufgekratzten YUI reden lassen und anschließend Kontakt mit der KPN aufgenommen. Er verrät YUI. Über Twitter und den Kundenservice von KPN landet die Nachricht irgendwann bei einem IT-Sicherheitsmitarbeiter des Anbieters. Der führt bei einigen Servern einen Neustart durch und hofft, dass die Sache sich damit erledigt hat.

Aber die Probleme bestehen weiterhin, und mittlerweile, zwei Wochen nach Combascas Nachricht, herrscht totale Panik. Es steht zweifelsfrei fest, dass sich jemand Zugang zum Netzwerk verschafft hat. Vielleicht ist es ein Einzeltäter, vielleicht aber auch ein ausländischer Staat. Niemand weiß es. KPN und

FOX-IT können den Schaden noch nicht übersehen. Sie müssen vorsichtig sein und dürfen die Computer nur bei laufendem Betrieb durchsuchen, damit den Kunden keine Probleme entstehen.

Zuerst untersuchen sie die äußeren Schichten, aber je tiefer sie ins Netzwerk vorstoßen, desto mehr sehen sie. Beim Scannen des Internetverkehrs scheint das KPN-Netzwerk an vielen Hundert Stellen eine Verbindung nach außen herzustellen. Überall weit geöffnete Fenster und Türen. Am 20. Januar 2012 schaltet KPN auf Alarmstufe Orange um: Das Unternehmen ist ernsthaft bedroht.

In der darauffolgenden Woche, am 27. Januar, macht das Team eine weitere Entdeckung. Der Einbrecher ist bis zum *core router* vorgestoßen, die Herzkammer des Unternehmens. Er hat nachweislich die Kontrolle über das gesamte Netzwerk und kann machen, was er will: den Internetverkehr ausspähen, das Fernsehen abschalten, die Notrufnummer 112 lahmlegen. Daraufhin wird Alarmstufe Rot ausgegeben: Die Existenz des niederländischen Telekommunikationsanbieters steht auf dem Spiel. KPN informiert das Nationaal Cyber Security Centrum (NCSC), die Nachfolger der Abteilung GOVCERT von Aart Jochem, sowie das Team High Tech Crime der Nationalpolizei. Am nächsten Morgen erstattet ein leitender Manager der KPN Anzeige wegen Computermissbrauchs.

Genau wie damals bei DigiNotar, als der gesamte Betrieb infiltriert wurde und der Hacker selbst Zertifikate ausstellen konnte, verfallen auch jetzt alle in Schockstarre. Abermals wird deutlich, wie verwundbar das Internet ist, auf das Millionen von Nutzern vertrauen. Und auch diesmal liegt es an einfachen Fehlern und Nachlässigkeiten. KPN hat das Update des HP-Data-Protector-Programms, das bereits seit 2011 auf dem Markt ist, ein halbes Jahr lang nicht installiert. Offenbar ist sogar die Firewall ausgeschaltet. Sie war aufgrund einer falschen

Konfiguration monatelang unwirksam; jemand konnte einfach ins Netzwerk hineinspazieren.

Die Krise bei KPN weist auf massive Systemfehler hin. KPN-Chef Eelco Blok ist Mitglied des Cyber Security Raad, der die Regierung in Sicherheitsfragen berät. Dort verschweigt er allerdings, dass sein eigenes Netzwerk gehackt wurde, obwohl just dieses Gremium in landesweiten Krisensituationen beratend eingreifen soll. Erst als KPN den Hack Wochen später anzeigt, erfahren Bloks Kollegen von dem Vorfall. Der NCSC von Aart Jochem ist nicht beauftragt und kann sich daher nicht in die Aufklärung einschalten. Schlimmstenfalls muss die Regierung KPN übernehmen, wie seinerzeit DigiNotar. Trotz der allgemeinen Panik ist es für diesen Schritt jedoch noch zu früh. Bisher gibt es keinen Beweis, dass ausländische Hacker KPN übernommen haben.

Konflikte zwischen den Geschäftsinteressen der KPN und den polizeilichen Ermittlungen behindern die Aufklärung. Der Leiter des Network Operations Centers von KPN will weder die Server abschalten noch einen kompletten Scan des Netzwerkes genehmigen. Das kostet nämlich Geld, Arbeitskraft und kann Störungen bei den Kunden verursachen. Für die Ermittlung hingegen ist beides unumgänglich.

Niemand weiß genau, welche Auswirkungen es haben könnte, wenn KPN tatsächlich von einem ausländischen Staat übernommen worden ist. Ist die Regierungsarbeit dann überhaupt noch möglich? Was bedeutet das für die Nachrichtendienste, deren Kommunikation zum Teil über das KPN-Netzwerk abgewickelt wird? Wochenlang tappen alle im Dunkeln.

Die Fahnder, FOX-IT und KPN folgen den digitalen Krümeln, die der Angreifer hinterlassen hat. Die Spur führt zu dem Server, auf dem er ins Netzwerk gelangt ist. Doch dann wird das Puzzle kompliziert: Der Angreifer verbirgt sich hinter VPN-Verbindungen. Ein Polizeiteam fliegt nach Südkorea, um mit

Combasca zu sprechen, und anschließend weiter nach Japan, wo der Angreifer eine Universität gehackt hat. Die Reise bringt kaum neue Erkenntnisse. Jetzt stößt die Polizei auch auf physische Grenzen: Der Eindringling versteckt sich hinter Servern in verschiedenen Ländern, von der Ukraine bis nach England, von Tschechien bis zu den Vereinigten Staaten. Jedes Mal muss die Polizei ein Rechtshilfeersuchen stellen und anschließend auf die Kopie des Servers warten.

Das alles kostet Zeit. Wenn der Angreifer sich jetzt zurückzieht und seine Spuren verwischt, wird ein Nachweis beinahe unmöglich. Aber die Ermittler haben Glück: Der Angreifer kommt zurück, sogar nachdem KPN den Hack am 8. Februar 2012 veröffentlicht hat. Er geht ausgerechnet über einen gehackten KPN-Server in einen Chatkanal; dort nennt er sich »KPN«.

Das bringt die Ermittler auf die richtige Spur: Sie sehen, dass der Hacker einen russischen VPN-Server nutzt. Die IP-Adresse dieses Servers taucht häufiger im KPN-Netzwerk auf. Ärgerlich ist nur, dass die Ermittler mit der Adresse nicht viel anfangen können: Ein VPN-Server verschleiert die Identität des Nutzers. Eine Chance haben sie allerdings noch: Über diesen VPN-Server läuft auch der Verkehr eines bestimmten Computers im KPN-Netzwerk.

Dabei handelt es sich um eine Website, auf der ein KPN-Kunde Downloads von Filmen teilt, *ndsmovies.com*. Auf dem Server der Website finden sich außerdem Hackerspuren. Und zwar genau die Sorte Schadprogramm, die Lücken der Software HP Data Protector ausspäht und durch die der Angreifer hereinkommen konnte.

Der Inhaber der Seite *ndsmovies.com* hat die Mailadresse teqnology@live.com. Als die Ermittler das feststellen, bemerken sie eine weitere Auffälligkeit: Exakt dieselbe Mailadresse wurde bereits im Zusammenhang mit der gesperrten IP-Adresse im Schriftverkehr mit der KPN benutzt. 2010 war eine IP-Adresse, die zu teqnology@live.com gehört, wegen »bösartiger Aktivitäten« eine Zeit lang blockiert. Die IP-Adresse lässt sich zu einem Haus im Menuethof in Barendrecht zurückverfolgen.

Endlich führt eine direkte Spur zum Täter, aber die Ermittler brauchen noch handfeste Beweise, beispielsweise den direkten Link zwischen Angreifer und KPN. Am liebsten würden sie ihn festnehmen, während er »live« mit seinem Computer im KPN-Netzwerk ist. Die Ermittler stehen unter enormem Druck. Während KPN noch versichert, dass der Angreifer keine Kundendaten gestohlen hat, wird in den Medien das Gegenteil behauptet. »Passwörter von KPN-Kunden veröffentlicht«, titelt *NU.nl.* und die *NOS* schreibt: »Höchste Alarmstufe bei KPN nach Hackerangriff«.

Anonym wird eine umfangreiche Liste gehackter KPN-Mailadressen publiziert. Die KPN, die doch eben noch behauptet hat, dass keine Daten geleakt wurden, greift zu einer drastischen Maßnahme und legt die Maildienste von 2 Millionen Kunden lahm. Die Mail-Accounts sind tagelang gesperrt. Die Maßnahme führt zu ernsten Folgen. Firmen können ihre Produkte nicht liefern, keine Bestellungen entgegennehmen oder Rechnungen schicken.

Wegen des steigenden öffentlichen Drucks verfallen die Ermittler auf eine Methode, die eigentlich verboten ist. Den Weg des Angreifers über einen virtuellen Server in Russland kennen sie bereits. Sie wissen, dass es Wochen dauern kann, bis eine Kopie des Servers in den Niederlanden eintrifft. Die Kopie enthält aller Wahrscheinlichkeit nach auch nicht die vollständigen Daten, was mit der Kopiertechnik zu tun hat: Daten aus dem Arbeitsspeicher werden nämlich nicht kopiert. Die Ermittler verschaffen sich daher von den Niederlanden aus Zugriff auf den Server in Moskau. Im Arbeitsspeicher finden die Beamten Chatverläufe; einer davon bezieht sich auf den KPN-Hack.

Swordfish: »8 o'clock NOS Journal op 1.«
Swordfish: »KPN bevestigt het (KPN bestätigt).«
xS: »Naja boeiend (Ja, stark).«
xS: »I really gotta truecript my shit now.«
Swordfish: »I'm pretty safe if they come.«

Dieses auf den ersten Blick banale Gespräch liefert den Fahndern zwei wichtige Hinweise: Der Angreifer kommt offenkundig aus den Niederlanden und ist soeben im Begriff, seinen Computer mit TrueCrypt zu verschlüsseln, einem unter Hackern sehr beliebten Programm, das Dokumente abschirmt und vor fremdem Zugriff schützt. Die Fahnder müssen die geplante Verhaftung also unbedingt durchführen, ehe er seinen Computer abgeschaltet hat, sonst sind die Daten verloren.

Die Polizei kommt der Zielperson jetzt Schritt für Schritt näher. Das liegt auch am Angreifer: Ohne das Risiko zu bedenken, treibt er sich immer noch im KPN-Netzwerk herum. Als er über den VPN-Server noch einmal das Netzwerk scannt, um neue Lücken auszuspähen, sperrt KPN die russische IP-Adresse. Dann begeht der Angreifer einen entscheidenden Anfängerfehler: Er verbindet sich direkt von zu Hause aus mit einem gehackten Server der KPN. Seine Adresse ist sichtbar.

Inzwischen hat die Polizei Edwins Adresse bereits angezapft und sieht bei seinen Aktivitäten zu, um alles endgültig beweisen zu können. Doch nicht mal das Ausspähen verläuft problemlos. Die Spähsoftware Replay von FOX-IT ist anscheinend nicht in der Lage, alle Internetdaten brauchbar zu verwerten. Bei einem Einsatz verschwinden die Daten sogar, und die Fahnder starren auf einen schwarzen Bildschirm. Keine Informationen mehr aus Barendrecht, trotz der installierten Software. Nach einigem Hin-und-her-Telefonieren zwischen KPN und Polizei klärt sich das Problem: KPN hat versehentlich den Internetzugang des Jungen in Barendrecht gesperrt.

Rund zwei Monate nach Combascas Nachricht sind endlich genügend Beweise vorhanden. Ein Einsatzteam in Barendrecht macht sich auf den Weg, um Edwin direkt an seinem Rechner festzunehmen. Zwei Beamte sollen auf seine Mutter warten und sie um die Hausschlüssel bitten. Dann schleichen sie zu Edwin, der ahnungslos als xS online neue Triumphe feiert. »Polizei! Mitkommen. Computer nicht mehr berühren.«

José Robbe serviert Spritzgebäck und Kaffee. Ruud sitzt neben mir. Während des Gesprächs hat er sich mit dem Taschentuch mehrmals die Augen hinter der Brille trocken getupft.

Nach der Festnahme sitzt Edwin 42 Tage lang in Haft. Er wird wegen Computermissbrauchs schuldig gesprochen und zu 240 Tagen Haftstrafe auf Bewährung sowie gemeinnütziger Arbeit verurteilt. Als er dazu keine Lust hat, muss er trotz allem ins Gefängnis.

Nach der Haft wird er noch unzugänglicher. Er nimmt Beruhigungsmittel und experimentiert mit verschiedenen Drogen. Wenn sein Vater nach Hause kommt, sind Blätter und Pflanzen im Wohnzimmer verstreut, weil Edwin sich ein psychedelisches Gebräu zusammenkocht. Einmal mischt er seinem Vater sogar heimlich LSD in den Wein. Ruud ist daraufhin stundenlang auf dem Trip und sieht eine Art Lightshow an der Schlafzimmerdecke. Am nächsten Morgen kann er nicht zur Arbeit, die Halluzinationen dauern an. Als das Zeug endlich nicht mehr wirkt, versteht Edwin nicht, warum sein Vater böse auf ihn ist: Er wollte ihm doch nur zu einer persönlichkeitserweiternden Erfahrung verhelfen.

Edwin leidet zunehmend unter Wahnvorstellungen, wehrt sich aber gegen jede Hilfe. Seine Eltern verlieren allmählich die Hoffnung. Sogar den Profis in der Suchtklinik De Bouman in Rotterdam wird es irgendwann zu viel, und Edwin wird wegen seines schlechten Benehmens entlassen. Daraufhin steht er wieder bei den Eltern vor der Tür, aber Ruud erträgt den ständigen Streit mit seinem mittlerweile 22-jährigen Sohn einfach nicht mehr.

Schweren Herzens teilt er Edwin an der Eingangstür mit, dass er nicht länger hier wohnen kann. Edwin bedrängt ihn. »Los, komm schon.«

Aber Ruud bleibt standhaft. »Es geht einfach nicht mehr, tut mir leid.« Edwin verschwindet, er hat nur einen Rucksack dabei. Seine Eltern wissen nicht, wohin er geht.

Nachdem sie ein paar Wochen lang nichts von ihm gehört haben, versucht Ruud, ihn zu erreichen. Er schickt WhatsApp-Nachrichten und Mails. Schließlich kommt eine Antwort zurück: »Ja, alles prima. Ich bin in Pjöngjang in Nordkorea«. Asien hat Edwin seit jeher fasziniert, insbesondere Japan und die beiden Koreas. Dass er tatsächlich in Nordkorea ist, glaubt sein Vater allerdings nicht.

Mit der Mail hat er auch ein Foto von sich geschickt: Er trägt schwarze Kleidung und eine auffällige Kette über der Jacke. Neben ihm steht ein koreanischer Soldat. Edwin sieht irgendwie asiatisch aus, mit den zusammengekniffenen Augen und klein wie er ist. Der Hintergrund, vor dem er posiert, zeigt Pjöngjang und den nordkoreanischen Vorsitzenden Kim Jong-un. Wahrscheinlich handelt es sich um eine touristische Attraktion in Südkorea. Zum Schluss schreibt Edwin: »WhatsApp und Handys werden überwacht, aber Computer haben sie glücklicherweise.«

Es ist seine letzte Nachricht. Ruud senkt den Kopf. »Hätte ich ihn wieder zu Hause aufnehmen sollen?«, fragt er. »Hätte ich noch einen Versuch machen müssen?« Und dann, bedauernd: »Ich konnte nicht anders, ich war einfach fertig.«

Eigentlich hatte ich ursprünglich nicht vor, mit Edwins Eltern zu sprechen. Ich wollte die Geschichte von ihm selbst hören, aber dazu kam es nicht mehr. Als wir einmal kurz auf Skype miteinander sprachen, war er in einem Hotelzimmer in Südkorea. Nach acht Minuten beendete er das Gespräch, er lächelte und machte das Peace-Zeichen. Anschließend hatten wir noch ein paar Mal Kontakt via WhatsApp. Seine letzten Nachrichten klangen leicht wahnsinnig, es waren nur kurze, völlig zusammenhanglose Texte, verworren und unklar. »Geht schlecht«, »sie haben Waffen« und »ich will schnell weg«. Auf meine Fragen nach KPN reagierte er nicht mehr.

Wenig später erhielt ich Nachricht von einer Quelle. »Hast du das von Edwin gehört?« Man hatte ihn tot im Badezimmer eines Hotels aufgefunden, nicht weit entfernt vom Flughafen in Seoul. Die Zimmertür war von innen mit Kissen und Möbeln verbarrikadiert.

Es dauerte eine Weile, bis ich Kontakt zu Edwins Eltern aufnahm. Ich wollte sie nicht mit meiner Reportage belästigen, überlegte mir aber auch, sie könnten vielleicht Fragen an mich, den Journalisten, haben, wenn sie erfuhren, dass ich kurz vor seinem Tod noch mit ihrem Sohn gesprochen hatte.

José Robbe erklärt sich zu einem Gespräch bereit. Die beiden zeigen mir Fotos von Edwin und berichten von seiner schwierigen Jugend. Sie leiden sichtlich. Sie fragen auch nach meinem Gespräch mit Edwin. Ruud: »Das war kurz vor seinem Tod.«

Natürlich kommen wir auch auf den Hack bei KPN zu sprechen. Ich stelle dar, wie unglaublich ich es finde, dass ein 17-Jähriger den größten Telekommunikationsanbieter der Niederlande in Schwierigkeiten bringt und Zugang zu Millionen Kundendaten hat. Beide halten die Festnahme und die Gefängnisstrafe für einen Wendepunkt: Danach ging es mit Edwin bergab. Sein Selbstmord ist eine Wunde, die niemals heilen wird. Sie stellen mir noch viele Fragen. War Edwin tatsächlich so schuldig, wie es vor Gericht behauptet wurde? Hatte KPN das Netzwerk denn nicht auch unzureichend gesichert? Ist das nicht ein gesamtgesellschaftliches Problem, wenn es einem so leicht gemacht wird, in ein System einzudringen?

Die beiden begreifen nur ansatzweise, was ihr Sohn eigentlich gemacht hat, und das ist ein großer Nachteil. Die vielen Fachbegriffe, die im Prozess benutzt werden, verstehen sie nicht. Die Staatsanwaltschaft bezeichnet die Tat als »einen der umfassendsten Hackerangriffe, den es je in den Niederlanden gab«. Edwins Vorgehen war »erfindungsreich« und die »Auswirkungen auf KPN und damit auch auf das gesellschaftliche Zusammenleben waren weitreichend«. Nach eigenen Angaben hat der Angriff bei KPN zu einem »Schaden in Höhe von 3 Millionen Euro geführt«. Der Staatsanwalt lobt das Unternehmen für seine Offenlegungen. »Es ist außergewöhnlich, dass ein großes Unternehmen wie KPN so viele sensible Daten preisgibt. Die wirtschaftlichen Auswirkungen sind kaum zu überschätzen, und es besteht die Gefahr eines Imageschadens.« Nach dem Angriff leitet KPN Maßnahmen ein, um die Sicherheit des Systems zu verbessern. Obwohl Edwin sich in den Verhören zu seiner Tat bekennt und bei der gerichtlichen Untersuchung mitarbeitet, beurteilt ihn der Staatsanwalt sehr negativ. Sein Handeln wird als »vorsätzlich bösartig« bezeichnet, und es »führte zu unmittelbarer Lebensgefahr«.

Dass die Ermittler ihrerseits den VPN-Server von Edwin in Moskau gehackt haben, steht nicht in den Akten. Der operative Dienst, ein Spezialkommando innerhalb der Polizei, hat die Aktion abgesegnet. Dieser Dienst sammelt Informationen über schwere Straftaten und darf Quellen abschirmen. Da die Quelle im Prozess nicht genannt werden muss, bemerkt niemand den Verstoß – auch Edwins Verteidiger nicht.

Die Richter schließen sich der Staatsanwaltschaft in vielen Punkten an. Sie bedauern, dass Edwin »sein Talent auf negative Weise eingesetzt hat«. Aber sie machen auch mildernde Umstände geltend. »Die geringe soziale Kompetenz des Angeklagten und die Tatsache, dass er unter den Misserfolgen in der Schule und in sozialer Hinsicht gelitten hat«, urteilt der Richter, »haben dazu beigetragen, dass er Zuflucht im Internet

suchte und dort durch sein Verhalten Grenzen überschritt.«
Der Jugendschutz rät zu einer Ersatzstrafe in Form von gemeinnütziger Arbeit. Das Gericht verurteilt Edwin zu 100 Stunden
gemeinnütziger Arbeit und einer Haftstrafe auf Bewährung.

»Wir hatten keine Ahnung, was in diesem Zimmer vorging«,
sagt Ruud. Inzwischen weiß er, dass die Risiken der digitalen
Welt sich grundlegend von denen der wirklichen Welt unterscheiden. »Wir helfen Ihnen, wenn Sie Edwins Geschichte
erzählen wollen«, sagt José. »Wir wollen dadurch auch andere
Eltern warnen: Wir hätten viel früher eingegriffen, wenn wir
gewusst hätten, wozu das alles führt.«

Ruud: »Mir machen Computer jetzt mehr Angst als vorher.«
Wenn er seine Steuererklärung ausfüllt und ein Problem auftaucht, ist er sofort gestresst. »Manchmal habe ich Angst, jemand könnte meine Daten missbrauchen. Ich bin abhängig
von einer Technologie, die ich nicht richtig durchschaue, und
das verunsichert mich.«

Das ist also der Stand der Dinge: Durch das Internet sind neue
Risiken entstanden, die wir noch kaum übersehen. Es wird nicht
mehr lange dauern, bis wir begreifen, was das bedeutet.

TEIL II
WAS SIND DIE FOLGEN?

5
BOMBENABWURF AUF EINE SIM-KARTE

Sie ist blond und groß, und sie wird gleich nach Spanien fliegen. Mehr Informationen habe ich nicht, als ich abends um
18.30 Uhr am rot-weiß gewürfelten Meeting-Point der An-
kunftshalle des Flughafens in Schiphol warte. Sie hat mir eine
Mail über einen bizarren Vorfall in England geschickt, und
daraufhin haben wir uns verabredet. Plötzlich steht sie vor
mir. »Du bist Huib, richtig?«

Im *Café Rembrandt* an der Schiphol Plaza erzählt sie mir ihre
Geschichte. Sie möchte anonym bleiben, ich nenne sie daher
Robin. Vor ein paar Jahren wohnte sie in England. Sie suchte
Arbeit und stieß im Internet auf eine Anzeige der australischen
Firma Appen, die Aufträge für Übersetzungen anbot. Die Firma
arbeitete mit Freiberuflern aus unterschiedlichen Ländern zu-
sammen – darunter auch die Niederlande –, um Diktierpro-
gramme zu verbessern.

Robin füllt online ein Bewerbungsformular aus. Anschließend schreibt ihr eine Kontaktperson namens Alan. Zuerst
muss sie einen Test schreiben, und wenn sie besteht, folgt ein
Auftrag, verspricht er. Sie wird pro Auftrag bezahlt, via PayPal.
Der Test besteht darin, dass sie Audiofragmente hört und dann
wörtlich aufschreibt.

Robin besteht den Test. Bald darauf schickt Alan ihr das
erste Projekt per Mail. Sie loggt sich ein, liest die Anweisungen
und öffnet das Projekt, die Transkription von Audiodateien. Sie
sieht eine ganze Liste von Fragmenten. Als sie eine der Dateien
anklickt, hört sie Niederländer, die sich unterhalten; diese zwi-

schen 10 und 30 Sekunden langen Audiofragmente muss sie anschließend transkribieren.

Sie hört Taxifahrer, aber die Audios sind so kurz, dass sie den Zusammenhang nicht begreift. Es ist möglich, dass andere Übersetzer gleichzeitig an dem Projekt arbeiten. Die Gespräche drehen sich um Privatangelegenheiten. Ein Mann und eine Frau sprechen über ihren bevorstehenden Urlaub in der Türkei. Robin übersetzt die Audiodatein und denkt nicht weiter darüber nach. Wochen verstreichen. Sie schreibt sich für ein Projekt nach dem anderen ein und wird immer geschickter. Sie übersetzt Tausende von Fragmenten. Jedes Mal wird sie umgehend per PayPal bezahlt.

Allmählich bekommt sie eine Vorstellung davon, wen sie belauscht. Merkwürdigerweise sind die Gespräche alle recht aktuell: Es geht um politische Ereignisse oder Nachrichten der vergangenen Wochen. Außerdem fällt ihr auf, dass sie häufig jüngere Menschen mit türkischem oder marokkanischem Akzent in den Audios hört, die meisten davon Taxifahrer. Sie sprechen mit der Zentrale oder unterhalten sich untereinander. Je mehr Fragmente Robin übersetzt, desto klarer wird ihr, dass es Taxifahrer aus Den Haag oder Amsterdam sind.

Robin wird stutzig. Wie kommt eine australische Firma an diese Kommunikation? Gelegentlich transkribiert sie ein Gespräch, das eindeutig ein Chat ist: kurze Berichte, die eine Computerstimme vorliest. Das findet sie auch sonderbar: Ob die Menschen wissen, dass sie belauscht werden?

Als ich Robin treffe, trete ich als investigativer Journalist gerade auf der Stelle. Ich verstehe, wie interessant das Internet für Geheimdienste ist. Man kann ein anderes Land ausspionieren, ohne die Landesgrenzen zu verlassen, und bleibt dabei unsichtbar, versteckt hinter einer falschen Identität oder einem VPN-Server. Aber es ist nicht einfach, die Folgen aufzuzeigen: Die Artikel, die ich darüber schreibe, sind häufig abstrakt und theoretisch.

Eines jedenfalls ist deutlich: Abhören ist kein Tabu mehr. 2012 hat sich die NSA bereits Zugang zu über 50 000 Rechnersystemen weltweit verschafft. Ein spezielles Hackerkommando namens Tailored Access Operations geht über das Internet in die Router einer Organisation und installiert Software im Netzwerk. Dadurch hat die NSA unbegrenzten Zugang, kann Daten absaugen und ganze Rechnernetzwerke lahmlegen. Eine zunehmend populärer werdende Methode, wie man den geleakten Daten der NSA entnehmen kann. Innerhalb weniger Jahre steigt die Anzahl der infizierten Rechner bereits auf ein paar Millionen.

Die Technik eröffnet weitere Möglichkeiten. Daten aus Glasfaserkabeln zu filtern geht einfacher und schneller, als Richtmikrofone zu installieren. In jedem Monat sammelt die NSA nach eigenen Angaben (»aktuelle Zahlen und Grenzwerte«) 312 Milliarden Daten aus Internet- und 135 Milliarden Daten aus Telefonverbindungen. Das sind Daten von rund 19 Milliarden Telefongesprächen pro Monat. Oder ungefähr 600 Millionen Daten pro Tag.

Der AIVD saugt ganze Webforen ab, inklusive der Daten von Nutzern, die nicht zu den Zielpersonen des Dienstes gehören. Unternehmen und Regierungsbehörden verfahren ebenso: Aufgrund der Technik sind jetzt Fahndungsmethoden möglich, die vorher undenkbar gewesen wären. Die Steuerbehörde hat eine derartige Menge an Daten über Parken, Bezahlung und Kennzeichen gesammelt, dass die Mitarbeiter den Fahrzeughaltern mehr oder weniger live folgen können. Die Polizei geht dazu über, strafbare Handlungen aus Daten vorauszuberechnen, und dank der Software iColumbo ist die Online-Recherche weitgehend automatisiert: Einfach einen Suchbegriff eingeben (Mailadresse, Autokennzeichen oder Benutzername), und schon macht sich das Programm an die Arbeit.

In Zeitungsartikeln versuche ich darzustellen, inwieweit uns dieses Thema alle betrifft, bezweifle jedoch, ob mir das gelingt.

Das liegt nicht zuletzt daran, dass die Folgen noch weitgehend hypothetisch sind: Der KPN-Hack des 17-jährigen Edwin erhält deswegen so viel mediale Aufmerksamkeit, weil er an die Daten von Millionen Kunden kam; er *hätte* diese Daten ja missbrauchen können (was allerdings nicht der Fall war). Bei der Einführung elektronischer Patientenakten besteht *möglicherweise* die Gefahr der Privatsphärenverletzung (ob das tatsächlich so ist, weiß man jedoch nicht). Wenn Facebook WhatsApp übernimmt, *könnte* das bedeuten, dass Facebook auf Daten von WhatsApp zugreift (was zu diesem Zeitpunkt noch nicht bekannt ist). Auch das Sammeln von Metadaten durch niederländische Nachrichtendienste ist fragwürdig, da es *vielleicht* nicht gesetzeskonform ist (aber auch hier ist die Lage unklar). So lässt sich erklären, dass viele Nutzer in Anbetracht der Gefahren gleichgültig reagieren.

Die Gemengelage wird für mich noch schwieriger, als eine Untersuchung des *NRC Handelsblad* eine definitive »Snowden-Müdigkeit« erkennen will. Die Leser hätten Geschichten über den NSA-Whistleblower, der Hunderttausende Geheimdokumente enthüllte, gründlich satt, erklärt *NRC*-Chefredakteur Peter Vandermeersch in einer Präsentation. Geradezu fanatisch schickt Vandermeersch täglich eine Top-25-Liste der meistgelesenen Artikel in die Redaktion, nicht selten mit Kommentaren, welche Artikel noch besser hätten sein können. In der Präsentation hat er die Trends jetzt zusammengetragen. Die Schlussfolgerung ist eindeutig: Sobald »Snowden« im Titel auftaucht, überspringen Leser diesen Artikel.

Das hat zwei Gründe. Das Thema Snowden ist ganz sicher ein Medienhype. Üblicherweise stellt sich bei Themen, über die besonders intensiv berichtet wurde, nach einer gewissen Zeit Müdigkeit ein, und sie verschwinden plötzlich aus den Schlagzeilen. Der zweite Grund ist wesentlicher: Für viele Leser ist überhaupt nicht erkennbar, *warum* eine Berichterstattung über Abhören und Hacken wichtig sein soll. Nach einer Weile haken sie das Thema einfach ab. Die Artikel beschäftigen sich vor allem mit juristischen Fragen, Kooperationen und einzelnen Vorfällen, aber um die dahinter liegende Systematik und die direkten Auswirkungen für den Einzelnen geht es zu selten. Was bedeutet es schon, wenn die NSA in 50 000 Rechnersysteme eingedrungen ist und der einzelne Leser sich davon überhaupt keine Vorstellung machen kann? Dasselbe gilt für die weitgehend abstrakten Folgen (»führt zur Verletzung der Privatsphäre«). Wessen Privatsphäre? Und was genau beinhaltet das?

Zeit für den nächsten Schritt. Ich muss versuchen, die Auswirkungen genauer zu beschreiben, näher an das Thema heranzukommen. Was bedeutet es für unsere Gesellschaft, wenn Regierungen und Nachrichtendienste Zugang zu immer mehr Daten haben? Genau in diesem Augenblick kommt die Mail einer Frau herein, die ihre »Erfahrungen teilen will«. Manchmal muss man als Journalist eben einfach Glück haben.

Robin bestellt eine Cola light und erzählt weiter. Monatelang transkribiert und übersetzt sie zahllose Gespräche nichts ahnender Landsleute. Ihr Unbehagen wächst. Eines Tages hört sie zu, wie jemand im Auto eine Sprachnachricht aufzeichnet. Es geht um eine geschäftliche Absprache. Sie erschrickt. »Ich habe die Stimme meines Ex-Freundes erkannt, ich war mir absolut sicher.« Zuerst hat sie Angst, dass sie jetzt völlig durchdreht, aber dann bestätigt sich ihre Vermutung, denn im darauffolgenden Audiofragment telefoniert ihr früherer Freund mit einer Frau und benutzt dabei denselben Kosenamen, mit dem er Robin früher angeredet hat. Robin: »Und das war wirklich kein alltäglicher Kosename. Ich bin fast vom Stuhl gefallen.«
    Sie ruft ihn an und will wissen, ob er an dem Projekt mitarbeitet. »So naiv war ich damals noch.« Er ist völlig entgeistert. Zuerst glaubt er ihr nicht, aber sie kann Einzelheiten aus den

Gesprächen wiedergeben, die sie gerade gehört hat. Gespräche, die vor ein paar Wochen stattgefunden haben. Er kann es nicht fassen: Er hat niemals jemandem die Zustimmung erteilt, mitzuhören. Sein Telefonanbieter ist Vodafone, er hält es jedoch für unwahrscheinlich, dass der Provider einfach seine Privatkommunikation an eine australische Firma weitergibt.

Daraufhin beendet Robin das Arbeitsverhältnis. Die Tätigkeit stößt sie ab. Sie hat Tausende oder Zehntausende von Privatgesprächen mitangehört, ohne dass die Betroffenen darüber Bescheid wussten. Sie grübelt ständig darüber nach, wie das möglich sein kann. Direkt bei Appen nachzufragen, wagt sie nicht: Sie traut den Leuten dort nicht mehr über den Weg. Robin stellt auf eigene Faust Nachforschungen an, kommt aber nicht weit. Ohne die Angelegenheit zu vergessen, lässt sie die Sache jahrelang auf sich beruhen – und als der NSA-Abhörskandal aufgedeckt wird, beschließt sie, etwas zu unternehmen.

Als sie mich in der Talkshow »De Wereld draait door« (in etwa: Die Welt spielt verrückt) sieht, in der es um das Thema Abhören geht, schickt sie mir eine Mail. Im Gespräch will ich möglichst viele Einzelheiten wissen und benötige Nachweise, dass sie tatsächlich bei Appen gearbeitet hat und von der Firma bezahlt wurde. Sie schickt mir Mails und Rechnungen und gibt mir die Nummer ihres früheren Freundes. Als ich ihn anrufe, bestätigt er Robins Geschichte. Obwohl der Vorfall schon Jahre zurückliegt, erinnert er sich ganz genau daran. Nach wie vor hat er keine Ahnung, warum ausgerechnet er damals abgehört wurde.

Die beiden sind gut ausgebildet und haben gute Jobs. Sie wittern nicht überall Komplotte, sondern sind nüchterne Personen, die ihre Worte sorgfältig wählen. Ich sehe keinen Grund, warum sie übertreiben sollten: Sie führen keinen Rachefeldzug gegen Appen, sondern sind in erster Linie erstaunt und erzählen mir die Geschichte, weil sie ihnen zu denken gegeben hat. In den darauffolgenden Monaten haben wir regelmäßig

Kontakt. Robin schickt mir beweiskräftige Dokumente: den Vertrag mit Appen, bereits erledigte und neue Übersetzungsaufträge. Ich darf alles benutzen und nachprüfen, unter der Bedingung, dass sie anonym bleibt. Was um alles in der Welt geht da vor sich?

Üblicherweise passiert Folgendes nach einem Hinweis: Zuerst löchert man als Journalist den Informanten mit Fragen und recherchiert anschließend gründlich. Welche Fakten sind bereits bekannt? Wer könnte mir noch mehr darüber erzählen? Wo und wie lassen sich weitere Bestätigungen für diese Information finden? Neue Technologien haben die journalistische Recherche verändert. Heutzutage steht und fällt eine Geschichte damit, dass man richtig interpretiert, *wie* eine bestimmte Technologie funktioniert.

Zu Beginn der NSA-Affäre versuche ich herauszufinden, an welchen Stellen die Nachrichtendienste in den Niederlanden abhören. Als Erstes kommt mir dabei der große Internetknoten in Amsterdam in den Sinn, der Amsterdam Internet Exchange oder AMS-IX, der sich dafür gut anbietet. Jeder, mit dem ich darüber spreche, hat eine andere Theorie. »Du musst dich direkt vor dem Rechenzentrum umsehen, da kannst du am einfachsten anzapfen«, sagt der eine. »Ich würde an die Rechnerschränke gehen, wo die Verbindungen hergestellt werden. Da musst du hin«, heißt es beim anderen.

Jemand erzählt mir, dass sich der AMS-IX perfekt zum Abhören eignet und der Knoten schon seit längerer Zeit mit Geräten des amerikanischen Anbieters Glimmerglass arbeitet. Vielleicht ist das ein guter Hinweis. Obendrein taucht ein Prospekt von Glimmerglass in den Spionagedokumenten der Enthüllungsplattform Wikileaks auf. Dort steht, dass die Geräte gern von amerikanischen Nachrichtendiensten genutzt werden. Bingo! Aber kurz darauf erklärt mir jemand, dass es an und für sich bedeutungslos ist, ob man Glimmerglas nutzt. Ausschlaggebend ist lediglich, *wie* die Geräte installiert sind und wer Zugang dazu hat. Ich bin also keinen Schritt weiter.

Wie schwierig die Sache ist, zeigt sich besonders in der Interpretation der Technologie. Oder anders ausgedrückt: was technisch möglich ist. Denn was für den einen anscheinend überdeutlich sein mag, muss es für den anderen nicht sein.

Diese Erfahrung mache ich, als ich einen Artikel über ein Leck im Steuerungssystem Android schreibe, das Wissenschaftler der VU, der Universität von Amsterdam, entdeckt haben. Android ist wesentlich populärer als iOS von Apple, Millionen Nutzer haben Geräte mit diesem Betriebssystem. An der Straße Boelelaan in Amsterdam zeigt mir ein Wissenschaftler der VU, wie er in das Android-System hineingeht: Er muss nur Zugang zum Browser eines Nutzers haben, dann kann er dessen Google-Benutzernamen herausfinden. Weil Google einen einzigen Benutzernamen für alle Apps verwendet – und damit auch für das Android-Handy –, kann er über den Browser eine App auf dem Handy des Opfers installieren. Anschließend aktiviert er diese App unbemerkt und kontrolliert dadurch das Telefon. Dann hat er unbegrenzten Zugriff: Kamera benutzen, Apps ersetzen durch bösartige Versionen, Malware installieren, Nachrichten abfangen. Er kann sogar DigiD, das ING-Bankkonto und den PayPal-Account manipulieren.

Nach der Veröffentlichung des Artikels hagelt es Kritik von Fachleuten. Wie »einfach« ist es denn tatsächlich für Hacker, diese vermeintliche Schwachstelle zu missbrauchen, wenn schon ein Experte so viele komplizierte Schritte durchführen muss? Und selbst wenn es für Experten nicht so schwierig sein mag, gilt das ja nicht unbedingt für Hacker. Kann man das überhaupt als Schwachstelle bezeichnen? Ist es nicht vielmehr deswegen eine Schwachstelle, weil Google alles unter einem einzigen Benutzernamen laufen lässt? Ein Sprecher von Google argumentiert, man sei selbst der Dumme, wenn ein Hacker den eigenen Benutzernamen und das Passwort kenne. Da hat er natürlich recht. Es ist eben alles eine Frage der Definition: Auch wenn es sich für den einen zweifelsfrei um eine Sicherheitslücke handelt, kann ein Zweiter das vollkommen anders sehen. Wenn sich die Technik in Händen des Geheimdienstes befindet, wird es noch komplexer. Berüchtigt ist eine Meldung der Nachrichtenagentur Bloomberg. Darin wird behauptet, China spioniere mit winzigen, reiskorngroßen Chips 30 große amerikanische Unternehmen aus. Die Chips seien direkt auf den Leiterplatten der Server versteckt. »The Big Hack«, hieß damals der Artikel von Bloomberg, der sich auf anonyme Quellen stützte.

Ein gigantischer Abhörskandal kündigt sich an, aber in den darauffolgenden Wochen dementieren Großunternehmen wie Apple und Amazon den Vorfall sehr konkret. Es gebe keinerlei Hinweise darauf, dass diese Geschichte zutreffe, heißt es. Auch die britische und amerikanische Regierung widersprechen der Darstellung von Bloomberg.

Als die Snowden-Dokumente erscheinen, kursieren die wildesten Abhörgerüchte. Die NSA höre im großen Stil den Telefonverkehr verschiedener europäische Länder ab, behaupten die Medien in Norwegen, Spanien und Frankreich. Aber stimmt das tatsächlich? Kann man, ausgehend von den Snowden-Dokumenten, diese Schlussfolgerung ziehen? Das NSA-Computersystem namens Boundless Informant, auf das sich die Journalisten berufen, lässt jedenfalls keine eindeutige Antwort zu. Anscheinend gibt es für jeden Staat eine Grafik: Dort ist die Anzahl der Angriffe verzeichnet (in den Niederlanden beläuft sich die Zahl auf 1,8 Millionen), und festgehalten, welche Art von Informationen abgefangen und welche Technik dafür eingesetzt wurde. *Wer* die Kommunikation abgefangen hat, um *welche* Art von Kommunikation es sich dabei handelte und *wo* genau das stattfand, steht allerdings nirgendwo.

Nach einigen Monaten stellt sich heraus, dass nicht die NSA, sondern die europäischen Staaten selbst abgehört und diese

Informationen anschließend an die NSA weitergegeben haben. Viele Medien waren anscheinend nicht richtig informiert, und sogar Innenminister Ronald Plasterk, der oberste Dienstherr des AIVD, kennt trotz der Informationen, die ihm zur Verfügung stehen, die Sachlage offenbar auch nicht genau. So erklärt er im Nachrichtenprogramm »Nieuwsuur«, die Amerikaner hätten aller Wahrscheinlichkeit nach 1,8 Millionen Telefonate in den Niederlanden abgefangen. In Wahrheit hat der niederländische MIVD 1,8 Millionen Gespräche in Somalia per Satellitentechnik abgehört und an die NSA geliefert.

Manchmal dauert es Jahre, bis sich ein Skandal aufklärt. Hinter den 1,8 Millionen Gesprächen, die der MIVD abgehört hat, verbirgt sich noch eine ganz andere Geschichte.

Auf den ersten Blick sieht alles recht einfach aus: Der MIVD fängt im friesischen Burum mit den bekannten weißen Schüsseln Satellitenkommunikation ab. Als die Niederlande sich 2012 der internationalen Anti-Piraterie-Mission vor der somalischen Küste anschließen, zapft der MIVD auch die dortige Telefonkommunikation an. Der Nahe Osten und Nordafrika befinden sich innerhalb der Reichweite der friesischen Satellitenschüssel. »Sigint« nennt man das: *signals intelligence.* Auf gut Deutsch: Erkenntnisgewinnung durch abgefangene Signale.

Der MIVD bestätigt: Die Telefongespräche wurden gesammelt, die Signale über Somalia abgefangen und an die NSA weitergegeben. Das lief allerdings nicht über Burum. Wenn die Niederländer das Kommando über die NATO-Mission an der Küste vor Somalia haben, so lese ich in einem NSA-Dokument, will der MIVD die Telefonkommunikation direkt vor Ort abhören. »Ein Sigint-Team arbeitet verdeckt auf dem niederländischen Schiff *HMS Rotterdam*«, ist in der geheimen amerikanischen Präsentation zu lesen. Die dafür nötigen Spezialgeräte besitzt der MIVD jedoch nicht. »Können die Amerikaner diese Geräte zur Verfügung stellen?«, fragt der MIVD an.

Die Antwort ist positiv. »Die NSA hat keinen Zugang zur Kommunikation in Somalia (...)«, heißt es weiter in dem amerikanischen Dokument. Die NSA hilft dem MIVD und liefert die Geräte; im Gegenzug erhält der Dienst von den niederländischen Kollegen die abgefangenen Informationen. So läuft das zwischen Geheimdiensten: Geben und Nehmen.

Die NSA ist hocherfreut über die Informationen des MIVD. Die Amerikaner führen in Somalia nämlich geheime Operationen durch: Drohnenangriffe gegen die terroristische Organisation Al-Shabaab. »Gezielte Tötungen«, nennen es die Amerikaner, aber in Wirklichkeit sind es standrechtliche Erschießungen. Ohne jede rechtliche Grundlage, ohne Prozess nehmen US-Drohnen Terrorverdächtige mit Bomben oder Raketen unter Beschuss. Die niederländische Regierung vertritt den Standpunkt, dass derartige Hinrichtungen außerhalb eines Kriegsgebietes illegal sind; sie unterstützt diese Aktionen also nicht.

Die Amerikaner verlassen sich bei ihren Geheimoperationen hauptsächlich auf Informationen aus Rechnern und Telefonen, mit anderen Worten Sigint. Mit Sicherheit ist das auch in Somalia der Fall, der nächstgelegene amerikanische Luftwaffenstützpunkt befindet sich rund 1000 Kilometer entfernt im nördlich gelegenen Dschibuti. Die amerikanische Website *The Intercept* veröffentlichte Dokumente, in denen zu lesen ist, dass die Amerikaner in den Jahren 2011 und 2012 die Mindestanforderungen für das Sammeln verlässlicher Daten nicht erfüllten. Bevor ein Verdächtiger liquidiert wird, muss zuerst durch Aufzeichnungen von Drohnen und Kameras seine tatsächliche Identität unter Beweis gestellt werden. Da es jedoch an unbemannten Flugkörpern mangelt und die Entfernung vom Stützpunkt Dschibuti zu groß ist, wird das unterlassen.

Wenn verlässliche Informationen fehlen, greifen die Amerikaner unter anderem auf ein Programm namens »Armada Sweep« zurück. Informationen werden vor Ort und vom Schiff aus abgefangen. Das ist also genau das, was der MIVD tut.

Hochleistungscomputer der NSA verarbeiten die abgefangene Kommunikation in rasender Geschwindigkeit und führen Netzwerkanalysen durch, aus denen hervorgeht, wer mit wem Kontakt hat. Amerikanische Nachrichtendienste, erklärt eine Quelle von *The Intercept*, wählen ihre Zielpersonen auf Grundlage dieser Netzwerkanalysen aus. Dabei verknüpfen sie eine SIM-Karte oder eine IMEI-Nummer – die individuelle Seriennummer eines Handys – mit einer Person und überprüfen anschließend den Standort. Auf diese Art geraten Terrorverdächtige ins Visier der Amerikaner.

Der Angriff erfolgt, sobald der Zeitpunkt günstig ist. Der Informant zu *The Intercept*: »Wenn die Bombe abgeworfen wird, wissen wir, dass sich das Telefon an diesem Standort befindet. Wir wissen jedoch nicht, wer gerade im Besitz dieses Telefons ist.« Bombenabwurf auf eine SIM-Karte. In Jemen und Somalia wird in mehr als der Hälfte der Fälle die Zielperson aus Metadaten gewählt. Ein amerikanischer Drohnenpilot bestätigt das. »Ich wusste Bescheid, denn in den Berichten der Nachrichtendienste, die ich nach der Hinrichtung las, stand jedes Mal: ›Diese Mission stützt sich auf Sigint.‹«

Am Sonntag, dem 26. Januar 2014, findet ein solcher amerikanischer Drohnenangriff statt. CNN unterbricht dafür die aktuelle Nachrichtensendung: »Gerade kommen hier Einzelheiten über einen Angriff auf eine militante Gruppe im Süden herein«, sagt der Nachrichtensprecher. Bei der Zielperson handelte es sich um ein hochrangiges Mitglied der Terrorgruppe Al-Shabaab. CNN-Berichterstatterin Barbara Starr, erklärt telefonisch, das amerikanische Militär habe »gute Gründe« gehabt, den Mann anzugreifen.

»An diesem Sonntag war ich auch im Süden von Somalia«, erzählt ein somalischer Hirte. Mit *Volkskrant*-Kollegin Maud Effting sitze ich in einem stickigen Zimmer im Zentrum von Amsterdam.

Ich hatte seit einer Weile nicht mehr an Somalia und das Abhören durch den MIVD gedacht und war mit anderen Berichten beschäftigt, als sich ein Informant bei mir meldete. Er sagte, zwei somalische Männer seien bei einem amerikanischen Drohnenangriff verletzt worden, und die beiden hätten Kontakt mit niederländischen Anwälten.

Ich wollte gern persönlich mit beiden Männern sprechen. Nach Somalia zu reisen, war so gut wie ausgeschlossen. Somalia ist Kriegsgebiet, und eine Reise hätte *de Volkskrant* wegen der erforderlichen Versicherungen und Sicherheitsmaßnahmen mehrere Tausend Euro gekostet. Videogespräche waren ebenfalls schwierig: Dafür mussten die Männer aus dem Süden des Landes eine gefährliche, tagelange Reise in die Hauptstadt Mogadischu antreten, für die ebenfalls Sicherheitsmaßnahmen erforderlich waren. In einem *Safehouse* in Mogadischu konnten sie uns via Skype und mithilfe eines Dolmetschers ihre Geschichte erzählen.

Zuerst sprechen wir mit Omar Mohammud Ali, einem somalischen Hirten. Er erzählt, wie er an besagtem Sonntag mit seiner Herde von rund 40 Schafen und Ziegen auf einer weit gestreckten Ebene in der Nähe des Ortes Haaway unterwegs war. Seine beiden Töchter Saharo (9) und Nimo (8) begleiteten ihn. Die Mädchen passten gern auf die Ziegen auf.

Auf der nahe gelegenen Straße zwischen Haaway und Baraawe hört Omar plötzlich zwei Autos heranfahren. »Es waren Pick-ups«, sagt er. »Ziemlich viele, mindestens fünf oder sechs, und sie fuhren sehr schnell. In den Autos saßen bewaffnete Männer. Ich hatte sie dort schon öfter gesehen.«

Die Männer gehören zur Al-Shabaab. Omar versteckt sich hinter einem Baum, ungefähr zehn Meter entfernt von der Straße. Al-Shabaab terrorisiert regelmäßig die lokale Bevölkerung. Die Gruppe verschleppt junge Männer, stiehlt Geld oder Vieh. »Versteckt euch!«, ruft Omar seinen Töchtern zu. Die Mädchen rennen zu den Bäumen. Sie sind auf halber Strecke, als der besorgte Omar ihnen entgegenkommt.

Dann, wie aus dem Nichts, ertönen plötzlich ohrenbetäubende Einschläge. Tschugg. Tschugg.

Der Boden bebt. Omar hebt den Kopf, will sich umsehen, als der zweite Einschlag folgt.

»Papa!«, schreit Nimo. »Papa!«

Omar ist verwundet. »Als wäre ein Stein durch mein Bein geflogen, so fühlte sich das an«, sagt er. »Mit meinem Kopf war auch was. Ich konnte nichts mehr sehen.« Überall Rauch und Wolken aus Sand. Dann wird alles schwarz.

Omar ist mit einem befreundeten Hirten nach Mogadischu gekommen, Nuur Osman Gurey, der jetzt weitererzählt. Nach den Einschlägen sieht Nuur schwarzen Rauch und hohe Flammen aufsteigen. Er rennt hinüber. Er entdeckt den brennenden Geländewagen und Omar, der bewusstlos am Boden liegt. In seinem Kopf stecken Raketensplitter, ein Bein ist zerfetzt, überall Blut und etwas weiter weg tote Schafe, Ziegen und Kühe.

Zwischen den toten Tieren sieht er Omars Töchter. Nimo ist in den Bauch getroffen, lebt aber noch. Saharo ist bereits tot. Nuur nimmt die Kleine auf den Arm und trägt sie rennend zu ihrer Mutter, viele Kilometer weit. Andere Stammesmitglieder sind inzwischen herbeigeeilt, um den Verwundeten zu helfen, aber davon bekommt Omar nichts mit. Erst viel später erwacht er in einem Krankenhaus im weiter entfernt liegenden Städtchen Merca. Dort erfährt er von seiner Frau, dass beide Töchter bei dem Anschlag ums Leben gekommen sind. Nimo ist an inneren Blutungen gestorben.

Omars verletztes Bein ist übel zugerichtet. Die Ärzte wollen amputieren, aber dann kann er nicht mehr als Hirte arbeiten. Tagelang weigert er sich. Erst als sich das Bein schwarz verfärbt, gibt er nach. Geld für eine Prothese hat er nicht. Man gibt ihm zwei Krücken mit.

Über das Schicksal von Hirten wie Omar ist hier im Westen kaum etwas bekannt. Journalisten können im gefährlichen Somalia nicht recherchieren. Die einzige Quelle sind Informanten des amerikanischen Militärs. Wenn diese Informanten überhaupt etwas von ihren Geheimmissionen in Somalia preisgeben – wie im Falle von CNN –, geht es dabei mit Sicherheit nicht um zivile Opfer. Terrorismusbekämpfung ist auch Öffentlichkeitsarbeit. Man weist auf Erfolge hin und nicht auf Kollateralschäden.

Der Informationsdeal zwischen AIVD und NSA macht unschuldige Zivilisten zu Opfern, wie beispielsweise Omar. Seine traurige Geschichte zeigt, welche Folgen blindes Vertrauen in die Technik haben kann. Auf welche Informationen stützten sich die Amerikaner, als sie ihre Rakete abfeuerten? Der Al-Shabaab-Führer Godane, laut amerikanischen Quellen das eigentliche Ziel, wurde nicht getötet, und es ist sogar fraglich, ob er sich überhaupt in der Nähe befand. Eine Frage, die andere und noch komplexere Fragen aufwirft: Sind die Niederlande verantwortlich für das, was die Amerikaner mit den niederländischen Informationen machen? Oder, noch einen Schritt weitergehend: Sind die Niederlande letztlich mitverantwortlich für den Tod von Omars Töchtern?

Die Geheimdienste geben sich jedenfalls äußerst zugeknöpft. Als wir den MIVD aufsuchen, reagieren unsere Gesprächspartner gereizt. Zwei Analysten sind sichtlich verärgert, dass sich Dokumente über Angriffe in Somalia in unserem Besitz befinden. Diese Informationen sind Staatsgeheimnisse und haben bei Journalisten nichts zu suchen – ihrer Meinung nach. Wir hingegen finden es wichtig, dass sie uns Antworten geben – schon um zu verhindern, dass wir Dokumente veröffentlichen, deren Preisgabe vielleicht legitime Operationen gefährden könnte.

Aber die MIVD-Analysten schweigen sich aus und wollen uns nicht einmal sagen, welche Informationen zu sensibel sind oder Menschenleben in Gefahr bringen könnten. Durch diese Mitteilung würden sie ja neue Staatsgeheimnisse enthüllen, sagen sie. Das Gespräch droht, in eine Sackgasse zu geraten, aber dann löst ein Vorschlag des Verteidigungsministeriumssprechers das Problem: Er bittet die Journalisten, den Raum zu verlassen, während ihm die Analysten berichten, welche Informationen legitime Operationen behindern könnten. Anschließend setzt er uns Journalisten darüber in Kenntnis. Doch auch dieser Kunstgriff löst den Konflikt nicht. Wir wollen nicht versprechen, dass wir Informationen zensieren. Der MIVD ist sichtlich beunruhigt. Am nächsten Tag drohen Sprecher des MIVD, eine Veröffentlichung per Eilverfahren zu verhindern. Das Verteidigungsministerium kann sich nicht durchsetzen.

Ob der Angriff, dessen Opfer Omar und seine Töchter wurden, tatsächlich auf Informationen des niederländischen Geheimdienstes zurückgeht, bleibt letztlich ungeklärt. Nachrichtendienste teilen einander nicht mit, was mit den jeweiligen Informationen passiert. Niederländer und Amerikaner halten ihre Methoden voreinander geheim. Einerseits um Operationen nicht zu gefährden, andererseits weil ihrer Meinung nach nur durch Geheimhaltung eine sichere Arbeitsweise möglich ist. Sobald Informationen oder Methoden bekannt werden, bringt das möglicherweise Personen in Gefahr und könnte vorteilhaft für den Gegner sein. Staatsinteressen haben Vorrang vor Individualinteressen.

Trotzdem bewilligt die Zweite Kammer Ende 2013 einen Antrag, in dem gefordert wird, »als explizite Voraussetzung für das Teilen von Informationen sicherzustellen, dass diese nicht für illegale gezielte Tötungen genutzt werden«. Dadurch will man ausschließen, dass künftig aufgrund niederländischer Informationen derartige Angriffe auf unschuldige Zivilisten wie Omar stattfinden. Verteidigungsministerin Jeanine Hennis verspricht, den Antrag umzusetzen. Der Haken an der Sache: Die niederländische Regierung hat keinerlei Handhabe, in welcher Weise die Amerikaner ihre Informationen nutzen, die NSA kann nach eigenem Gutdünken darüber verfügen. Hennis, die politisch für den MIVD verantwortlich ist, weiß das genau.

Selbst wenn die NSA sich bereit erklären würde, die niederländischen Informationen nicht für gezielte Tötungen zu nutzen, lässt sich das nicht kontrollieren: Die NSA gewährt keinen Zugang zu ihren Systemen. Ebenso wenig wie MIVD oder AIVD ihn zugestehen würden. Damit ist Hennis' Versprechen wertlos.

Dennoch bleibt dieser Weg politisch die einzige Möglichkeit, um irgendeine Kontrolle über die Arbeit der Geheimdienste auszuüben. In den folgenden Jahren überwacht die Aufsichtsbehörde das Teilen von Informationen mit ausländischen Partnern zunehmend strenger. Ehe es zu einem Informationsaustausch kommt, soll mittels sogenannter Abwägungen in einem ersten Schritt bestimmt werden, ob sich ein Staat an internationale Menschenrechtsabkommen hält.

Omar war das unglückliche Opfer einer Vergeltungsmaßnahme der amerikanischen Geheimdienste. Sein tragisches Schicksal ist auch eine Folge des technologischen Fortschritts. Seit dem 11. September führen die Amerikaner einen weltweiten Krieg gegen den Terrorismus, und Drohnen sind dabei unverzichtbar geworden.

Was das bedeutet, habe ich selbst gesehen. An Luftwaffenstützpunkten in Nevada und New Mexico sitzen amerikanische Drohnenpiloten in klimatisierten Containern vor Monitoren. Mit Joysticks steuern die Piloten Flugkörper in weit entfernten Ländern wie Pakistan, Afghanistan, Jemen und Somalia. Vom Boden aus ist der Flugkörper nicht zu sehen, aber die Soldaten, die in den Containern in Nevada oder New Mexico am Steuer sitzen, erkennen genau, was sich unten auf den Straßen abspielt. Eine Drohnenkamera liefert so scharfe Bilder, dass man sogar den Fußball erkennen kann, wenn Kinder auf der Straße kicken.

Die Soldaten sitzen acht bis zehn Stunden lang am Bildschirm. Die Drohne wird von zwei Soldaten gesteuert: einem Piloten und einem Kameramann, der den Sensor bedient, mit dem der Raketenbeschuss ausgelöst wird. Über Kopfhörer erhalten die Soldaten Anweisungen von den Mitarbeitern des Nachrichtendienstes. »Jetzt die Stadt anfliegen«, »diesen Personen folgen« oder »jetzt ausschalten«. Die Piloten kennen weder die Mitarbeiter des Nachrichtendienstes noch wissen sie, wo sich diese befinden. Sie feuern per Knopfdruck eine Hellfire-Rakete ab, die innerhalb von 15 Sekunden und mit 1500 km/h auf das Ziel zurast. Nach Feierabend geht es aus dem gekühlten Container in die heiße Wüstenluft: noch eine Cola mit den Kollegen trinken, die Kinder aus der Schule abholen und zu Hause eine Netflix-Serie ansehen.

Kein Wunder, dass die Amerikaner von dieser Technik begeistert sind. Ohne jede Gefahr für amerikanische Soldaten können weltweit per Knopfdruck Terroristen ausgeschaltet werden. Unter Präsident Barack Obama haben die Drohnenangriffe deutlich zugenommen. Aus seiner Sicht sind die Exekutionen »präziser« und »effektiver« als die herkömmliche Kriegsführung mit Soldaten vor Ort.

Aber der Drohnenkrieg hat auch Schattenseiten. Die CIA und das amerikanische Militär, die diese Angriffe durchführen, machen keine Angaben zu zivilen Opfern. Ein Drohnenpilot berichtet, dass er in Afghanistan ein Haus überwachte. Angeblich befand sich dort ein hochrangiger Talibanführer. Ein paar Stunden später kam der Befehl zum Abschuss. Er richtete den Sensor auf eine Ecke des Hauses, die Drohne feuerte die Rakete ab. Kurz vor dem Einschlag sah er, wie sich etwas bewegte und um die Ecke lief. Dann die Explosion. Als die Rauchwolke sich auflöste, war nichts mehr zu sehen und das Haus eingestürzt. »War das ein Kind?«, fragte der Pilot einen Mitarbeiter des Geheimdienstes, der von irgendwo auf der Welt zusah. »Schreib deinen Bericht. Das war ein Hund.« Der Pilot ist sicher, dass es ein Kind war. Innerhalb von sechs Jahren tötete sein Team 1626 Personen.

Das internationale Journalistenkollektiv The Bureau of Investigative Journalism versucht, die Anzahl der zivilen Opfer seit 2004 durch Schätzungen und Augenzeugenberichte zu dokumentieren. Letzter Stand: 6786 bestätigte Angriffe mit unbemannten Flugkörpern; ungefähr 10 000 Tote, davon 800 bis 1700 zivile Opfer und mindestens 253 getötete Kinder.

Häufig bleibt unklar, ob die Zielperson überhaupt getroffen wurde, und so war es auch bei dem Angriff, dessen unschuldiges Opfer Omar wurde. Laut Information befand sich der Al-Shabaab-Führer Godane in einem der Geländewagen. Daraufhin drückten die Piloten in den Vereinigten Staaten auf den Knopf. Godane kam nicht ums Leben – wohl aber zwei unschuldige Mädchen.

Robin und ich tauschen uns seit zweieinhalb Monaten per E-Mail aus. Die Suche ist mühsam. In den Niederlanden ist die australische Firma Appen anscheinend so gut wie unbekannt, aber auf LinkedIn finde ich noch andere ehemalige Mitarbeiter von Appen. Sie scheuen jedoch davor zurück, sich mit einem Journalisten zu treffen. Obwohl sie nicht mehr bei Appen arbeiten, dürfen sie wegen einer Geheimhaltungsklausel nicht mit Dritten reden.

Also muss ich einen anderen Weg einschlagen. Wenn niemand Appen kennt oder sich über die Firma äußern will, können mir ja vielleicht Fachleute erklären, wie es kommt, dass Robin in England niederländischen Privatgesprächen zuhört und sie transkribiert und übersetzt. Zuerst spreche ich mit dem Spracherkennungsexperten Ralph Biesbrouk, der mit einer ähnlichen Software arbeitet. Er berichtet, dass er niemals an die ungefilterten Datensätze kommen könnte, mit denen Robin gearbeitet hat. »Da müsste ich spekulieren, warum das für Appen möglich ist.« Seiner Ansicht nach haben Nachrichtendienste ein außergewöhnliches Interesse daran, Sprache in Text umzusetzen.

Der Gedanke leuchtet ein: Technisch gesehen haben Geheimdienste zwar zunehmend mehr Möglichkeiten, Kommu-

nikation abzufangen, das Abhören ist hingegen sehr zeitinten-
siv. Texte lassen sich mit Stichworten wesentlich einfacher
durchsuchen.

Ein Beispiel: Als die Niederlande Militär in die afghanische
Provinz Urusgan schicken, stellt der MIVD 30 Personen ein, die
Darisch-Persisch – die Landessprache – sprechen. Um sicherzustellen, dass dieser Personenkreis, dem etliche Asylsuchende
angehören, angemessen mit sensiblen Informationen umgeht
und sich dem Dienst verpflichtet fühlt, erhalten die Familien-
mitglieder eine Aufenthaltsgenehmigung. Das erweist sich als
ein besonders kluger Schachzug.

Das Budget der NSA ist zwar so groß wie das des gesamten niederländischen Verteidigungsministeriums, aber gute
Übersetzer sind dünn gesät. Das wissen die Niederlande geschickt zu ihrem Vorteil zu nutzen: Wenn die NSA abgehörte
Gespräche an die Niederlande weitergibt, lässt der MIVD sie
ins Niederländische übersetzen und hat dadurch zeitweise ex-
klusiven Zugang zu Informationen des mächtigen amerikanischen Verbündeten. Techniker sorgen für eine sichere Kabel-
verbindung auf dem Boden des Atlantiks.

Da Maschinen bekanntlich viel schneller übersetzen als
Menschen, sind Geheimdienste schon seit längerer Zeit damit
beschäftigt, den Übersetzungsprozess zu automatisieren. Als
ich dem Nachrichtendienstexperten Constant Hijzen Robins
Geschichte erzähle, denkt er sofort an einen Geheimdienst.
»Größere Dienste können die eingehende Datenmenge häufig
nicht schnell genug bearbeiten. Logischerweise wollen sie eine
Software entwickeln, um die Daten dann schneller auszu-
lesen.« Aber Appen ist doch kein Geheimdienst, wende ich ein.
Hijzen nickt. »Stimmt. Aber britische und amerikanische
Dienste arbeiten oft mit der Wirtschaft zusammen.«

Ich telefoniere außerdem mit zwei Personen, die bei großen Telekommunikationsanbietern beschäftigt sind und sich
in den Rechtsgrundlagen der Abhörüberwachung auskennen.

Sie müssen anonym bleiben und sind sich einig: Gespräche und Daten ihrer Kunden dürfen unter keinen Umständen an Dritte weitergegeben werden, *es sei denn* es handelt sich um Polizei- oder Sicherheitsdienste. Unabhängig voneinander können sich die beiden nur eine Möglichkeit vorstellen, warum das Gespräch von Robins Ex-Freund bei Appen gelandet ist: Ein Geheimdienst hat irgendwo Vodafone-Kommunikation angezapft und an Appen weitergegeben, um die Spracherkennungssoftware zu verbessern.

Zum Schluss wende ich mich an René Pluijmers. Er ist Telekommunikationsexperte des Nationaal Forensisch Onderzoeksbureau (Nationales Forensisches Institut) und wird bei Rechtsfragen häufig hinzugezogen. Vor Gericht werden digitale Beweise immer wichtiger. Gerade Richter sind jedoch aus der Sicht von Pluijmers selten technikaffin, und infolgedessen fehlt es ihnen an Kenntnissen, um technische Fragen wirklich zu verstehen. Er gibt mir ein Beispiel: Nach einem Schusswechsel nimmt die Polizei einen Mann fest, der von Augenzeugen als Täter benannt wird. Der Mann selbst will während des Vorfalls mit einem Freund telefoniert haben. Nach Meinung der Polizei ist das eine Lüge. Die Untersuchung beweist schließlich, dass sein Telefon keinen Kontakt mit dem nächstgelegenen Funkmast hatte und er also nicht telefoniert hat.

Auf Anfrage des Verteidigers, der eine zweite Meinung einholen will, führt Pluijmers ebenfalls eine Untersuchung durch. »Ich erkannte, dass sein Telefon auch mit einem anderen Mast Kontakt hätte haben können. Beide Signale waren gleich stark. Die Messung der Polizei war nicht genau.« Nicht zuletzt aufgrund von Pluijmers Gutachten wurde der Verdächtige freigesprochen. »Andernfalls wäre er mit Sicherheit verurteilt worden. Eine schockierende Feststellung.«

Ich erkläre Pluijmers in allen Details, was mir Robin erzählt hat. Er denkt ebenfalls sofort an einen Nachrichtendienst, insbesondere an den britischen. »GCHQ zapft unzählige Glasfaserkabel an, und sie haben seit 1981 Erfahrung mit Spracherkennung«, sagt er. »Sie sind sehr daran interessiert, Gespräche und Daten automatisch zu identifizieren. Sie könnten die abgehörten Gespräche an Appen gegeben haben, um die Software zu verbessern.« Klingt eigentlich logisch: Sich für eine australische, statt eine britische Firma zu entscheiden, bietet weniger Anlass zu Misstrauen.

Dann rufe ich bei Vodafone an, dem Provider des früheren Freundes von Robin. Mein Ansprechpartner ist überzeugt: »Vodafone Nederland hat niemals mit der Firma Appen zusammengearbeitet, weder jetzt noch zu einem früheren Zeitpunkt.« Appen selbst behauptet ebenfalls, nicht mit »Telekommunikationsfirmen« zusammenzuarbeiten, will die Frage, ob das auch für Fahndungsdienste gelte, jedoch nicht beantworten. »Über Arbeiten, die wir im Auftrag unserer Kunden ausführen, können wir keine Auskunft geben.« Appen behauptet außerdem, die Firma sammle Daten nur mit Einverständnis der »Teilnehmer«. »Wir holen zuerst deren Zustimmung ein.« Robins Ex-Freund hat jedoch niemals zugestimmt, dass seine Gespräche mit anderen geteilt werden.

Wie so oft bleiben auch jetzt viele Fragen ungeklärt. Die Fachleute sind im Grunde einer Meinung, können aber nichts beweisen. Näher komme ich nicht heran: Falls tatsächlich der britische Geheimdienst dahinterstecken sollte, wird die Sache niemals offiziell bestätigt werden.

Immerhin verhilft es mir zu einer neuen Erkenntnis. Der technische Fortschritt hat das Abhören weltweit vereinfacht. Der britische Abhördienst GCHQ, zählt zu den größten und mächtigsten Diensten und empfängt mehr Daten als die NSA: Täglich fließt die unglaubliche Anzahl von 50 Milliarden Stückchen Internet-Metadaten durch seine Systeme. Dazu kommen noch 600 Millionen Telefon-Metadaten-Einheiten pro Tag. Anders ausgedrückt: die Daten von rund 100 Millionen

Telefongesprächen. GCHQ zapft standardmäßig 20 wichtige Glasfaserkabel an drei verschiedenen Orten an.

Wenn Datenpäckchen die Niederlande verlassen, ist die Wahrscheinlichkeit also ziemlich hoch, dass sie durch das Sieb des britischen Geheimdienstes wandern. Das Internet hält sich nicht an Landesgrenzen oder politische Beschlüsse. Ausländische Dienste dürfen zwar in den Niederlanden keine Privatkommunikation abfangen, doch wenn Vodafone die Voicemail-Kommunikation und Telefongespräche über ein Rechenzentrum in England abwickelt, kann niemand verhindern, dass GCHQ lauscht. Der britische Dienst kann sogar zu Vodafone gehen und nach niederländischer Kommunikation fragen. Die niederländische Gesetzgebung lässt das zu.

Eine bedeutsame Folge der Digitalisierung: Wir besitzen keine Kontrolle mehr über persönliche Informationen. Ein Vorfall in Belgien macht deutlich, warum das so besorgniserregend ist.

6

DIE VIELKÖPFIGE SCHLANGE

Leicht angesäuselt rufe ich aus dem Zug meinen Chef bei *de Volkskrant* an. »Ich hab's geschafft. Das letzte Puzzleteilchen ist aufgetaucht.« Ich habe mit einer belgischen Quelle stundenlang in einer Brüsseler Kneipe gesessen und ein La Chouffe nach dem anderen getrunken. Mit jedem Bier wurde die Quelle gesprächiger und rückte zuletzt sogar mit der Spionagegeschichte bei Belgacom heraus.

Belgacom ist das Watergate in der Welt der Spione: Britische und amerikanische Geheimdienste werden auf frischer Tat mitten in Europa ertappt. Die Sache beschäftigt mich seit über vier Jahren, ich habe zwei große Reportagen darüber geschrieben. Jedes Mal tauchen neue Fragen auf. Wie haben sich die britischen und amerikanischen Spione eigentlich Zutritt zu Belgacom verschafft? Welche Schritte hat die belgische Regierung unternommen, als sie herausfand, dass ihre Verbündeten Großbritannien und die Vereinigten Staaten das kleine Belgien angegriffen hatten? Und warum ausgerechnet Belgacom? Warum spielt der belgische Telekommunikationsanbieter eine so wichtige Rolle?

Zum ersten Mal habe ich die Folgen der Digitalisierung hautnah miterlebt. Briten und Amerikaner haben sich offenbar an die Kronjuwelen der Belgier herangemacht. Jahrelang hatten sie Zugang zum größten belgischen Telekommunikationsanbieter und daher auch zu allen Kundendaten des Unternehmens: Belgacom regelt den weltweiten Telefon- und Datenverkehr von 1100 Firmen, darunter auch den von immerhin 500 Mobilfunkanbietern wie KPN und T-Mobile. Die Spitzel können überall hinein: sogar in die Telefonie der NATO, der EU-Kommission und des EU-Parlamentes.

Kenner sind insbesondere vom Einfallsreichtum der Dienste beeindruckt. Alle, die es mit eigenen Augen gesehen haben, bezeichnen die Spionage als das Schlaueste, was sie je gesehen hätten. So raffiniert, so schwer zu finden, einfach wahnsinnig gut. Bereits Jahre vor der Attacke basteln die besten technischen Experten von NSA und GCHQ an den Angriffswaffen. Stundenlang diskutieren die beiden Teams über den Angriffsplan, nichts wird dem Zufall überlassen. Es darf einfach nichts schief gehen, und es geht auch nichts schief: Ende 2010 werden britische und amerikanische digitale Spione unbemerkt bei Belgacom eingeschleust.

Nur eines können die Dienste nicht vorhersehen: dass der NSA-Mitarbeiter Edward Snowden alle Details von staatsgeheimen Operationen auf einem USB-Stick speichert und diesen an Journalisten durchsticht. Im Herbst 2013 gelangt auch der schottische investigative Journalist Ryan Gallagher an diese Informationen. Als die NSA-Diskussion entflammt, schreibt Ryan, ein schüchterner Mann um die 30, für britische und amerikanische Medien zum Thema nationale Sicherheit und Privatsphäre. Er erregt mit seinen Artikeln rasch internationale Aufmerksamkeit und stößt dann zu dem Journalisten Glenn Greenwald – dem Snowden die Dokumente zuspielte – und beginnt, für Greenwalds Nachrichten-Website *The Intercept* zu schreiben. Ryan Gallagher gehört zu den wenigen Journalisten, die Zugang zu den über Hunderttausend Snowden-Dokumenten haben.

Ich treffe Ryan zum ersten Mal in Brasilien, als wir Greenwald besuchen. Wir interessieren uns beide für den Belgacom-Fall: Es ist der digitale Diebstahl des Jahrhunderts, und es gibt greifbare Beweise, denn die Snowden-Dokumente liefern tolle Einzelheiten. Man kann dort nachlesen, wie die Briten einen Systemadministrator bei Belgacom als Einfallstor auswählen und über dessen Rechner gezielt ihre hoch entwickelte Malware einschleusen. Wir sind uns jedoch beide darüber im Klaren, dass wir noch mehr Informanten benötigen: Informanten, die bereit sind zu sprechen und technische Informationen über den Hintergrund und die Bedeutung des Angriffs liefern können.

Ich kann nicht auf eigene Faust eine Geheimdienstoperation der mächtigsten Dienste rekonstruieren. Mit etwas Glück finde ich unter Umständen einen niederländischen Informanten, der bereit ist, mir etwas von Belgacom zu erzählen; bei belgischen Informanten wird die Sache schon schwieriger, von amerikanischen oder britischen Quellen ganz zu schweigen. Das würde Jahre dauern. Ryan steht vor demselben Problem: Er hat zwar Zugang zu den Dokumenten, kann aber nicht ohne Weiteres eine Quelle in den Niederlanden oder Belgien finden. Wir besiegeln unseren Pakt mit einem Handschlag und versprechen uns gegenseitig, dass wir zusammenarbeiten.

Geheimdienste bewerten Informationen nach drei unterschiedlichen Kriterien und begrenzen dadurch den Zugang: *confidential* (vertraulich), *secret* (geheim) und *top secret* (streng geheim). Britische und amerikanische Dienste ordnen ihre eigenen Informationen noch höher ein. Die Briten bewerten die drei Kriterien deswegen mit sogenannten *strap*-Niveaus: *strap 1, 2* oder *3*. Niveau 3 bezeichnet besonders sensible Daten aus Abhörsystemen oder von bestimmten Orten. Belgacom ist als *top-secret-strap-2*-klassifiziert, also ziemlich weit oben in der Skala, direkt unter dem höchsten Sicherheitsniveau. Informanten droht eine jahrelange Haftstrafe.

Über sichere Mailverbindungen tauschen Ryan und ich uns aus. Später schließt sich der belgische Journalist Nikolas Vanhecke vom *De Standaard* unserem Team an. Wir informieren einander in kurzen Chatsitzungen und greifen zu ausgeklügelten, nahezu bizarren Sicherheitsmaßnahmen, um sicher Dokumente auszutauschen. Ryan schickt über einen verschlüsselten Chatkanal ein Dokument, das mit einem langen Passwort gesichert ist. Etwas später folgt eine mit Zahlen verschlüsselte Mail, in der sich ein Hinweis auf das Passwort befindet, etwa:»Kapitel 3, erster Satz, dritter Absatz«. Über einen weiteren verschlüsselten Kanal schickt er dann den Titel des betreffenden Buches. Nur wenn jemand die gesamte Kommunikation anzapft und außerdem noch den Schlüssel knackt, kommt er an die Dokumente heran. Das Passwort für das eigentliche Dokument ist nur eine Woche lang gültig, danach kann es nicht mehr geöffnet werden.

Nach einem Jahr veröffentlichen wir im Jahr 2014 zu dritt unsere erste Reportage:»Die Briten hatten den Schlüssel«. Wir halten es für die endgültige Reportage über Belgacom. Trotzdem bleibt der Spionageskandal im Gespräch. Immer wieder werden Details bekannt, die neue Fragen aufwerfen. Warum gibt Belgacom jedes Mal unterschiedliche Antworten auf die Frage, was eigentlich passiert sei? Warum tut die belgische Regierung so, als hätte sie keine Ahnung? Und warum kommen Informanten von sich aus immer wieder auf das Thema zurück? Als wir drei Jahre später feststellen, dass Ryan ganz ähnliche Erfahrungen macht wie ich, beschließen wir, uns ein zweites Mal intensiv mit dem Belgacom-Skandal zu beschäftigen.

Die beiden mächtigen, gläsernen Belgacom-Wolkenkratzer am Bahnhof Brüssel-Nord sind nicht zu übersehen. Hier ist der Sitz eines stolzen Unternehmens mit 13 000 Mitarbeitern und einem Jahresgewinn von rund 500 Millionen Euro.

Anfang Juli 2013 herrscht im 25. Stock – wo die schimmernden Türme mit einer Brücke verbunden sind – Nervosität in der Führungsebene von Belgacom. Schon seit einiger Zeit gibt es hartnäckige Probleme mit einem internen Mailserver. Interne Mails kommen entweder nicht oder nur mit großer Verspätung an. Nach einem Update von Microsoft hat sich das Problem noch verschärft. Belgacom bittet Microsoft um Hilfe, aber die Fehlerquelle bleibt unauffindbar.

Daraufhin ruft Ivo Cools, IT-Leiter von Belgacom, Ronald Prins von FOX-IT an und bittet ihn, nach Brüssel zu kommen. »Gut«, sagt Prins. »Ist es okay, wenn ich in Freizeithose komme?« Prins verbringt gerade ein Wochenende mit seiner Familie in der belgischen Stadt Spa und hat keinen Anzug dabei. Cools: »Kein Problem.«

Die Ermittler von FOX-IT haben sich im Konferenzraum eingerichtet, Prins hat seine besten Leute nach Brüssel geschickt. Er selbst fährt regelmäßig in seinem silbergrauen Maserati in die Koning Albert II-laan und berät sich mit Cools und CEO Didier Bellens.

Die Gespräche verlaufen zusehends feindseliger. Im Unterschied zu Microsoft erkennen die Experten von FOX-IT sehr wohl, dass etwas mit dem Mailserver nicht in Ordnung ist. Sie haben dort Software entdeckt, die auf den ersten Blick von Microsoft zu sein scheint, es aber nicht ist. Die Ermittler durchkämmen daraufhin die Systeme, um Spuren eines möglichen Eindringlings zu finden.

Cools und Bellens werden ungeduldig, die Ermittlungen dauern ihrer Meinung nach viel zu lange. Sie möchten die infizierten Systeme reinigen und sich wieder dem Tagesgeschäft widmen. »Das wird zu teuer, das ist doch alles sinnlos«, sagen sie zu Prins. Der wendet ein, dass eine gründliche Untersuchung nun einmal Zeit koste. Je komplexer die Ermittlungen, desto größer das mögliche Problem. Die Untersuchung jetzt abzubrechen, sei außerdem riskant, sagt er. »Ihr wisst doch, was bei Vodafone in Griechenland passiert ist«, erinnert er die beiden Chefs.

Der griechische Casus Vodafone ist berüchtigt. Während der Olympischen Spiele 2014 wurden offenbar Hunderte griechischer Politiker abgehört, darunter auch der Premierminister. Angreifer hatten die legale Anzapfsoftware von Vodafone

Griechenland manipuliert. Das stellte sich nach einem Update der Software heraus, denn anschließend kam es zu Problemen beim Verschicken von SMS-Nachrichten. Als Vodafone Untersuchungen einleitete, entdeckte die Firma die infiltrierte Software und löschte sofort alle Spuren. Die griechischen Fahndungsdienste standen mit leeren Händen da und waren nicht in der Lage, die Täter ausfindig zu machen.

Wenig später beging ein Netzwerktechniker von Vodafone Selbstmord. Griechischen Ermittlern zufolge stand sein Tod in direktem Zusammenhang mit dem Abhörskandal. Offenbar hatte man den Mann unter enormen Druck gesetzt, damit er das Abhören verschwieg. Hinter dem »griechischen Watergate« steckte anscheinend die NSA. Wegen des unzureichenden Schutzes von Kundendaten und der Erschwerung der Ermittlungsarbeit wurde Vodafone von der griechischen Datenschutzbehörde zu einer Bußgeldstrafe von 76 Millionen Euro verurteilt.

Zähneknirschend geben Cools und Bellens nach: FOX-IT darf weiter ermitteln. Vorsichtig machen sich die Niederländer erneut ans Werk. In die Systeme von Belgacom sind kleine Sprengsätze eingebaut: winzige Datenbestände, die den Auftraggeber warnen, sobald sie geöffnet werden. Dieser weiß dann, dass er entdeckt wurde. Je tiefer die Ermittler in das System eindringen, desto mysteriöser wird die Sache. Nach zwei Wochen sind sich die Leute von FOX-IT immerhin in einem Punkt völlig sicher: Dieser Cyberangriff ist so komplex, dass dahinter ein ausländischer Staat stecken muss. Nur ausgewiesene Spezialisten können so tief in das Netzwerk eindringen und sich als Microsoft ausgeben, Fallen einbauen und sich dann verstecken.

Belgacom informiert unverzüglich alle maßgeblichen Behörden: die Bundespolizei, Cyberexperten und den belgischen Geheimdienst. Sie alle eilen Mitte Juli 2013 zu den gläsernen Hochhäusern in Brüssel. Die manipulierte Software ist so gut zusammengebaut, dass niederländische und belgische Experten sie mit allergrößter Sorgfalt untersuchen und dabei aus dem Staunen nicht mehr herauskommen. Frank Groenewegen von FOX-IT: »Bei Weitem das Beste, was ich je gesehen habe.« Ein belgischer Ermittler: »Unglaublich einfallsreich.«

Im Unterschied zu den Hackerangriffen auf DigiNotar oder KPN haben die Ermittler es diesmal mit einem professionellen Gegner zu tun. Bei der Angriffswaffe handelt es sich um sogenannte modulare Malware: Das Schadprogramm bewegt sich wie eine vielköpfige Schlange durch die 26 000 IT-Systeme von Belgacom, es passt sich der Umgebung an und legt an bestimmten Stellen Malware ab. Das Programm installiert sich sogar auf abgeschalteten, nicht mit dem Internet verbundenen Computern und verschickt von dem wieder hochgefahrenen Rechner aus unbemerkt Dokumente oder andere Daten, um sich zu verbreiten. Das Programm kann darüber hinaus Screenshots machen, es kopiert Passwörter und kann gelöschte Inhalte wiederherstellen. Malware verfügt im Allgemeinen über einige dieser Funktionen, aber dieses Schadprogramm scheint einfach alles zu können.

Nach ein paar Tagen wird das Zielobjekt deutlich: Die »Schlange« ist rings um BICS besonders aktiv, eine sehr lukrative Geschäftssparte von Belgacom. BICS ist zuständig für den Datenverkehr zwischen Mobilfunkanbietern. Es bietet ein weltweit gespanntes, riesiges Datennetzwerk, an das Hunderte dieser Anbieter angeschlossen sind und sich miteinander verknüpfen. Was der Amsterdamer Knoten AMS-IX für das Internet ist, ist BICS für die Telefonie.

Mobilfunkanbieter aus Afrika und dem Nahen Osten lassen ihre Daten über BICS laufen. BICS bietet auch *dataroaming* für Telefonieanbieter. Bei Telefonanrufen aus dem Ausland wird die Verbindung über einen ausländischen Provider hergestellt. 1,2 Milliarden Telefonkunden telefonieren, schicken WhatsApp- und SMS-Nachrichten über das Netzwerk von BICS. Wer Zugang zu BICS hat, hat Zugang zur ganzen Welt.

Die Experten sehen, dass die Schlange bei BICS Daten stiehlt. Während der Bürozeiten werden kleine Informationseinheiten in Päckchen in die ganze Welt verschickt. Sie fallen zwischen den großen Datenströmen, die täglich bei Belgacom aus- und eingehen, nicht weiter auf.

Die Ermittler wähnen sich schon auf der heißen Spur, doch als sie die Datenbestände genauer unter die Lupe nehmen, entdecken sie unverständliche Buchstaben- und Zahlenreihen. Die Pakete sind so gut verschlüsselt, dass sie nicht geöffnet werden können. Auch die Ziele der Pakete geben nichts preis: Es handelt sich um angemietete Server in Indien, Rumänien, Indonesien und den Niederlanden.

Warum interessieren sich britische und amerikanische Spione eigentlich so brennend für Belgacom? Und weshalb arbeiten die beiden Staaten so eng zusammen?

Die Antworten finden sich auf einer geheimen SDC-Konferenz, die 2009 stattfindet. An einem unbekannten Ort treffen sich vom 1. bis 15. Juni die besten Abhörspezialisten der britischen, kanadischen und amerikanischen Geheimdienste. Zusammen mit den australischen und neuseeländischen Geheimdiensten handelt es sich um einen geheimen Verbund. Die Partnerschaft besteht seit dem Zweiten Weltkrieg, seinerzeit tauschten zunächst nur England und Amerika Informationen über abgehörte deutsche und japanische Kommunikation aus.

Anschließend wurde der Austausch auch auf die Satellitenkommunikation ausgedehnt. Als Problem erwies sich dabei die geografische Begrenzung eines Satellitenbereichs: Eine Bodenstation in den USA kann keinen Satellitenverkehr im Nahen Osten abfangen. Die Amerikaner suchten also nach Verbündeten, und so entstand der Verbund Five Eyes. Gemeinsam deckten diese Länder den gesamten Erdball ab und konnten überall abhören. Der Verbund besteht nach wie vor und ist einer der mächtigsten Nachrichtendienstklubs der Welt. Einmal im

Jahr findet ein Treffen statt, und die Teilnehmer stecken die Köpfe zusammen und besprechen die neuesten Abhörtechniken. 2009 ist ein besonderes Jahr: Die Five Eyes erzielen immer schlechtere Ergebnisse beim Abhören. Sie sind technisch nicht mehr auf der Höhe und müssen dringend Maßnahmen einleiten.

Was ist eigentlich passiert?

Das Internet gewinnt rasant an Bedeutung und wächst. Mehr und mehr Länder schließen sich an das weltweite Netz an. Dadurch steigt die Anzahl der Internetverbindungen, und es lässt sich zunehmend schwieriger vorhersagen, welchen Weg die Datenpäckchen nehmen: Diese wählen vorzugsweise die schnellste und preiswerteste Route. Und je mehr Routen entstehen, desto unüberschaubarer der Internetverkehr.

Außerdem gibt es eine zweite Entwicklung im Bereich der Telekommunikationsanbieter. Diese sind dazu übergegangen, die Daten zu verschlüsseln. Per VPN-Netzwerk (*Virtual Private Network*) befördern sie die Kommunikation ihrer Kunden von A nach B. Wegen dieser Verschlüsselung können Nachrichtendienste die abgefangenen Daten nicht mehr öffnen und lesen. Dafür benötigen sie den Schlüssel des Telekommunikationsanbieters.

Diese Themen stehen im Juni 2009 auf der Tagesordnung der Konferenz. Wie können Nachrichtendienste Datenpakete abfangen und öffnen? Die britischen Abhörspezialisten vom GCHQ haben über das Problem nachgedacht und präsentieren ihre Lösung.

Das Problem betrifft alle Geheimdienste, nicht nur die Five Eyes. Sie alle stoßen an ihre Grenzen. Niederländische Quellen vermuten, dass Israel darum eine Geheimwaffe entwickelt hat. Den Informanten fällt auf, dass ehemalige Mitarbeiter des israelischen Abhördienstes Unit 8200 seit den 1990er-Jahren zahllose Hightech-Firmen aufgebaut haben, die Spionagesoftware entwickeln. Aus welchem Grund? Um ihre Kenntnisse gewinnbringend einzusetzen, oder weil sie auf diese Weise selbst abhören können? Die Firmen haben ihren Sitz häufig außerhalb Israels, denn nicht jedes Land möchte Geschäfte mit einer israelischen Firma machen.

Diese Firmen mausern sich zu den Marktführern im Bereich Spionagesoftware. Sogar die NSA setzt israelische Abhörgeräte ein. Auch die Niederlande greifen gern auf die israelische Ware zurück. Der MIVD benutzt Abhörsoftware der israelischen Firma NICE Systems, die Nationalpolizei ist Kunde bei Cellebrite, und die Landespolizei hat in ihren Abhöreinrichtungen Geräte der israelischen Firma Comverse (bis 2018) installiert. KPN wiederum vertraut auf Verint – genau wie die NSA.

Zwei niederländische Informanten aus dem Nachrichtendienst behaupten, die israelischen Firmen seien deswegen so erfolgreich, weil sie den Marktpreis unterbieten. Entsprechende Fördermaßnahmen der israelischen Regierung würden das ermöglichen. Dadurch erhalten die Betriebe einen Auftrag nach dem anderen. Sind sie im Geschäft, können sie ungehindert abhören, denn noch sind die Informationen im Netz unverschlüsselt. Ob und wie oft Israel den Zugang zu eigenen Spionagezwecken nutzt, können die Informanten nicht sagen. Als Verbündeter wird Israel nicht ausgespäht.

Ob nun Zufall oder nicht: Israelische Firmen sind außerdem auch Marktführer im Bereich der Abwicklung von Telefonabrechnungen. Mobilfunkanbieter müssen jedes Gespräch und jede Kommunikation auf WhatsApp innerhalb von 72 Stunden untereinander in Rechnung stellen. Die Software dafür liefern die israelische Firmen Mind CTI oder Amdocs. KPN, Vodafone, ABN AMRO und so gut wie alle amerikanischen Telekommunikationsanbieter benutzen oder benutzten Amdocs.

Die Rechnungen sind eine wahre Goldmine für Nachrichtendienste: Dort steht, wer mit wem Kontakt hat und welche

Nummern wichtig sind. Wie gut israelische Nachrichtendienste positioniert sind, was Informationen betrifft, geht aus dem Buch des Autors Gordon Thomas über den Mossad hervor. Dort beschreibt der investigative Journalist, wie Israel Monica Lewinsky belauschte und zuhörte, wie sie Telefonsex mit US-Präsident Bill Clinton hatte. Anschließend setzte der israelische Geheimdienst Clinton mit dem abgefangenen Material unter Druck, damit er eine Gegenspionageoperation gegen den Mossad abblies. Vor Gericht erklärte Lewinsky später unter Eid, Clinton habe ihr gesagt, dass eine »ausländische Botschaft« tatsächlich das intime Gespräch belauscht hätte.

Diese Waffen können die Five Eyes nicht mehr einsetzen, aber es gibt durchaus andere Möglichkeiten. Die Amerikaner wollen nicht warten, bis Information über das Verkehrsnetzwerk fließt, sondern sie möchten direkt an die Quelle: in das Rechnernetzwerk eines Telekommunikationsanbieters beispielsweise oder einer UN-Organisation. Eigens dafür hat die NSA eine Sonderabteilung aufgebaut, die aus der Ferne in Geräte eindringt oder diese manipuliert, bevor sie einer Organisation geliefert werden.

Ein interner Katalog der NSA, den der *Spiegel* veröffentlicht, erklärt, wie das gehen soll: Computersysteme sind aus Ebenen aufgebaut. Die wichtigsten Schalter darin sind Router und Firewalls; sie schicken den Internetstrom in die richtige Richtung und vergewissern sich, dass keine Eindringlinge da sind. Router leiten den Verkehr im Computernetzwerk. Genau wie in einem Privathaushalt läuft der Internetverkehr über den Router und wird von dort aus zu den verschiedenen Geräten geschickt: iPad, Smartphone oder Computer. Router sind daher ein beliebtes Angriffsziel der Nachrichtendienste.

Die NSA kann aus der Ferne in Router der amerikanischen Firma Juniper oder der chinesischen Firma Huawei eindringen und dort Ausspähsoftware installieren. Damit hat der Dienst permanente Kontrolle über das Gerät. Auch ein Reset oder ein

Update ändert daran nichts: Die NSA guckt weiterhin unbemerkt zu.

Mit Firewalls ist es nicht anders: Sie liegen wie eine Art Sperrbereich zwischen einem internen Computernetzwerk und dem World Wide Web, wo mit Überwachungskameras kontrolliert wird, wer hereindarf. Die NSA manipuliert die Firewall aller bekannten Anbieter, manchmal schon vor der Auslieferung. Besonders ausgebildete Mitarbeiter fangen die Lieferung ab, ersetzen bestimmte Komponenten, kleben die Box wieder zu und schicken das Ganze weiter. Eine Firewall, die wie ein Zollbeamter Hacker kontrollieren und abhalten soll, hebt jetzt den Schlagbaum just für die NSA.

Die Briten sind mit einem eigenen Plan zur Konferenz angereist. Im Vorfeld haben sie sich das Internet sehr genau angeschaut und die verwundbaren Stellen erkannt: Diese liegen bei Telekommunikationsanbietern, die für viele verschiedene Beteiligte die Kommunikation abwickeln. Belgacom und insbesondere deren Unternehmenssparte BICS regeln beispielsweise global den Datenverkehr für viele unterschiedliche Teilnehmer.

Es gibt noch einen weiteren Grund, um BICS besondere Aufmerksamkeit zu schenken. Von den drei großen Telekommunikationsprovidern, die globales Roaming in der Telefonie anbieten, befindet sich nur BICS außerhalb der USA. Aufgrund der nationalen Gesetzgebung haben die Amerikaner Zugang zu allen Roaming-Providern auf ihrem eigenen Territorium. BICS offeriert Briten, Amerikanern und ihren Partnern daher buchstäblich den Zugang zum Rest der Welt. Die anderen Teilnehmer stimmen dem britischen Plan zu.

Jetzt beginnt der schwierige Teil: der Zugang zu Belgacom. Das Unternehmen ist sehr gut geschützt. Nur mit minutiöser Vorbereitung und viel Geduld gelingt es den Briten und Amerikanern – die die Operation leiten –, ihre Mission auszuführen.

Zuerst erfolgt eine Bestandsaufnahme des Zielobjektes: Wie sieht das Netzwerk von Belgacom aus? Wo sind die Schwachstellen? Um das herauszufinden, greifen die Briten auf ihr ausgedehntes Abzapfnetzwerk zurück. Aus den vorbeirasenden Internetströmen filtern sie standardmäßig die Daten der Administratoren von Telekommunikationsbetrieben heraus. Systemadministratoren verfügen über die wichtigsten Informationen eines Netzwerkes. In den vielen Daten suchen die Briten jetzt gezielt nach IP-Adressen, die zu Belgacom gehören und finden drei geeignete.

Anschließend sammeln sie Informationen über diese drei Personen: Mailadressen, Betriebssysteme, die diese Personen benutzen, Webseiten, die sie besuchen und LinkedIn-Seiten. Cookies – winzige Textdateien, die eine Webseite auf dem Rechner des Benutzers speichert und mit denen sie dessen Surfverhalten aufzeichnet – geben Auskunft über das Online-Verhalten der drei Zielpersonen. Die Briten speichern diese Informationen ebenfalls und ermitteln daraus alle relevanten Erkenntnisse. Bei den Personen handelt es sich um einen Venezolaner und zwei Belgier.

Nach zwei Jahren Vorbereitung wissen die Briten alles über die drei: wann sie online sind, mit wem sie Kontakt haben. Der GCHQ kann jetzt den Angriff vorbereiten. Während viele Hacker eine Phishingmail schicken und hoffen, dass der Empfänger den Anhang öffnet, gehen die Nachrichtendienste raffinierter vor.

Briten und Amerikaner bauen die LinkedIn-Seiten ihrer Zielpersonen nämlich nach. Sobald der Venezolaner oder die Belgier LinkedIn besuchen, wird der Internetverkehr rasend schnell und unbemerkt vom Nutzer zur gefälschten Seite des britischen Geheimdienstes umgeleitet. Von dem Augenblick an haben die Dienste Zugang zu den Rechnern der Zielpersonen und spähen das Netzwerk von Belgacom und die Infrastruktur von BICS aus.

Nachdem sie sich gründlich informiert haben, feuern sie ihre Angriffswaffe ab: ein Virus, das sich den Weg durch Belgacom hindurch bis zu BICS bahnt. Einmal angekommen, kann das Virus Aufträge entgegennehmen: Telefonnummern suchen, alle Informationen nach Großbritannien schicken. Das Virus heißt Regin und ist eine Gemeinschaftsarbeit der Briten und Amerikaner. Es ist äußerst zielgenau, kein Nachrichtendienst der Welt besitzt eine bessere Angriffswaffe.

2011 schlüpft die vielköpfige Schlange in BICS und nistet sich im Kern der Firma ein. Es wird noch zwei Jahren dauern, bevor jemand sie bemerkt.

Der belgische Premierminister Elio di Rupo ist außer sich. Ende August hält er gemeinsam mit dem Chef des militärischen Sicherheitsdienstes, Ermittlern der Polizei und den Ministern des Rechtsministeriums und der Regierungsbehörden eine Krisenbesprechung ab. Soeben hat er erfahren, dass ein ausländischer Staat den wichtigsten Telekommunikationsanbieter von Belgien ausspäht.

Di Rupo betrachtet das als beispiellose Verletzung der Integrität seines Landes. Belgien sieht sich zum ersten Mal einer derartigen digitalen Bedrohung ausgesetzt, und der Premier will seine Haltung deutlich machen. »Belgien verurteilt den Angriff heftig«, verkündet er öffentlich. »Sollten sich die Vorwürfe bestätigen«, knurrt er, »wird die Regierung entsprechende Maßnahmen ergreifen.« Die Aufklärung der Infiltration von Belgacom erhält höchste Priorität. Die Bundesstaatsanwaltschaft, normalerweise zuständig für Terrorismusfälle, übernimmt das Dossier und leitet die Untersuchung ein. Die Angelegenheit sei von Staatsinteresse, befindet di Rupo.

In der Zwischenzeit starren Ermittler bereits seit Wochen wie gebannt auf die Schlange in BICS. Obwohl sie allerlei Bewegungen und Aktivitäten erkennen, können sie nicht ermitteln, was genau die Schlange tut. Es hat den Anschein, als gebe sie immer wieder Signale an ihren Auftraggeber. Wer ist dieser Auftraggeber? Malware enthält in den meisten Fällen Hinweise auf den Täter; man kann ableiten, wohin die gestohlenen Datenbestände wandern, es gibt Spuren der Zeitzone, in der der Code geschrieben wurde, oder Anhaltspunkte, die auf ein bestimmtes Land hindeuten. Doch die Ermittler finden keine Spuren. Die Daten gehen an Mietserver, etwa solche für Digitalspiele in Indien, und werden von dort aus weitergeleitet. Die belgische Polizei versucht, Informationen über den Mieter einzuholen, aber die Antwort lässt monatelang auf sich warten – und manchmal sogar Jahre.

Gerade als Belgacom, FOX-IT und andere Spezialisten alles für die Reinigung des gesamten Systems vorbereiten, geschieht etwas Sonderbares. Die Schlange zieht sich plötzlich mit rasender Schnelligkeit zurück. Ein Ermittler: »Ich glaube, die Angreifer wussten, dass wir sie entdeckt hatten. Sie haben auf den großen Knopf mit der Aufschrift ›Vernichten‹ gedrückt.« In unglaublich kurzer Zeit löscht die Schlange ihre gesamten Spuren und einen Teil von sich selbst; die Ermittler können nur zusehen, aber nicht eingreifen. Das Reinigen der Systeme wird abgebrochen.

Zwei Wochen später unternehmen Hunderte Belgacom-Mitarbeiter, IT-Experten der militärischen Nachrichtendienste und Ermittlungsbeamte der Polizei abermals einen Versuch, das System zu reinigen. Sie gehen überall dort entlang, wo die Schlange war, führen Neustarts der Computer durch oder löschen Inhalte auf Computern, Routern und Firewalls. Belgacom ist zuversichtlich, den Angreifer aus dem Netzwerk entfernt zu haben, und hofft, dass die Unsicherheit damit ein Ende hat.

FOX-IT hat jedoch vorsichtshalber Sensoren in dem Unternehmen belassen, die einige Tage nach der Reinigung auffällige Signale empfangen: Zwei von außen kommende Datenpäckchen wandern durch das Belgacom-Netzwerk. Päckchen, die nicht dort hingehören. Die Schlange ist wieder aktiviert. Was die Niederländer besonders beunruhigt: Ihr Weg führt durch einen entscheidenden Router der amerikanischen Firma Cisco.

Cisco-Router für große Telekommunikationsbetreiber kosten mehrere 100.000 Euro. Wer diese komplexen Router hackt, kann auch ein ganzes Netzwerk in die Hände bekommen. Wer ist dazu in der Lage? Waren die Router von BICS bereits vor dem Angriff infiziert, oder können Briten und Amerikaner sie hacken? So oder so ist es eine wichtige Entdeckung. Belgacom bittet Cisco daraufhin um Hilfe. Deren Experten bestehen jedoch darauf, die Ermittlungen allein durchzuführen. Neugierige sind unerwünscht, es handelt sich um einen hochsensiblen Bereich mit streng geheimer Software. »FOX-IT muss weg«, fordern die Amerikaner.

Belgacom gibt der Forderung nach. Das ist nicht für jeden nachvollziehbar. Ein Ermittler: »Also ist Belgacom offenbar nicht an einer unabhängigen Untersuchung interessiert.« Andere zeigen mehr Verständnis für die Forderung von Cisco. Nur Cisco kennt die Funktionsweise der eigenen Router; wenn sich herumspricht, dass diese Systeme infiziert sind, hat die Firma ein Riesenproblem.

Die niederländischen IT-Spezialisten müssen einen Geheimhaltungsvertrag unterschreiben und ihre Ermittlungen anschließend einstellen. Als sie abgezogen werden, ist die Schlange noch aktiv, und als Belgacom kurz darauf mitteilt, dass die Systeme bereinigt seien, löst das allgemeines Erstaunen aus. »Wir konnten nicht feststellen, dass der Angriff Auswirkungen auf das Telefonnetzwerk von BICS hat«, steht Mitte September in einer Pressemitteilung des Unternehmens.

In den britischen Dokumenten, die Ryan und ich über Snowden erhalten, steht schwarz auf weiß, dass der britische Dienst GCHQ Zugang zum Kern des BIC-Netzwerkes hat. »Wir sind tief im Netzwerk«, schreiben die britischen Spione. »Wir sind äußerst produktiv.« Das Angriffsziel ist erreicht: Über BICS haben Briten und Amerikaner Zugang zu Hunderten Telekommunikationsunternehmen.

Das Erstaunen wächst, als Belgacom-Manager Geert Standaert im Europäischen Parlament die Sache herunterspielt. Die jahrelange Spionage der Briten ist plötzlich nur noch ein »internes Problem«. Und: »Belgacom hat keine Hinweise, die zum Täter des soeben entdeckten Cyberangriffs führen könnten.« Die Europa-Abgeordnete Sophie in 't Veld macht anschließend keinen Hehl aus ihrer Verblüffung. »Das war völlig absurd. Jeder spürte, dass die Repräsentanten von Belgacom nicht die Wahrheit sagten«, erklärt sie belgischen Journalisten nach der Sitzung.

Als in den Medien britische und amerikanische Dokumente veröffentlicht werden, die den Angriff minutiös beschreiben, vollzieht auch die belgische Regierung eine Kehrtwende. Premier di Rupo, anfangs so empört, rudert ebenfalls zurück. »Es wäre eine Überraschung, wenn Brüssel, Hauptstadt der EU und Sitz zahlloser öffentlicher und militärischer Einrichtungen, von Cyberangriffen bewahrt bliebe«, erklärt er Ende November im belgischen Parlament. 2016 wirft der belgische Minister für Telekommunikation sogar die Frage auf, ob Belgien die britische Spionage nicht gar mitverursacht habe. »Es ist nicht auszuschließen, dass die belgischen Nachrichtendienste gesagt haben: ›Bitteschön, nur zu. Lasst euch nicht stören.‹« Auf Nachfrage will de Croo allerdings nicht erklären, wie er auf diese Idee gekommen ist.

Warum tut Belgacom plötzlich so, als sei nichts passiert? Warum ebbt die Empörung der belgischen Regierung so schnell ab, als deutlich wird, dass aller Wahrscheinlichkeit nach britische und amerikanische Spione hinter dem Angriff stecken?

Mir ist das jedenfalls unbegreiflich, bis ich mit Ryan den Vorfall ein zweites Mal rekonstruiere. Diesmal liegt der Schwerpunkt unserer Reportage auf der strafrechtlichen Untersuchung der britischen Spionage und darauf, wie die Ermittlungen der Polizei dabei geschickt behindert und ausgebremst wurden.

Kaum sind die Beamten einen Schritt weiter, müssen sie auch schon wieder zwei zurück; jedes Mal wenn sie dichter an die Auftraggeber herankommen, schlägt man ihnen die Tür vor der Nase zu.

Beispielsweise erhalten sie die Namen, Adressen und Zahlungsdaten derjenigen Personen, die Server in Indien, Rumänien, Indonesien und den Niederlanden angemietet haben und zu denen die Schlange die gestohlenen Datenbestände schickte. Die betreffenden Personen kommen offenbar aus Deutschland oder Dänemark. Die belgischen Ermittler ziehen daraufhin Erkundigungen in beiden Ländern ein. Die deutsche Adresse ist die eines Theaters, die Spur verläuft im Sande.

Das Auslesen der Bezahldaten könnte ebenfalls wichtige Hinweise liefern. Manche der Mietserver wurden mit Kreditkarten bezahlt, die in England ausgestellt wurden. Als die Polizei der Sache nachgeht, stellt sich jedoch heraus, dass es sich um anonym gekaufte Prepaid-Karten handelt. Die Ermittler stoßen auch auf englische IP-Adressen. Als sie beim britischen Außenministerium um weitere Informationen bitten, werden sie brüsk abgewiesen. »Wir haben uns entschlossen, diesbezügliche Auskünfte zu verweigern. Das Vereinigte Königreich ist der Ansicht, dass diese Anfrage unsere Souveränität, Sicherheit und die öffentliche Ordnung gefährden könnte.«

In ihrer Verzweiflung wenden sich die Ermittler auch an Europol. Die Organisation unterstützt EU-Mitgliedsstaaten bei der Bekämpfung von Terrorismus und Gewaltverbrechen. Darüber hinaus verfügt Europol über eine spezielle Cybereinheit, die Mitgliedsstaaten bei »der Aufdeckung von Cyberkriminalität innerhalb der EU« hilft. Aber Europol ist nicht zur Zusammenarbeit bereit, da sie »keine Ermittlungen einleiten wollen, die sich gegen einen Mitgliedsstaat der EU richten«. Der Chef von Europol, ob nun Zufall oder nicht, ist der Brite Rob Wainwright – ein ehemaliger Mitarbeiter des britischen Inlandsgeheimdienstes MI5.

Alle Spuren laufen ins Leere. Das Ermittlungsteam weiß, dass der britische Abhördienst hinter dem Einbruch steckt, kann es aber nicht beweisen. Der GCHQ nutzt bei seinen Angriffen »verhüllende Infrastrukturen und Zwischenbetriebe«, lesen Ryan und ich in einem Geheimdokument der Briten. »Alle Hackaktivitäten«, schreibt der GCHQ, müssen »abgestritten« werden. Kein Wunder, dass die belgischen Ermittler nicht vorankommen. Ein belgischer Beamter erzählt: »Wir kämpften gegen eine britische Cyberarmee. Uns war klar, dass wir nicht gewinnen konnten.«

Nicht einmal die Snowden-Dokumente, in denen die gesamte Operation detailliert beschrieben wird, bringen die Ermittler weiter. Um die Echtheit der Dokumente zu prüfen, wollen sie den Whistleblower in Moskau besuchen. Doch dem belgischen Ankläger missfällt der Plan: Man könnte die Amerikaner dadurch vor den Kopf stoßen.

Für die belgischen Ausreden gibt es nur eine Erklärung: Die Belgier haben die Briten und Amerikaner nötiger als umgekehrt. Beim Anschlag auf den Brüsseler Flughafen Zaventem und die Brüsseler Metro am 22. März 2016 zeigt sich das besonders deutlich. Hinter dem Anschlag steckt ein terroristisches Netzwerk, das Belgien schon länger im Griff hat und auch in Paris zuschlägt.

Im Kampf gegen den Terrorismus ist Belgien auf die Nachrichtendienste größerer Staaten wie Frankreich, Großbritannien und der Vereinigten Staaten angewiesen. Als ein Mitglied des Terrornetzwerkes beerdigt wird, schaltet Belgien die NSA ein, und die Massenüberwachung des Dienstes macht auf den Führer Salah Abdeslam aufmerksam. In diesem Spiel ist Belgacom nur ein kleiner Fisch. Ein belgischer Ermittlungsbeamter: »Briten und Amerikaner helfen uns im Kampf gegen den Terrorismus. Wir hatten den Eindruck, dass wir ihre Hilfe nicht durch eine Untersuchung des Belgacom-Vorfalls aufs Spiel setzen durften.«

Das Unternehmen selbst hat noch eigene, andere Motive: Es will die Beziehung zu Kunden und Anteilseignern nicht gefährden. Das ist keine Ausnahme, so entscheiden sich viele Unternehmen nach einem Spionageangriff. Nach außen hin heißt es bei Belgacom, alles sei in bester Ordnung, während intern weitreichende Maßnahmen getroffen werden. Die geschädigte Infrastruktur wird erneuert, man rekrutiert in aller Eile verantwortungsbewusste Hacker und teilt das Unternehmen in getrennte Netzwerke auf, die Infiltrationen erschweren. Belgacom schätzt den Schaden auf insgesamt über 15 Millionen Euro, und die Investitionen in präventive Sicherheitsmaßnahmen belaufen sich auf weitere 46 Millionen Euro. Belgacom benennt sich um, an den gläsernen Wolkenkratzern prangt jetzt der neue Name ›Proximus‹. Nichts soll mehr an die britische Spionage erinnern.

Jahrelang hören die Briten die Kommunikation von höchstwahrscheinlich mehreren Hundert Millionen Kunden ab, niemand kann oder will sie daran hindern. Es sind so mächtige Interessen im Spiel, dass die belgische Regierung es hinnimmt, dass Briten und Amerikaner den größten belgischen Telekommunikationsanbieter besitzen. Sogar das Unternehmen selbst ist bereit, den Vorfall zu leugnen.

Ein technischer Experte, der im Sommer 2013 zur Aufklärung hinzugezogen wurde, erzählt später, seiner Überzeugung nach säßen die Briten nach wie vor im Netzwerk des Unternehmens. Es sei unmöglich, die Systeme dauerhaft zu bereinigen. Ein infizierter Cisco-Router lasse sich zwar durch einen anderen ersetzen, aber der neue könne eben auch wieder infiltriert sein. Der Experte: »Wenn die Briten und Amerikaner es auf dich abgesehen haben, bist du machtlos.«

Das ist also die Geschichte von Belgacom: Briten und Amerikaner sind technisch so überlegen und mächtig, dass sie überall und jederzeit zuschlagen können. Regin, die vielköpfige

Schlange bei Belgacom, wird später auch bei einem persönlichen Mitarbeiter der Bundeskanzlerin Angela Merkel entdeckt. Und die Schlange schleicht sich in Unternehmen in Pakistan, Indien, der Türkei, im Iran, in Argentinien, Nordkorea, den Vereinigten Arabischen Emiraten, Irland, Südafrika und Zimbabwe ein.

Der große Telekom-Betreiber Belgacom und der unbedeutende, arme somalische Hirte Omar waren beide chancenlos gegen die digitale Gewalt, die gegen sie ausgeübt wurde. Wo hätten sie ihre Klagen äußern oder ihre Rechte einklagen sollen?

Die Digitalisierung verändert die Haftungsfrage: Omar hat den Mörder seiner beiden Töchter nie gesehen, und Belgacom weiß nicht, wer das Unternehmen angegriffen hat. Ein auf frischer Tat ertappter Spion wird des Landes verwiesen, aber digitale Spione bleiben anonym. Sie können größere Risiken eingehen, Angriffe über einen längeren Zeitraum durchführen und müssen sich nur im Ausnahmefall über eine Verfolgung Gedanken machen. Außerhalb ihres eigenen Landes tragen sie keine Verantwortung und stehen so gut wie nie im Rampenlicht. Sie greifen Einzelpersonen und Unternehmen an, überwältigen sie und stehlen sich anschließend klammheimlich und unbehelligt davon.

Es gibt aber noch einen weiteren Anlass zur Sorge: Was die Briten und Amerikaner können, das können auch andere Staaten – und sie gehen dabei ganz eigene Wege.

TEIL III

WIE GEHT ES WEITER?

7

ZU NAH DRAN

Hier, direkt vor mir, hinter der schwarzen Tür mit dem antiken silbernen Türgriff, wohnt also angeblich der meistgesuchte Hacker der Welt – ein 33-jähriger Mann, der sich seit Jahren vor dem amerikanischen FBI versteckt. Barack Obama hat ihn auf die Sanktionsliste gesetzt, eine seiner letzten Amtshandlungen als Präsident. Hinweise, die zu seiner Festnahme führen, belohnt der amerikanische Staat mit 3 Millionen Euro – die höchste Summe, die je auf einen Hacker ausgesetzt wurde.

Im Frühling 2017 stehe ich im 14. Stock eines gelben Hochhauses im russischen Anapa. Anapa ist ein Badeort für junge russische Familien; es gibt einen heruntergekommenen Vergnügungspark und Männer, die Äffchen an Seilen herumführen. Neben den Hochhäusern, unmittelbar vor dem Schlagbaum, steht ein schwarzer Jeep Grand Cherokee mit dem Kennzeichen O400YO. Genau die Sorte Fahrzeug, in der der glatzköpfige, 1,75 Meter große Mann laut FBI-Fahndungsbericht gern unterwegs ist. Gemessen an seinen gewaltigen Einkünften ein eher bescheidener Wagen. Schätzungen zufolge beläuft sich sein Vermögen auf mehrere Hundert Millionen Dollar.

Der Mann heißt Jewgeni Bogatschow. Er hat über eine Million Rechner mit Schadsoftware infiziert und für digitale Banküberfälle benutzt. Finanzbetrug ist sein Spezialgebiet: Mit gestohlenen Finanzdaten räumt er Bankkonten leer. ABN AMRO gehörte zu seinen ersten Opfern, Tausende anderer Einrichtungen folgten, unter anderem das Konto einer Polizeidienststelle in Massachusetts, Krankenhäuser und

Hunderte willkürlich gewählter Einzelpersonen, die er online mit Software erpresst hat.

Bogatschow ist jedoch nicht nur ein smarter Hacker, sondern auch ein außergewöhnlich talentierter Unternehmer, der eine große Organisation führt und seine geraubten Millionen in Immobilien in Anapa investiert. Seine Macht und sein Netzwerk machen ihn zu einem interessanten Partner für russische Sicherheitsdienste, die seine Kenntnisse und Fertigkeiten gut brauchen können. Die Amerikaner beschuldigen ihn der Spionage.

Wer ist dieser geheimnisvolle Russe? Und warum ist er noch auf freiem Fuß? Im Treppenhaus vor seiner Wohnungstür ist es still, nur der Stromzähler tickt. Eine rohrförmige Überwachungskamera späht von oben direkt auf mich herab: Ich drücke auf die weiße Klingel, auf der mit Bleistift die Nummer 223 steht.

Vor ein paar Monaten hätte ich nicht gedacht, dass ich je nach Anapa kommen würde. Ich lese viel über russische Spionage, die weiterhin zunimmt, insbesondere im digitalen Raum. Ein Name fällt dabei auffallend oft: Bogatschow. Warum ist er so wichtig für die Russen? Ich befrage verschiedene Informanten, wie immer bei einem neuen Thema. Mit manchen telefoniere ich, mit anderen verabrede ich ein Treffen.

Der Ertrag ist dürftig. Ich habe nicht mehr viel Einblick in die Aktivitäten der Geheimdienste, der Strom an NSA-Dokumenten ist ausgetrocknet. Quellen, die mir früher weiterhelfen konnten, wissen nichts von neuen Operationen. In dieser Zwangspause gibt die Zeitung mir Zeit und Raum für eine neue Reportage und erwartet im Gegenzug eine Enthüllungsstory. Danach sieht es im Winter 2016 nicht unbedingt aus. Ich bin nervös.

Die besten Quellen sind Personen, die ihre Tätigkeit beim Geheimdienst gerade aufgegeben haben. Sie sind gut informiert und fühlen sich nicht mehr strikt an Geheimhaltungs-klauseln gebunden. Der Nachteil: Über neue verdeckte Opera-tionen wissen sie nicht mehr Bescheid. Deshalb bin ich ständig auf der Suche nach neuen Kontakten.

Dafür benötige ich zuerst Namen von Nachrichtendienst-mitarbeitern. Geheime Namen. Wochenlang treffe ich mich mit früheren Quellen und versuche, neue Namen herauszufinden. Schließlich ergeben sich drei Kontakte: Häufig sind es Kolle-gen meiner Quellen und Mitarbeiter des AIVD oder des MIVD.

Anschließend muss ich die Adressen herausfinden. Mit-arbeiter von Nachrichtendiensten benutzen keine sozialen Medien und posten ganz sicher kein Foto ihres Hauses auf Facebook. Das wäre viel zu riskant. In einem Fall stoße ich immerhin auf ein LinkedIn-Profil, allerdings ohne Wohnort oder andere Informationen, die mir Anhaltspunkte über die Adresse liefern könnten. LinkedIn macht Vorschläge, auf welche Profile Besucher ebenfalls gehen, wenn sie diesen Namen su-chen. Auf der Liste steht eine Frau. Könnte das vielleicht die Ehefrau des Gesuchten sein?

Genau wie ihr Mann wohnt sie in Den Haag, lese ich auf ihrem Profil. Auffallend ist außerdem, dass sich, laut CV, die Perioden ihrer Auslandsaufenthalte mit denen ihres Mannes decken. Als ich ihren Namen und den Wohnort auf der Web-seite des Grundbuchamtes eingebe, wird eine Adresse ange-zeigt. Volltreffer.

Auf ähnliche Weise finde ich auch die Adresse eines ande-ren möglichen Informanten heraus. Seine Frau ist auf Face-book mit Personen befreundet, die auf den ersten Blick scheinbar Unbekannte sind. Als ich sie genauer unter die Lupe nehme und die Adressen in Google Maps eingebe, zeigt sich jedoch, dass alle nah beieinander wohnen. »Nachbarn«, sozusagen. Das führt mich zum Ziel: Vor Ort entdecke ich später auf einem der Türschilder den Namen der gesuchten Person.

Aber wie geht es dann weiter? Wie nimmt man anschließend Kontakt auf? Die ersten Sätze sind entscheidend. Ich arbeite nicht verdeckt, sondern stelle mich sofort als Journalist vor. Die Frage ist nur, ob ich das erst sage, wenn ich schon vor der Tür stehe oder es bereits durch die Gegensprechanlage mitteile. Das entscheide ich von Fall zu Fall. Klingt jemand erschrocken, dann komme ich meist gleich zur Sache. Hört sich die Stimme eher entspannt und neugierig an, ist es manchmal besser, erst hineinzugehen und dann den Grund meines Besuches zu erklären. Die nächste Frage: Welcher Zeitpunkt ist günstig? Tagsüber ist niemand zu Hause, abends ist Besuch eher unerwünscht.

Mit meinem Kollegen Tom Kreling von *de Volkskrant* stehe ich an einem regnerischen Abend vor dem Haus des inzwischen verstorbenen Gerard Bouman, ehemaliger Direktor des AIVD und anschließend Leiter der Nationalpolizei. Wir schreiben an einer Reportage, in der er eine Rolle spielt, und wollen ihm vorab, ohne offiziellen Sprecher, die Gelegenheit zu einer Gegendarstellung geben. So kann er inoffiziell und *off the record* mit uns sprechen. Sobald wir einen offiziellen Sprecher benachrichtigt haben, ist diese Möglichkeit vom Tisch: Dann weiß mindestens eine andere Person, dass Bouman mit uns gesprochen hat.

Bouman wohnt in der Nähe von Rotterdam. Sein Haus liegt nicht direkt an der Straße, es gibt eine Gegensprechanlage. Wir versuchen erfolglos, über die Anlage Kontakt aufzunehmen; nachdem wir noch eine Weile gewartet haben, fahren wir wieder nach Amsterdam zurück.

Am darauffolgenden Tag versuchen wir es erneut. Ich bin der Meinung, dass im Haus Licht brennt. Wir klingeln. Nichts. Wir laufen zum Eingang, warten kurz, laufen wieder zurück. Wir klingeln ein zweites Mal. Zuerst herrscht Stille, dann leises Knistern und ein deutlich verärgertes: »Ja?«

»Guten Tag, Herr Bouman, ich bin Journalist von …«

Tuut-tut. Tuut-tut. Er hat die Verbindung unterbrochen. Mist.

Im Auto schicken wir ihm eine SMS. Wir möchten ihm gern erklären, worum es geht und ihm Gelegenheit geben, sich zu unserer Reportage zu äußern.

»Haut ab!«, schreibt er zurück.

Als wir auf der A4 zurückfahren, ruft uns ein Sprecher der Nationalpolizei an.

»Herr Bouman fühlt sich von Ihnen belästigt. Ich fordere Sie daher auf, jedes weitere Stalking zu unterlassen.«

Im Auftrag von Bouman kontaktiert später sogar sein Sprecher die Chefredaktion von *de Volkskrant* und beschwert sich über uns.

Dieses Risiko besteht bei Besuchen vor Ort immer: Nur in Ausnahmen reagiert jemand begeistert. Auch Arbeitgeber werden häufig äußerst kratzbürstig, wenn wir auftauchen. Das gilt zumindest ganz sicher für den AIVD. Nachdem ich mehrere Mitarbeiter des Dienstes zu Hause aufgesucht habe, werde ich nach Zoetermeer einbestellt. Sie sind richtig wütend: Angeblich gefährde ich durch meine Besuche die Sicherheit der Angestellten. Ich bin anderer Ansicht: Ich parke niemals vor der Tür, achte darauf, dass mir niemand folgt, und mein Telefon nehme ich bei diesen Besuchen sowieso nicht mit. »Außerdem«, füge ich hinzu, »kann ich als Journalist doch nichts anderes tun, als auf jemanden zugehen, mich vorstellen und fragen, ob derjenige zu einem Gespräch bereit wäre. Wenn die Person ablehnt, dann war es das.«

Ich soll dem AIVD versprechen, in Zukunft keine Mitarbeiter des Dienstes zu Hause zu besuchen. Ich weigere mich. Journalisten haben das Recht, Fragen zu stellen, ebenso wie Befragte das Recht haben, nicht zu antworten.

Mit einer der drei Personen, die ich aufgespürt habe, komme ich ins Gespräch. Wir senden uns verschlüsselte Nachrichten. Wenn ein neues Thema in der Presse auftaucht oder ich etwas interessant finde, frage ich ihn, wie er darüber denkt. Nach ein paar Monaten treffen wir uns zum ersten Mal zum Mittagsessen.

Ich habe mehrere solcher Kontakte, manchmal chatte ich ganze Abende lang mit drei oder vier Personen. Manche erklären mir technische Hintergründe und schicken mir gelegentlich unverständliche Nachrichten wie:»Ich glaube, weil sie da Sneier-Software benutzen.« Andere sind gut informiert über Nachrichtendienste. Dadurch kann ich besser einschätzen, ob ein Ereignis wirklich Nachrichtenwert hat und wie gut meine Quellen informiert sind.

Jetzt treffe ich einen neuen Informanten an einer Raststätte. Zuerst erzähle ich ein bisschen von mir selbst; anschließend vereinbaren wir, dass es bei dem Gespräch vor allem um Hintergrundinformationen gehen soll und sprechen dann über eine Reihe von Themen. Ich überlege mir im Vorfeld jeweils, über welche Operationen die Quelle informiert sein könnte. Manchmal fällt die Antwort sehr kurz aus. »Nein, noch nie gehört.« Manchmal etwas ausführlicher. »Kommt mir bekannt vor, das sollten Sie sich genauer ansehen.« Je länger der Kontakt, desto besser lässt sich die Quelle einschätzen. Sie sind alle unterschiedlich, bei manchen reicht schon ein einfaches Nicken, bei anderen muss man genau nachhaken. Manche sind sehr direkt, andere bleiben vage. Manche übertreiben, andere sind vor allem auf Sicherheit bedacht.

Eitelkeit kann dabei durchaus eine Rolle spielen, aber meistens ist ein gemeinsames Interesse ausschlaggebend: die geheimnisvolle Aura der Nachrichtendienste. Da in den Diensten alles streng vertraulich ist, wissen die Quellen auch nur zum Teil, was vor sich geht. Sie sind mitteilsamer, wenn ich selbst gelegentlich durchblicken lasse, was ich über bestimmte Operationen weiß. Vielleicht ist es beruhigend zu wissen, dass sie mit einem Insider sprechen und außerdem eindeutig nicht die einzigen sind, die mit einem Journalisten Kontakt haben.

Während das Thunfisch-Sandwich serviert wird, kommt das Gespräch auf Russland. In den Jahresberichten der Dienste nimmt das Land immer mehr Raum ein. Die von Russland ausgehende Gefahr wächst, und zwar vor allem im digitalen Bereich. »Wie ist das eigentlich? Wie arbeiten die Russen, und wie gut sind die niederländischen Dienste über Russland informiert?« Meine Frage zielt darauf ab, mehr über den Informationsstand der Dienste zu erfahren. Die Quelle berichtet daraufhin von einem bestimmten russischen Hacker: Bogatschow. Er ist berüchtigt und gilt als der Pablo Escobar der digitalen Welt. »Vielleicht wissen die Niederlande etwas über ihn«, fügt er hinzu.

Nicht selten bleibt es bei solchen vagen Informationshäppchen. Dann versuche ich, über andere Quellen weiterzukommen, die die Informationen bestätigen. Häufig ohne Erfolg. Viele solcher Häppchen und erster Hinweise gehen Jahr für Jahr verloren, da ich nicht weiterkomme. Was Bogatschow betrifft, komme ich jedoch erstaunlich flott voran. Eine Quelle nach der anderen kennt seinen Namen, offenbar hat er es zu einer gewissen Berühmtheit gebracht. Knapp vier Wochen später habe ich bereits ein recht detailliertes Bild des berüchtigten Russen, und die Reportage ist so gut wie fertig.

Die Geschichte von Bogatschow erklärt auch, warum die Niederlande in digitaler Hinsicht ganz vorn mitspielen. Bereits 2007 leitet die niederländische Polizei, die damals noch nichts von Bogatschow weiß, gemeinsam mit FOX-IT eine breit angelegte Fahndung nach russischen Kriminellen ein.

In demselben Jahr sind bei der Bank ABN AMRO große Summen von Kundenkonten verschwunden. Merkwürdigerweise weist dabei alles auf die Kunden selbst hin. Es sieht aus, als hätten sie das Geld eigenhändig überwiesen. Ihr Benutzername, ihr Passwort und sogar ihre IP-Adresse wurden dabei benutzt.

ABN AMRO ist nicht die einzige Bank, die mit digitaler Kriminalität zu kämpfen hat. Ende der 1990er-Jahre wird Internetbanking zunehmend populär in den Niederlanden, und Kriminelle lassen sich alles Mögliche einfallen, um an das Geld zu kommen. Weil sich das Internet in den Niederlanden so rasch verbreitet – ein kleines Land, gute Verbindungen und staatliche Subventionen, um großflächig Internetverbindungen bereitzustellen – und Internetbanking sich rasch durchsetzt, gehören die Niederlande zu den weltweit am schnellsten digitalisierten Ländern.

Das lockt auch Kriminelle an. Mitarbeiter der ING-Bank entdecken ein schwarzes, mit Klebeband befestigtes Kästchen unter einem Schreibtisch. In der sommerlichen Hitze hat sich das Klebeband gelöst. Bei dem Kästchen handelt es sich allem Anschein nach um einen Sender: Kriminelle können die Tastatur übernehmen und einfach per Babyfon – überall zu kaufen – den Bankangestellten sozusagen über die Schulter schauen. Sobald diese nicht am Platz sind, können die Eindringlinge aus der Ferne Gelder überweisen.

Bei ABN AMRO haben rumänische Diebe die Chips der sogenannten *e.dentifier* in den Automaten der Bankfilialen manipuliert. Die Kunden führen ihre Bankkarte ein, überweisen Geld, während das kleine Gerät unbemerkt den Magnetstreifen kopiert. Einmal in der Woche kommen die Kriminellen in der Filiale vorbei, schieben eine Smartcard in das Gerät, lesen den Chip mit den Informationen auf dem Magnetstreifen und die PIN-Nummern aus und plündern anschließend die Konten. In Rumänien werden diese gefälschten *e.dentifier* im großen Stil in Fabriken hergestellt.

Die rätselhaften Vorgänge im Jahr 2007 sind erheblich schwieriger aufzuklären. In den Systemen der ABN AMRO sind keine Auffälligkeiten zu sehen, aber die Opfer beharren darauf, dass sie das Geld nicht selbst von ihrem Konto abgehoben haben. Um die Sache aufzuklären, beauftragt ABN AMRO Ronald Prins. Wird er das Rätsel lösen?

Die technischen Kenntnisse von Prins und FOX-IT sind immer gefragter. Der energische Den Haager verkörpert geradezu die schnelle Digitalisierung der Niederlande. Als er seinen Abschluss in E-Cash am CWI (Institut für Mathematik und Informatik) macht, experimentieren Wissenschaftler dort noch mit den Frühformen des Internets. Mitte der 1990er-Jahre knackt Prins codierte Excel-Dateien der beiden Kriminellen Johan V. und Etienne U.; er installiert die erste Anzapfsoftware der Polizei im Rechner des Buchhalters von Etienne U. und später, als Mitarbeiter des AIVD, zum ersten Mal Software dieser Art bei einem Terrorverdächtigen.

Prins ist nicht als Einziger mit den Raubzügen bei der ABN AMRO beschäftigt. Die niederländische Polizei interessiert sich ebenfalls dafür. Neuerdings befasst sich dort ein Sondereinsatzteam ausschließlich mit digitaler Fahndung: das Team High Tech Crime. Martijn van de Beek, ein ehrgeiziger, schmächtiger, aber verschmitzt wirkender Polizist, ist der Leiter des Teams. Van de Beek denkt in großen Zusammenhängen und über Grenzen hinweg. Er ist davon überzeugt, dass im Kampf gegen digitale Kriminalität internationale Kontakte notwendig sind; auf sich allein gestellt, kommen die Niederlande nicht weit.

Die Causa ABN AMRO gibt van de Beek recht. Monatelang treten die technischen Experten auf der Stelle, bis sie endlich einen letzten Versuch starten und die Rechner der geschädigten Personen genauer untersuchen. Ergebnis: Alle Rechner sind mit demselben Virus infiziert, das seine Entwickler »ZeuS« getauft haben.

Die Malware ist bei Ermittlern berüchtigt und unter Cyberkriminellen bekannt. Das Programm ist ein Meisterwerk. Es liest Informationen wie Log-in-Benutzernamen, Passwörter und Adressen aus und dringt über Mailanhänge ein, die unvorsichtige Nutzer öffnen. Dieses äußerst raffinierte Schadprogramm baut die Anmeldeseite einer Bank exakt nach, sobald ein Kunde sich einloggen will, schiebt es das gefälschte Fenster vor die Anmeldeseite der Bank. Der ahnungslose Kunde füllt anschließend nicht die Webseite der Bank, sondern die Seite des Hackers aus. Dieser kann den Nutzer sogar innerhalb gewisser Zeitabstände um Zusatzinformationen bitten, etwa Sicherheitsfragen stellen, Telefonnummern oder Codes erfragen, die Banken zur Sicherheit an Kunden ausgeben. Mithilfe dieser Daten werden dann die Konten der Opfer geräumt.

Gegen diese Form der Kriminalität ist man nahezu machtlos: Die Malware ist sehr effektiv, und die Entwickler sind gut hinter anonymen Browsern versteckt. Nicht nur die ABN AMRO, auch viele andere Banken in Europa und den USA werden angegriffen, und der Schaden beläuft sich auf mehrere Hundert Millionen Euro. Selbst wenn viel Internetverkehr durch die niederländischen Datenzentren fließt, sind die Täter doch weit entfernt. Wenn die niederländische Polizei außerhalb ihrer Landesgrenzen nach ihnen suchen will, muss sich Martijn van de Beek etwas einfallen lassen.

Aus diesem Grund fliegt van de Beek im Herbst 2007 nach Russland. Eine Tupolew bringt ihn von Moskau nach Chabarowsk, nahe der chinesischen Grenze. Dort besucht van de Beek den Kongress des russischen Sicherheitsdienstes FSB.

Nachdem der Leiter des FSB den Kongress offiziell eröffnet und der russische Präsident Putin ebenfalls ein paar kurze Begrüßungsworte gesprochen hat, ist der Niederländer an der Reihe. Van de Beek weiß, dass sich Vertreter aller möglichen Nachrichten- und Ermittlungsdienste im Saal befinden: CIA, FBI, Mossad, der deutsche BND und der südafrikanische Geheimdienst. Nachrichtendienste treffen sich regelmäßig, unabhängig von offiziellen politischen Differenzen. Über einige Themen, etwa digitale Kriminalität oder Terrorismus, sind gute Gespräche möglich.

In Chabarowsk werden Hände geschüttelt, Visitenkarten ausgetauscht, kurz: die bei Konferenzen üblichen Netzwerkaktivitäten. Aber van de Beek hat Größeres im Sinn. Mit einem gewagten Plan möchte er das Vertrauen der Russen gewinnen.

Die größte digitale Gefahr, so viel weiß er inzwischen als Leiter des THTC (Team High Tech Crime), kommt nämlich aus Russland. Das Internet übt eine unwiderstehliche Anziehungskraft auf junge, arbeitslose Russen aus; es ist für sie der schnelle Weg zu Reichtum und Macht. Van de Beek hält eine viel beachtete Rede. Zuerst rühmt er die Fähigkeiten des russischen FSB und bedankt sich dann ausgiebig für die »wunderbare« Zusammenarbeit. Ohne russische Hilfe stünden die Niederlande im Kampf gegen Hacker auf verlorenem Posten, erklärt er.

Während van de Beek spricht, entgehen ihm die verblüfften Mienen der anderen Geheimdienstrepräsentanten nicht. »Arbeiten die Niederlande und der FSB denn wirklich so gut zusammen?«, scheinen sie zu überlegen. Der Kunstgriff ist erfolgreich; in der Pause kommen mehrere FSB-Agenten auf van de Beek zu, bedanken sich für die schöne Rede und tauschen Visitenkarten mit ihm. Sie möchten gern mehr gegen den digitalen Missbrauch unternehmen, sagen sie.

Die Kontakte, die van de Beek während dieser Konferenz knüpft, bilden die Grundlage einer guten Zusammenarbeit zwischen der niederländischen Polizei und dem FSB. Hilfreich ist außerdem, dass der niederländische Polizeirepräsentant in Moskau, Ludo Pals, mit russischen Sitten bestens vertraut ist: dass man beispielsweise gern großspurig mit dem Auto auf dem Bürgersteig vorfährt und brutale, tiefschwarze Witze schätzt. Pals verschafft sich endgültig Respekt bei den Russen, als er die Elitetruppe des Sicherheitsdienstes, die Speznas, bei einem Schießwettbewerb besiegt.

Aber kann der FSB den Niederländern auch dabei helfen, die Angreifer von ABN AMRO aufzuspüren?

Ronald Prins und van de Beek sind überzeugt, dass der Entwickler von ZeuS aus Russland kommt. Das Problem dabei ist: Bisher können sie es noch nicht beweisen. Gemeinsam hecken sie einen Plan aus. Die Angreifer kommunizieren untereinander über das Chatprogramm ICQ. Der Chatverkehr läuft über die Server des niederländischen Leaseweb, das damals 27 Prozent des gesamten europäischen Datenverkehrs abwickelt. »Eine sehr schnelle Internetverbindung, relativ günstige Produkte sowie ein hohes Maß an Freiheit und Anonymität« tragen einem internen Polizeibericht zufolge wesentlich zu dem Erfolg von Leaseweb bei. Unter den Kunden sind auch jede Menge Kriminelle.

Der ICQ-Verkehr auf Leaseweb ist unverschlüsselt. Unter Leitung von van de Beek greift das Polizeiteam zu einer ungewöhnlichen Maßnahme: Für einen kurzen Zeitraum soll der gesamte russische ICQ-Verkehr bei Leaseweb angezapft und ausgelesen werden. Vielleicht finden sich Hinweise auf die Gruppe hinter ZeuS.

Um Daten abzuschöpfen, investiert die Polizei 600.000 Euro in das Ausspähgerät P10. Es analysiert Internetverkehrsinhalte mit einer sogenannten *deep packet inspection* und durchsucht die vorbeirasenden Datenpakete nach spezifischen Kennzeichen wie Absender, Größe, Nachrichtensorte. Die Technik ist umstritten, da sie auch die Privatkommunikation von Nutzern scannt. Länder wie China durchsuchen mit DPI das Internet nach unerwünschten Inhalten.

Im Herbst 2008 hat das Team High Tech Crime alles vorbereitet. Die Niederländer bitten ausländische Dienste beim Auswerten des ICQ-Verkehrs um Hilfe, denn letztlich handelt es sich um ein gemeinsames Problem: ZeuS schlägt überall auf der Welt zu. Für die Operation benötigt die Polizei die ICQ-Nummern polizeilich bekannter Krimineller. Der ukrainische Geheimdienst reagiert prompt auf die niederländische Anfrage, anschließend treffen Informationen aus Deutschland und

England ein. Erst drei Monate nach der Anfrage liefert auch der FSB eine Liste. Van de Beeks Rede hat sich ausgezahlt. Insgesamt erhält die niederländische Polizei 436 ICQ-Nummern. Nachdem die erforderliche Unterschrift des Staatsanwaltes Lodewijk van Zwieten unter dem Abhörantrag steht, kann es losgehen. P10 saugt die Datenpäckchen bei Leaseweb in den Niederlanden ab, und die ersten Gespräche gehen ein. Die Ermittler in Driebergen lesen neugierig die Nachrichten. Tagein, tagaus werden Chats in die Rechner der Polizei geleitet. Auf den ersten Blick ist es ein einziges Durcheinander: undeutliche Benutzernamen, kurze Chats. Allmählich zeichnet sich jedoch ein klareres Bild ab. Anscheinend gibt es einen Mann an der Spitze. Alle sprechen über ihn, er ist auf vielen Foren aktiv oder erstellt neue. Die Polizei nennt den Mann »Umbro«, nach einem seiner vielen Decknamen. Er nennt sich auch »Lucky12345«, »Monster« und »Slavik«. Er kommuniziert auf Russisch, wohnt angeblich auf den Seychellen, hat Frau und Kind, »betreibt« ein Restaurant und dirigiert ein umfangreiches kriminelles Netzwerk. Wichtigste Erkenntnis: Dieser Mann ist der Entwickler von ZeuS, dem Virus, das europäische und amerikanische Banken angreift. Die Entwicklung habe drei Jahre lang gedauert, behauptet er in ICQ-Gesprächen. Er installiert weiterhin Updates und verkauft das Schadprogramm, wie die Polizei feststellt.

Zum ersten Mal ist das Netzwerk hinter ZeuS sichtbar. Aufgrund der großen inländischen Rechenzentren spielen die Niederländer eine wichtige Rolle: Durch das Anzapfen des ICQ-Verkehrs ist das kriminelle Netzwerk auch für ausländische Dienste zugänglich. Dieser Erfolg ist ein Anreiz zur verstärkten Zusammenarbeit, wobei jedes Land seinen Beitrag leistet: Der FSB liefert die Identitätsdaten der russischen Hacker, die Niederlande hören Kommunikation ab und das FBI, besonders leistungsstark im Infiltrieren krimineller Foren, unterstützt die Fahndung. Bald wird deutlich, dass Umbro der führende Kopf hinter dem Angriff auf ABN AMRO und zahlreiche andere europäische und amerikanische Banken ist. Die Ermittler müssen nur noch seine Identität aufdecken und ihn lokalisieren.

Es ist nichts zu hören, die Klingel der Wohnung Nummer 223 funktioniert offenbar nicht. Ich spüre, wie die Kamera mich mit Adleraugen beobachtet. Die Stimmung bei meinem zweiten Russlandbesuch ist wesentlich angespannter als damals bei meinem Treffen mit Snowden in Moskau. Passanten, die ich gemeinsam mit meinem Dolmetscher auf der Straße anspreche, reagieren ausweichend auf Fragen nach Bogatschow und machen abweisende Handbewegungen. »Ich kann Ihnen nicht helfen.« Dabei müssen die Leute ihn kennen: Er investiert seine kriminellen Millionen in Immobilien in dieser Gegend. Aber anscheinend haben alle Angst, über ihn zu reden.

Am Morgen bin ich mit dem Dolmetscher zum rund 15 Kilometer entfernten Hafen gefahren, in dem eine der prächtigen Jachten Bogatschows liegen soll. Es ist nicht viel los, die Umzäunung mit Kameraüberwachung hält Neugierige ab. Wir gehen zu einem Landungssteg in der Nähe, um die Jacht besser zu sehen. Fischer starren bewegungslos und mit zusammengekniffenen Augen ins Wasser. Ein Laster liefert Coca-Cola-Kühlschränke ab, die Aufschrift *SOTSJI* prangt darauf; ausrangiert nach den Olympischen Winterspielen.

Als wir den Pier entlanggehen, folgt uns ein Mann mit Sonnenbrille, gepflegten Lederschuhen und Polohemd. Er hält noch großen Abstand zu uns. Knapp hinter ihm stoßen von verschiedenen Seiten noch drei Männer und eine Frau dazu. Die Frau hat eine Kamera dabei und macht Aufnahmen von uns. Sie kreisen uns von Weitem ein und lassen uns nicht aus den Augen.

Ich werde leicht nervös. Wer sind die Leute? Was wollen sie? Vorsichtig machen wir auf dem Steg kehrt und gehen zurück Richtung Hafen. Die fünf fixieren uns unverwandt und schließen den Kreis um uns enger. Sie rücken langsam heran. Als der Dolmetscher den Mann mit der Sonnenbrille fragt, was er will, antwortet der: »Wir können euch auch gleich umbringen.« Dann grinst er. Schweigend folgen sie uns bis ans Ende des Stegs. Dann gehen sie zu einem großen schwarzen Wagen und fahren mit quietschenden Reifen davon.

Ein unmissverständliches Zeichen: Wer sich in die Nähe von Bogatschow wagt, trifft auf mächtige Gegner. Ich möchte trotzdem noch einen letzten Versuch unternehmen. Auf dem Weg zu seiner Wohnung kommen wir an einem Laden eines Internetproviders vorbei. Die Mitarbeiter dort geben uns im Unterschied zu den Passanten und der Gruppe am Pier höflich Auskunft. Bogatschow scheint den Provider sogar zu nutzen. Ein Mitarbeiter zieht einen Stapel Rechnungen mit Bogatschows Namen aus der Schublade. Auch eine Kopie seines Ausweises ist dabei, mit Adresse.

Vor der Wohnung treffen wir einen anderen Bewohner des Hochhauses. Der Übersetzer fragt ihn nach dem berühmten kahlköpfigen Hacker. Der Mann bestätigt, dass er gelegentlich einen Mann mit Glatze im 14. Stock gesehen hat. »Das muss er gewesen sein.«

Höchstwahrscheinlich ist seine Wohnung also hier. Ich klingele erneut, aber alles bleibt still. Wir versuchen es mit Anklopfen, und das Geräusch meiner Fingerknöchel auf dem Holz hallt lautstark durchs Treppenhaus.

Nicht zuletzt durch die Zusammenarbeit mit dem FSB sind sich die Niederlande schnell darüber im Klaren, dass Bogatschow höchstpersönlich hinter dem Decknamen »Umbro« steckt. Der Kontakt zu einem hochrangigen FSB-Mitarbeiter erweist sich als besonders fruchtbar. Der Mann heißt Sergej Michajlow. Er ist Vizechef der Abteilung Digitale Kriminalität und nimmt regelmäßig an Gesprächen in der Polizeizentrale in Driebergen teil. Er informiert dabei auch über russische Dossiers, die noch mit altmodischen Fahndungsmethoden angelegt wurden. Die Niederländer sind nicht selten fassungslos, wie viel persönliche Informationen der FSB über Kriminelle zusammenträgt. Man könnte fast denken, die Beamten hätten jahrelang bei den Gesuchten gewohnt.

Die Experten des THTC schätzen Michajlow als guten Analysten und erfahrenen Spezialisten. Außerdem ist er freundlich. Das Team arbeitet schon seit einigen Jahren gut mit ihm zusammen. Michajlow reist gern durch Europa; er ist so häufig in den Niederlanden, dass er sogar weiß, wie Sirupwaffeln am allerbesten schmecken: Man muss sie zuerst auf eine Tasse Kaffee legen und anwärmen.

Michajlow gibt auch Informationen über Bogatschow weiter. Doch jedes Mal, wenn die Niederländer damit rechnen, dass der FSB den Mann verhaften wird, kommt es anders. Die niederländische Polizei erfährt dann später, dass entweder der Zeitpunkt ungünstig war oder der Gesuchte seinen Aufenthaltsort plötzlich verändert hat. In der Zwischenzeit wächst Bogatschows Imperium. Er verkauft den Virus online im Darknet, einem abgeschlossenen Netzwerk, das nur über bestimmte Browser zu finden ist und dessen Benutzer anonym bleiben. Bogatschow vertreibt dort gebrauchsfertige Datenpakete für Hacker, mit denen sofort Bankdaten und Passwörter abgegriffen werden können. Die Pakete sind teuer, sie kosten mehrere Tausend Euro.

Als Geschäftsmann weiß Bogatschow, wie wichtig ein guter Kundendienst ist. Zu seinem Service gehört daher auch die technische Unterstützung, und er stellt regelmäßig Updates der Software zur Verfügung. Er ist ansprechbar bei Fragen und antwortet rasch, wenn technische Probleme auftreten.

2010 wechselt er die Strategie. Die neueste ZeuS-Version ist nur noch für eine exklusive Zielgruppe bestimmt: junge Russen und Ukrainer, denen er voll vertraut. Unter dem Namen »Business Club« liefern die Mitglieder dieser Gruppe Bogatschow spezifische technische Informationen, beispielsweise über Software, Bankgeschäfte, gefälschte Ausweise, oder sie verbreiten Mails. Wie eine gut geölte Maschine räumt der »Club« weltweit Privat- und Geschäftskonten leer. Der Angriff auf amerikanische Krankenhäuser ist exakt geplant und erfolgt genau zu dem Zeitpunkt, als die Gehälter überwiesen werden. Um an die Beute zu kommen, sind viele verschiedene Konten nötig. Darum kümmert sich das Personal des »Business Clubs«, die Strohmänner. Sie eröffnen mit gefälschten Personalausweisen Konten, heben das Geld ab und schicken es an Bogatschow und seine Freunde.

Bogatschow operiert immer professioneller und hat sich etwas einfallen lassen, um Strohmänner zu rekrutieren. Genau wie er in die Rechner seiner Opfer eindringt und die Anmeldeseiten ihrer Banken manipuliert, geht er nach demselben Muster dazu über, Job-Websites zu hacken, beispielsweise die von CareerBuilder. Auf den unechten Seiten dieser Anbieter platziert er dann seine eigenen Stellenangebote: »Job in der Verwaltung, flexible Arbeitszeit, Einstiegsgehalt 2.000 Dollar monatlich.«

Es ist ein entspannter Job. Die Strohmänner erhalten mehrere gefälschte Ausweise, um Konten zu eröffnen, auf denen binnen Kurzem viele Tausend Dollar landen. Zehn Prozent davon dürfen sie behalten, der Rest wird auf ein »Business Club«-Konto überweisen. Dutzende von Strohmännern in verschiedenen Ländern arbeiten auf diese Weise.

Im Jahr 2012 ändert das Schadprogramm ZeuS plötzlich sein Verhalten. Das Virus sucht zwar weiterhin nach Finanzinformationen, späht jedoch zusätzlich auch Informationen über türkische, georgische und ukrainische Geheimdienste aus. Es durchsucht Systeme nach Dokumenten mit Mailadressen georgischer und türkischer Geheimdienstmitarbeiter und nach Datenbeständen, in denen beispielsweise in türkischer Sprache Begriffe wie »Sicherheitsmanagement«, »Söldner«, »russische Soldaten« oder »Syrien« auftauchen. Sobald ZeuS in einen Rechner eindringt, scheint es sich in zwei Teile zu spalten. Das niederländische Ermittlerteam findet den Vorgang sonderbar. Warum sucht ein Hacker, der jahrelang mit seinem Virus nur Geld scheffeln wollte, plötzlich nach Informationen über Nachrichtendienste? Und wie kommt er eigentlich an die Namen der Mitarbeiter dieser ausländischen Dienste?

ZeuS kennt viele Hundert Namen. Die Suchaufträge fallen zeitlich mit wichtigen politischen Vorgängen zusammen, wie etwa der Annexion der Krim-Halbinsel 2014 und den zunehmenden Spannungen zwischen Russland und der Türkei. Für die niederländischen Dienste und das FBI besteht kein Zweifel, dass Bogatschow im Auftrag des russischen Geheimdienstes handelt. Könnte das auch erklären, warum der FSB Bogatschow nicht verhaftet und ausliefert?

An einem bestimmten Punkt müssen sich Nachrichtendienste entscheiden: Ist es im nationalen Interesse, mächtige und smarte Hacker zu verhaften? Oder lässt man sie besser für die eigenen Zwecke arbeiten? Alle Staaten wägen hier das Für und Wider ab: Russland, Amerika, Israel und China. Die Haltung der niederländischen Dienste ist eindeutig: Deals mit Kriminellen sind ausgeschlossen. Die Russen verhalten sich weniger eindeutig und schrecken nicht davor zurück, sich die Hände schmutzig zu machen. Im Tausch gegen entsprechende Informationen dürfen Hacker ungestört ihren kriminellen Aktivitäten nachgehen.

Die Organisationsform der Dienste spielt dabei ebenfalls eine Rolle. FSB und FBI vereinen die Polizeiarbeit und den Informationsdienst unter einem Dach. Das erleichtert derartige Deals. In den Niederlanden hingegen sind die beiden Dienste strikt getrennt. Die Polizei ermittelt, AIVD und MIVD sind reine Nachrichtendienste. Die Polizei verhaftet, der AIVD hält nach Bedrohungen und Spionen Ausschau.

Aus diesem Grund ist der AIVD auch nicht begeistert über die russischen Besucher in den Niederlanden. Ist es wirklich erwiesen, dass die Russen nur kommen, um Kriminelle aufzuspüren und nicht, um zu spionieren? Der AIVD wird jedenfalls nervös. Zwei Welten prallen aufeinander. Die pragmatisch denkende Polizei möchte mit den Russen zusammenarbeiten, die politischer denkenden Dienste sehen eher das Risiko.

Vorsichtshalber wird jedes Mal, wenn Agenten des FSB ihre niederländischen Kollegen besucht haben, das Unterste zuoberst gekehrt, sogar die Deckenplatten werden herausgehoben. Ein Sicherheitsteam der Landespolizei überprüft außerdem, ob die russischen Besucher nicht etwa heimlich Spionagegeräte installiert haben. Ab 2012 gibt es die Vereinbarung, dass alle Ermittler, die mit dem FSB sprechen, vorher und nachher dem AIVD Bericht darüber erstatten.

Die Polizeiermittler, die mit dem FSB zusammenarbeiten, halten die Skepsis der Dienste für übertrieben. Die russischen Ermittler sind ihrer Meinung nach ganz normale Polizisten und interessieren sich nicht für geheime Informationen und Spionage. Michajlow beispielsweise ist ein richtiger Fahnder, der sich begeistert, wenn Ermittlungen »flott vorankommen«. Ist das FBI denn tatsächlich vertrauenswürdiger als der FSB? Ist das nicht auch ein Geheimdienst? Wenn die Russen »Ja« sagen, dann meinen sie es auch so, weiß die Polizei aus Erfahrung. Sie halten sich an ihr Wort. Die Amerikaner hingegen spielen nicht immer mit offenen Karten.

Ein niederländischer Polizist weiß das aus eigener Erfahrung. Während einer Besprechung mit FSB und FBI in Driebergen kommt ein russischer Kollege auf ihn zu und deutet diskret auf den FBI-Ermittler. »Er kopiert eure Unterlagen«, warnt er. Als der Polizist der Sache nachgeht, stellt er tatsächlich fest, dass der amerikanische Ermittler mit einem USB-Stick Informationen von einem niederländischen Rechner abgreift.

Nichtsdestotrotz gerät die Zusammenarbeit mit dem FSB unter politischen Druck. Nach der Krim-Annexion 2014 und dem Abschuss der malaysischen MH17 kühlen die diplomatischen Beziehungen merklich ab. Die Polizei beschließt, die Treffen mit dem FSB nicht länger am Standort Driebergen abzuhalten. Dort finden auch die strafrechtlichen Untersuchungen über den Fall MH17 statt; damit die FSB-Männer nicht buchstäblich eine Tür weiter sitzen, werden die Treffen nach Amsterdam und Rotterdam verlegt.

Informationen werden jedoch nach wie vor geteilt. In Bezug auf Kriminelle, auch russische, sind weiterhin recht gute Gespräche möglich. Michajlow kommt noch immer zum Austausch von Daten vorbei, trotz der angespannten politischen Lage sind die persönlichen Beziehungen gut. Ein niederländischer Ermittler erhält am Abend nach dem Anschlag auf die MH17 sogar die SMS eines FSB-Mannes. »Wie schrecklich, ich wünsche euch viel Kraft«, steht darin.

Allmählich wirken sich die politischen Spannungen jedoch auf den Austausch der Dienste aus. Nur noch zweimal treffen sich amerikanische und russische Geheimdienste in den Niederlanden, Thema der Gespräche ist eine verstärkte Zusammenarbeit. Das erste Treffen findet im *Babylon Hotel* in Den Haag statt, das zweite, im Februar 2016, in der *Sociëteit de Witte*, ebenfalls in der Hauptstadt. Obwohl sich Michajlow mit Sprechern des FBI austauscht, ist das zweite Treffen auch das letzte. Die Beziehungen haben sich abgekühlt.

Inzwischen wird Bogatschow immer mächtiger. Amerikaner und Niederländer sind davon überzeugt, dass der Hacker im Auftrag der russischen Geheimdienste spioniert. Als das FBI 3 Millionen Dollar Kopfgeld auf Bogatschows Ergreifung aussetzt, können die Niederländer es nicht lassen, Michajlow damit zu piesacken. Spaßeshalber erkundigen sie sich immer wieder, was er denn mit dem Geld machen will, wenn er Bogatschow verpfiffen hat. Denn Michajlow weiß doch bestimmt genau, wo sich der Hacker versteckt, oder? »Legst du dir dann eine Luxusjacht zu, Sergej?« »Oder ein nettes Ferienhaus in Italien?«

Bogatschow öffnet einfach nicht. Ich klopfe ein letztes Mal. Wieder nichts. Ist er nur kurz weggefahren? Oder ist der meistgesuchte Hacker der Welt untergetaucht?

Zum Schluss will ich noch zu einer Villa am Rand von Anapa: Die Immobilienfirma seines früheren Anwaltes ist als Besitzer eingetragen. Zuvor hat mir der Anwalt am Telefon gesagt, dass er Bogatschow vor zwei Jahren zum letzten Mal gesehen habe. Er habe keine Ahnung, wo er inzwischen stecke. Sicherheitshalber gehen wir trotzdem noch mal an der Villa vorbei.

Das von hohen Mauern umschlossene Anwesen liegt oben an der Küste. Unaufhörliches Hundegekläff ist zu hören. Die Klingel ist schrill. Nachdem wir ein paar Mal geklingelt haben, öffnet ein schläfrig wirkender junger Mann im Trainingsanzug. Als ich mich nach dem Anwalt erkundige, erklärt er freundlich, dass er den Namen nicht kenne. Dann nenne ich den Namen Bogatschow. Seine Freundlichkeit ist wie weggeblasen. Ein knappes »Nein«, dann schlägt er uns die Tür vor der Nase zu.

Mit dem Taxi fahre ich zum 160 Kilometer entfernten Flughafen von Krasnodar. Von dort aus geht es über Moskau zurück nach Amsterdam. Als das Flugzeug in Schiphol langsam zum Gate rollt, sehe ich die vielen SMS-Nachrichten meines Dolmetschers ein: »Alles in Ordnung?«, und »Ruf mich bitte an!!!«

Am Telefon sagt er, dass die Rezeption meines Hotels ihn angerufen habe. Kurz nach unserer Abreise sind im Hotel Polizisten in Zivil aufgetaucht, mit Fotos von uns beiden. Sie wollten Kopien unserer Ausweise und Informationen über unseren Aufenthaltsort. Nach dem Grund für die Nachforschungen befragt, erwiderten sie: »Das sind Terroristen, die auf der Fahndungsliste stehen.« Das Hotel wollte uns warnen und hat den Dolmetscher angerufen. Er klingt sehr aufgeregt. Ich beruhige ihn und sage, dass ich sicher in Amsterdam angekommen sei.

Gegen Ende des Jahres 2016 reagiert Michajlow plötzlich nicht mehr auf Anrufe aus Driebergen und ist wochenlang nicht erreichbar. Die Ermittler rätseln, bis sie in den russischen Medien von seiner Verhaftung erfahren. Während einer Versammlung des FSB wurde er vor aller Augen mit einem Sack über dem Kopf abgeführt. Die offizielle Anklage lautet auf Hochverrat. Michajlow soll westlichen Geheimdiensten Informationen über russische Operationen zugespielt haben. Es ist der größte Skandal um einen hochrangigen FSB-Mann seit dem Zerfall der Sowjetunion.

Die Polizeimitarbeiter in Driebergen sind fassungslos. Bei manchen ist der Schock so groß, dass sie unter Schlaflosigkeit leiden. Hat Michajlow seine Kinder noch sehen können? Ist er in einem Straflager? In den darauffolgenden Monaten kommen neue FSB-Männer nach Driebergen, um Kontakt zu knüpfen. Die Stimmung ist angespannt, das gegenseitige Vertrauen erschüttert. Obwohl noch Informationen ausgetauscht werden, ist der Kontakt nicht mehr so persönlich wie früher mit Michajlow. In den nächsten Jahren werden die Begegnungen zwischen der niederländischen Polizei, FSB und FBI seltener. Über die wahren Gründe von Michajlows Verschwinden kann die Polizei nur Vermutungen anstellen.

Dass zugleich mit Michajlow auch Ruslan Stojanow – Leiter der Ermittlungsabteilung des IT-Sicherheitsunternehmens Kaspersky Lab – verhaftet wurde, macht alles noch rätselhafter. Auch er wird des Hochverrats beschuldigt.

Unverständliche Vorgänge für die Polizei in Driebergen. Für den AIVD sind die Ereignisse in Russland ebenfalls schwer zu deuten, im Gegensatz zur Polizei überrascht das hier jedoch niemanden. Seit 2010 beobachtet der AIVD den Osten genau.

China und Russland haben die Möglichkeiten des Internets entdeckt und nutzen sie auf ihre eigene Weise.

8

KOMPLOTT IN AMSTERDAM

N. ist mit Sicherheit kein Technikfreak. Dennoch leitet sie seit 2013 das Team »Russland und China«, das beim AIVD unter die Abteilung »Digitale Spionage« fällt. Dispi, wie es dort informell heißt. N. (zu diesem Zeitpunkt 53 Jahre alt) ist sehr ehrgeizig und hat sich stetig nach oben gearbeitet. Eingestiegen ist sie als Übersetzerin, danach übernahm sie Funktionen in der Verwaltung, hatte dann Außendiensteinsätze – unter anderem im Nahen Osten – und wurde zum Schluss Teamleiterin. Ihr Spezialgebiet ist die Gegenspionage, also herauszufinden, wie und wo andere Länder die Niederländer bespitzeln. 2013 fällt ihr die Aufgabe zu, sich mit ihrem Team Überblick über die digitale Bedrohung durch den Osten zu verschaffen.

N. ist ein ausgesprochen sachlicher Führungstyp: Sie meidet Risiken, wartet ab und konzentriert sich auf Inhalte. Mit privaten Sorgen behelligt man sie lieber nicht. Wer sie besser kennenlernt, weiß jedoch, dass unter der rauen Schale ein weicher Kern steckt.

Als sie das Team ungefähr ein Jahr lang geleitet hat, trifft eine amerikanische Anfrage in Zoetermeer ein: Das FBI möchte ein sogenanntes *surreptitious entry* durchführen: sich heimlich Zugang zu einer Zielperson verschaffen. Eine Abteilung der CIA in den Niederlanden wird diese technisch ziemlich komplexe Operation übernehmen, und die Frage ist, ob der AIVD dabei assistieren kann. Es handelt sich um einen Spionageauftrag mitten in Amsterdam.

Das Timing ist nicht optimal. Auf hoher politischer Ebene gibt es Gespräche über die normalerweise ausgezeichneten amerikanisch-niederländischen Beziehungen. Aus den Snowden-Dokumenten geht anscheinend hervor, dass der amerikanische Nachrichtendienst im großen Stil abhört. Politiker und Geheimdienste in den Niederlanden möchten wissen, woran sie sind: Hört die CIA in den Niederlanden ebenfalls ab? Welche Dokumente hat Snowden entwendet? Und was steht über niederländische Operationen darin?

Am 11. Oktober 2013 empfängt Innenminister Ronald Plasterk im Beisein der Leiter des AIVD und des MIVD den Direktor der NSA, Keith Alexander. Der versucht, zu beschwichtigen. Die Niederlande, erklärt Alexander, seien kein Ziel der NSA. »Wir sammeln keine Daten über die Niederlande«. Dafür gibt es laut Alexander einen guten Grund: Die Niederlande liefern, was die Amerikaner haben wollen. Weder AIVD noch MIVD haben nennenswerte Geheimnisse vor den Amerikanern. In dieser Beziehung teilen die Niederlande alles, selbst wenn sie im Gegenzug wenig erhalten. Die verschlossene CIA teilt höchstens Briefings und Informationsberichte. Die NSA ist freigiebiger und teilt auch Rohdaten.

Die beiden Dienste bitten Alexander um eine Übersicht der verloren gegangenen Dokumente, damit sie die Konsequenzen einschätzen können, die sich möglicherweise für niederländische Operationen ergeben. Der schüttere amerikanische General bekundet zwar sein volles Verständnis, lehnt die Bitte jedoch zunächst ab. Die Amerikaner seien noch mit der Erfassung der Dokumente beschäftigt, sagt er, versichert aber: »Wir schicken euch so bald wie möglich eine Liste.« Dieses Versprechen löst er nicht mal annähernd ein. In den darauffolgenden Jahren erhalten die Niederländer nur langsam und stückchenweise Informationen, die längst nicht so detailliert sind wie erhofft.

Alexander erklärt anschließend, dass er aufgrund der Enthüllungen beschlossen habe, in Zukunft weniger Daten mit Verbündeten zu teilen. AIVD und MIVD können es nicht fassen. Durch einen Fehler des amerikanischen Dienstes sind

Hunderttausende Dokumente an die Öffentlichkeit gelangt, und jetzt will der NSA-Chef sie dafür abstrafen? Das ist doch Schwachsinn! Jedenfalls ist es ein typisches Beispiel für den Charakter der niederländisch-amerikanischen Beziehungen: Amerika verhält sich arrogant und belehrend. Fehler werden nur ungern eingeräumt. Die USA sehen sich selbst als Mittelpunkt des Universums.

Diese Haltung hat schon häufiger zu Zusammenstößen mit den niederländischen Nachrichtendiensten geführt. Beispielsweise arbeitet der AIVD beim Überwachen von Waffentransporten aufgrund internationaler Absprachen jahrelang eng mit der CIA zusammen: Westliche Staaten kontrollieren, ob Länder heimlich aufrüsten oder Atomprogramme entwickeln.

Praktisch läuft es so ab, dass die Geheimdienste Informationen darüber austauschen, wer Waffen exportiert und wer sie importiert. Der 11. September 2001 verändert diese Situation jedoch grundlegend. Nach den Anschlägen auf das World Trade Center und das Pentagon erklärt die US-Regierung Afghanistan den Krieg und sieht Pakistan als ihren Verbündeten im »Krieg gegen den Terror«. Wenn der AIVD die CIA um Informationen über die Stationierung von Nuklearmaterial in Pakistan bittet, bleibt die Antwort aus, und von einem Tag auf den anderen stellt die amerikanische Seite keine Daten mehr zur Verfügung. Nach etlichen Versuchen, Warten und Nachhaken trifft schließlich die kurze Meldung ein: »Wir berichten nicht über Verbündete.« Im Handumdrehen und ohne Rücksprache kündigen die Amerikaner eine lang bewährte Vereinbarung auf, um Pakistan nicht zu verstimmen. Der AIVD ist äußerst verärgert: Die Zusammenarbeit mit der CIA wird für einige Monate abgebrochen.

Zwischen dem MIVD und dem amerikanischen Geheimdienst kommt es gleichfalls zu Zusammenstößen. Als der MIVD in Afghanistan aktiv ist, gibt es einen Anruf aus Übersee in der Frederikskazerne in Den Haag. Der MIVD soll durch einen Fehler einen amerikanischen Informanten enthüllt haben.

Eine schlimme Sache, die Amerikaner sind sehr ungehalten. Als der MIVD die Angelegenheit untersucht, stellt sich jedoch heraus, dass keineswegs die Niederländer, sondern die Amerikaner selbst die Identität des Informanten preisgegeben haben. Die einzige Antwort darauf ist ein herablassendes »*Oh, sorry*«.

Der amerikanische Geheimdienst hat mehr Befugnisse und Macht als der niederländische. Das Kräfteverhältnis zwischen den Diensten ist nicht ausgeglichen. Ist die amerikanische Seite unzufrieden, wird das lautstark mitgeteilt – insbesondere was den Terrorismus betrifft. Als sich herausstellt, dass das Selbstmordattentat am Brüsseler Flughafen Zaventem ein Terroranschlag war, reagieren die Amerikaner prompt. Ohne Rücksprache mit den niederländischen Diensten erteilen sie den amerikanischen Fluggesellschaften Anweisungen, die Sicherheitsvorkehrungen in Schiphol zu verstärken. Als am Amsterdamer Hauptbahnhof ein Afghane zwei Amerikaner mit dem Messer angreift und verletzt, übt der amerikanische Botschafter Peter Hoekstra zwei Tage später harsche Kritik: Niederländische Nachrichtendienste hätten Informationen »umfassender und schneller« an ihre amerikanischen Kollegen weitergeben müssen, erklärt er im *De Telegraaf.* »Oberlehrerhaft«, nennt man das in den Niederlanden.

Trotz dieser Aufregung auf beiden Seiten und der Spannungen wegen der NSA-Affäre reagiert N. entgegenkommend auf die amerikanische Bitte um eine Abhörgenehmigung. Aus ihrer Sicht bietet die Zusammenarbeit die Möglichkeit, an neue Informationen zu kommen. Außerdem profitieren die Mitarbeiter des AIVD vom technischen Können des amerikanischen Dienstes. Geld scheint überdies keine Rolle zu spielen, und kostspieligere Operationen sind ohne Weiteres möglich.

Das Ziel ist Kaspersky. Der CIA zufolge treffen sich die besten Experten des russischen IT-Sicherheitsunternehmens im Oktober in Amsterdam. Kaspersky liefert Antivirussoftware an 400 Millionen Nutzer weltweit. Die Software hält Viren ab. Das Produkt ist sehr gefragt, Kaspersky hat einen guten Ruf. Die IT-Experten der Firma führen selbstständig Tests durch, um Schadsoftware zu entdecken und enthüllen dabei nicht selten amerikanische Operationen – wie etwa den Stuxnet-Angriff auf den Iran und einen sehr raffinierten Nachfolger dieses Virus, der im Nahen Osten nachgewiesen wird. Weil der Firmensitz von Kaspersky in Moskau liegt, sind die amerikanischen Dienste misstrauisch. Im aufflammenden digitalen Kampf mit Russland will das FBI wissen, ob Kaspersky ein Risiko für die amerikanische Sicherheit darstellt. Arbeitet das Unternehmen Hand in Hand mit dem Kreml?

Dass N. der Operation zustimmt, hat seinen Grund. Auf dem Gebiet der Spionageerkennung hat sie Erfahrung gesammelt, insbesondere was China, den Iran und Russland betrifft. Doch das Internet hat die Spionage verändert, seit ein paar Jahren geht die Entwicklung rasend schnell voran, und es wird immer schwieriger, Schritt zu halten. Außerdem ist der AIVD ein relativ kleiner Dienst: Unter den insgesamt 1300 Mitarbeitern sind lediglich ein paar Hacker. Die NSA (50 000 Mitarbeiter) und der GCHQ (6000 Mitarbeiter) sind dagegen deutlich größer, und die chinesische Regierung setzt täglich rund 100 000 Hacker ein.

Ein Novum ist das langfristige Spionieren. Geheimdienste dringen in Organisationen ein und spähen sie jahrelang aus, beispielsweise mit maßgeschneiderten Viren, wie Regin im Fall des Telekommunikationsbetreibers Belgacom. Diese Angriffe bezeichnet man als *Advanced Persistent Threats*, kurz APT. N. verwechselt die Abkürzung regelmäßig mit ATP – der internationalen Tennisvereinigung für Profispieler.

Gegen diese APT-Spionage kann man sich kaum wehren, die Angreifer treffen alle erdenklichen Vorsichtsmaßnahmen.

Geheimdienste haben eigens dafür hoch spezialisierte Abteilungen eingerichtet. Alle großen Länder führen solche Angriffe durch, China, Iran, Nordkorea und Russland sind im Westen dafür berüchtigt. Insbesondere China bildet seit Beginn des 21. Jahrhunderts eine schier unglaubliche Anzahl von Personen zu digitalen Spionen aus.

2013 begreift der Westen allmählich, was in China geschieht. Der Auslöser ist ein äußerst detaillierter Bericht des amerikanischen IT-Sicherheitsunternehmens Mandiant. Nie zuvor ist die langjährige Spionage einer Hackergruppe so ausführlich dokumentiert oder das Verhalten einer Gruppe staatlicher Hacker so minutiös beschrieben worden.

Hundertschaften chinesischer Militärangehöriger, führt Mandiant aus, arbeiten in einem zwölfstöckigen Hochhaus am Stadtrand von Schanghai. Ringsumher liegen Restaurants und Massagesalons, auf dem Dach stehen einige kleine Satellitenschüsseln. Die Hacker gehören zu einer geheimen Einheit der Chinesischen Volksbefreiungsarmee – erkennbar an der Zahl 61398 – und greifen systematisch westliche Organisationen an. Eine nach der anderen.

Die Aufgaben innerhalb der Einheit sind verteilt. Ein Hacker ist auf gefälschte Mailadressen spezialisiert, ein anderer entwickelt englische Phishingmails und ein dritter dringt tatsächlich in Netzwerke ein. Übersetzer, Administratoren, Techniker und Assistenten unterstützen die Hacker. Die Einheit nutzt mehr als 1000 Server für ihre weltweiten Angriffe.

Innerhalb von sieben Jahren dringen die Chinesen nachweislich in 141 Unternehmen ein, die Liste reicht von Coca-Cola bis zu Rüstungsunternehmen. Manchmal spähen sie ein Unternehmen monatelang aus, manchmal dauert es Jahre. Durchschnittlich bleiben sie 356 Tage lang im System, der längste chinesische APT-Angriff dauerte beinahe fünf Jahre lang. Die Hacker räumen ganze Unternehmen aus, in einem Fall stehlen sie innerhalb von zehn Monaten 6,5 Terabyte an Informationen – das entspricht der Datenmenge von sechs großen Universitätsbibliotheken.

Die Angriffe sind auf die Interessen der chinesischen Regierung abgestimmt. Als Coca-Cola die Übernahme eines großen chinesischen Getränkeherstellers in Betracht zieht, nistet sich Einheit 61398 unsichtbar im Netzwerk des amerikanischen Unternehmens ein. Die Hacker stehlen die Verhandlungsstrategie und andere betriebswichtige Informationen. Die Gruppe hat es vor allem auf das intellektuelle Eigentum von Hightech-Unternehmen, militärischen Organisationen, chemischen Fabriken und Telekommunikationsbetreibern abgesehen. Sie dringt zum Beispiel bei Lockheed Martin ein und entwendet den Entwurf eines Kampfjets aus dem Joint-Strike-Fighter-Programm. China baut den Kampfjet anschließend nach, während die Niederlande noch jahrelang auf die bestellten JSFs warten müssen.

Einheit 61398 wird seit der Veröffentlichung des Mandiant-Berichts als »APT1« bezeichnet – die erste eindeutig identifizierte staatliche Spionagegruppe. Mandiant will mit der Veröffentlichung andere Unternehmen und Regierungen warnen. Die technischen Einzelheiten – wie IP-Adressen oder die Art der Malware – können dem Bericht entnommen und anschließend selbst überprüft werden, um chinesische Hacker abzuwehren.

Aber es gibt auch politische Gründe: Das detaillierte Offenlegen von Spionageaktivitäten hat eine abschreckende Wirkung. Niederländische Informanten vermuten, dass die amerikanischen Nachrichtendienste Mandiant beliefern. Für die Dienste ist es wichtig, dass Einzelheiten über die chinesische Spionage bekannt werden. Die US-Regierung nimmt den Bericht gern zum Anlass, China öffentlich einer ganzen Serie von digitalen Angriffen zu beschuldigen, die auf westliche Unternehmen und staatliche Einrichtungen zielen. Eine neue Phase der digitalen Kriegsführung, die darin besteht, den Feind bloßzustellen. Normalerweise werden solche Informationen hinter verschlossenen Türen gehalten, um die diplomatischen Beziehungen nicht zu gefährden.

Die Chinesen lassen sich nicht von weiteren Angriffen abhalten. Täglich schicken sie Zehntausende Hacker, die mitunter recht plumpe Methoden anwenden, in den digitalen Krieg. Durch den Ermittler Yonathan Klijnsma, der für die FOX-IT-Niederlassung in Delft neue Malware untersucht, erfahre ich mehr darüber. Als wir uns treffen, erzählt er mir von einem besonderen Fall.

Bei seinen Kunden sieht Klijnsma regelmäßig unbekannte Malware. Häufig ist daran nichts Auffälliges, aber als er eines Tages eine neue Malware in eine öffentliche Datenbank einspielt, stellt er fest, dass dasselbe Schadprogramm auch an anderen Stellen aufgetaucht ist, bei Regierungen und Unternehmen in den USA, in Myanmar und in Indien. Auch in Kanada und Deutschland wurde das Schadprogramm bereits entdeckt, und es gibt sogar einen Link in die Niederlande. Klijnsma, fasziniert von der unbekannten Malware, befasst sich eingehender damit. Abends und zwischen zwei Aufträgen versucht er, den Entwicklern auf die Spur zu kommen. Nach monatelangen Forschungen gelingt es ihm, die Arbeitsweise der Gruppe zu entschlüsseln. Das verhilft ihm zu einem seltenen Einblick ins Maschinenwerk der chinesischen Hacker: Er kann genau verfolgen, wie sie schließlich Informationen in den Niederlanden rauben.

Um acht Uhr morgens betreten fünf junge Männer ein Büro in der südchinesischen Provinz Guangdong und fahren ihre Rechner hoch. Einer der fünf öffnet Writer – das chinesische Pendant zu Word – und fängt an, einen englischen Nachrichtenartikel zu schreiben. Dank der guten Ausbildung in China ist sein Englisch ausgezeichnet. Inzwischen arbeitet er für die chinesische Regierung.

Der Artikel berichtet über das deutsche Unternehmen Rheinmetall. Der junge Mann weiß, dass der Rüstungskonzern seit Kurzem mit einem niederländischen Unternehmen zusammenarbeitet, das an der Herstellung von Boxer, einem neuen Panzerfahrzeug, beteiligt ist. Der junge Mann verfasst einen kurzen Artikel über die Fusion und schickt ihn dann zur Kontrolle an einen Kollegen.

Im Mai 2012 landet der Artikel in der Mailbox der Rheinmetall-Mitarbeiter; die Chinesen hoffen, dass ein Empfänger den Anhang öffnet. Es klappt: Jemand klickt auf den Anhang und installiert dadurch ein kleines Programm namens Shim-Rat-Reporter auf seinem Rechner. Das Programm analysiert das Betriebsnetzwerk von Rheinmetall und schickt nützliche Informationen an die Gruppe in China zurück, etwa Daten über Einrichtungen und vor Kurzem installierte Software. Das Opfer bemerkt nichts davon.

Jetzt sind die chinesischen Hacker drin, erhalten Updates über das System und installieren nach einiger Zeit ein Virus im Betriebsnetzwerk, das hinter bekannten Antivirenprogrammen wie McAfee, Symantec und Norman verborgen ist. Während es für den Mitarbeiter von Rheinmetall so aussieht, als führe ein Antivirenprogramm ein normales Update aus, wird in Wahrheit ein chinesisches Virus ins Netzwerk geschleust.

Um die Information von Rheinmetall nach China zu bringen, kommuniziert das Virus über nachgebaute Webseiten, die aussehen wie echte. Die Gruppe gebraucht Domains wie *mail.upgoogle.com* und *support.outlook-microsoft.com* sowie eine gefälschte Seite der *New York Times*. Über Zwischenstationen »spricht« die Malware mit den Entwicklern. Um nicht aufzufallen, wählen die Entwickler darum scheinbar legale Websites und verdecken so ihre Spionage. Die fünf Chinesen haben jahrelang Zugang zu Rheinmetall und damit auch zu technischen Informationen des niederländischen Konzernzweigs in Ede. Niemand bemerkt die Spionage. Der Schaden wird erst bekannt, als Klijnsma die Aktivitäten der Gruppe aufdeckt und das Werk informiert. Innerhalb von drei Jahren schlüpfen die fünf

Hacker in mindestens 25 Organisationen, darunter ein auf Solarzellen spezialisiertes Unternehmen in Kanada.

Es gibt Tausende solcher Hackergruppen in China; sie loggen sich täglich aus Fernost in Unternehmen ein und plündern sie. Sie sind flexibel und gehen aggressiv und vorsichtig zugleich ans Werk. Sie müssen keine Angst davor haben, entdeckt zu werden: Die Identität von Hackern wird selten bekannt. Davon abgesehen stehen sie unter dem Schutz der chinesischen Regierung.

Das ist die Situation, als N. die Anfrage der CIA erhält: Die digitale Spionage nimmt große Ausmaße an. China packt Hochhäuser mit Hackern voll, um die Kronjuwelen westlicher Staaten zu rauben, Großbritannien und die USA spähen UN-Organisationen und Telekommunikationsbetreiber wie Belgacom aus. Und Russland? Das Land spioniert ebenfalls, und die ersten Anzeichen entdeckt der AIVD 2013.

Kaspersky schickt seine besten Leute zu den Ermittlungen nach Amsterdam – nämlich diejenigen, die Malware analysieren. *Geeks*, die nach Querverbindungen forschen und die komplexesten Viren entschlüsseln. Kaspersky geht dabei genauso vor wie die amerikanische IT-Firma Mandiant und enthüllt Spionagetechniken. Durch diese Analysen kann es seine Kunden vor Spionage schützen; seine Antivirensoftware muss gegen neu entwickelte Spionage bestehen können. Kasperskys Malware-Analysten arbeiten weltweit in Teams. Im Oktober 2013 kommen sie in Amsterdam zu einer Teambesprechung zusammen. In einigen Tagen findet dort ein großer IT-Sicherheitskongress statt. Sie sind in einem Hotel in der Nähe des Hauptbahnhofs untergebracht.

Eine einmalige Gelegenheit für die CIA: Es kommt nur selten vor, dass alle Spezialisten an einem Ort beisammen sind. Einige nehmen anschließend noch am Kongress im RAI-Messezentrum im Süden von Amsterdam teil. Der Rumäne Costin

Raiu, Leiter des Analyseteams, wird dort in einem kleineren Saal – G107 – ein neues und umstrittenes Thema zur IT-Sicherheit vorstellen, die *Advanced Persistent Threats*. Wie viel Bedrohung geht tatsächlich davon aus? Oder sind APTs nur ein Hype?

Vor dem Kongress treffen sich die Kaspersky-Mitarbeiter drei Tage lang. AIVD und CIA spielen mit dem Gedanken, Mikrofone im Konferenzraum des Hotels zu platzieren, verwerfen die Idee aber dann. Es wäre zu kompliziert.

N. überlegt zusammen mit H., dem CIA-Mann in den Niederlanden, der für den Kontakt mit der AIVD sorgt, wie das Team vorgehen soll. Mit dem kleinen Kopf, dem grauen Haar, der runden Brille und dem schlecht sitzenden Anzug könnte H. glatt als die Figur des Beamten in der Fernsehserie »Flodder« durchgehen. Die beiden beschließen Folgendes: Während ein Team des AIVD die IT-Leute observiert, soll ein zweites Team des Dienstes den Versuch unternehmen, die Laptops der Analysten aus ihren Hotelzimmern zu holen und an die CIA zu übergeben.

Doch das Kaspersky-Team wird schon am ersten Besprechungstag misstrauisch. Im Hotel laufen den Analysten ständig dieselben Personen über den Weg, die sich außerdem merkwürdig benehmen – einer von ihnen platzt sogar mitten in ein Meeting. Vorsichtshalber beendet das Kaspersky-Team die Besprechungen an diesem Tag vorzeitig. Die Analysten fühlen sich beobachtet. Die Laptops, die sie ohnehin schon wie ihren Augapfel hüten, haben sie von jetzt an immer bei sich, eng an die Brust gepresst. Ein Mitarbeiter von Kaspersky beschließt, einen niederländischen Kontakt anzurufen.

Während der AIVD immerhin eine richtige Spionageabteilung besitzt und Hacker rekrutiert, ist der MIVD digital hoffnungslos im Rückstand. Der gesamte Dienst zehrt davon, Informationen aus der Luft abzufangen, etwa mittels der Lauschposten

im friesischen Burum. Früher betraf das meist die Nachrichten-
übertragung zwischen Botschaftern und ihren Entsendungs-
ländern, jetzt geht es um die Kommunikation zwischen den
Taliban und Afghanistan oder zwischen Dschihad-Kämpfern
in Mali. Zum Abfangen dieser Inhalte reichten damals tradi-
tionelle Methoden aus. Als die US-Regierung den Angriff auf
Afghanistan einleitete, kommunizierten die Taliban noch mit
altmodischen Walkie-Talkie und Feldradios. Der MIVD, der im
abgelegenen Dorf Eibergen ein Antennenfeld zum Abhören
von Hochfrequenzradioverkehr installiert hatte, konnte so
nützliche Informationen sammeln.

Von U-Booten aus abzuhören, ist eine altbewährte Spezia-
lität des MIVD. Regelmäßig laufen niederländische U-Boote
der Walrus-Klasse aus, um vor ausländischen Küsten Informationen zu sammeln. Sie verschaffen sich Übersicht über die
Lage der Flughäfen und die Luftabwehr im Iran. Da britische
und amerikanische U-Boote in untiefen Küstengewässern
nicht seetauglich sind, ist das eine wichtige Aufgabe des MIVD.
An der Spitze des Verteidigungsministeriums gibt der Einsatz
von U-Booten immer wieder Anlass zu Diskussionen: Er ist
zeitaufwendig und teuer. Eben mal im Iran »reinzuhören«, erfordert ein halbes Jahr Vorbereitungszeit, und die U-Boot-An-
reise in das Gebiet dauert Wochen.

Ab 2011 nimmt die digitale Kommunikation zu. Andere
Dienste, die wie der MIVD ebenfalls Informationen aus der
Luft abfangen, etwa die NSA, der GCHQ und die israelische
Einheit 8200, haben inzwischen auf digitale Methoden umge-
stellt. Als Pieter Bindt, Kommandant der Marine, neuer Direktor des MIVD wird, wimmelt es in der Personalzeitung nur
so vor Warnungen vor den neuen digitalen Gefahren. »Unterschätzt den Digispion nicht!« In den Social Media steht:
»Wussten Sie, dass Ihr Smartphone, sobald Sie sich mit einem
sozialen Netzwerk wie etwa Facebook verbinden, dort automatisch Ihren Standort anzeigt?« Die Sicherheitsanweisung

des MIVD: »Ein diskreter Umgang mit Ihren Daten im Internet wird nahegelegt.«

Der ehrgeizige Peter Bindt möchte den digitalen Rückstand schnellstmöglich aufholen. In der Politik besteht schon länger der Wunsch, die Abhörkapazitäten von AIVD und MIVD zu einer großen neuen Abhöreinheit zusammenzuschließen. Dieses sogenannte Projekt Symbolon kommt durch interne Querelen nur langsam voran, aber Bindt will die Sache schnell über die Bühne bringen. Er sieht darin eine Chance für den MIVD, von den digitalen Kenntnissen des AIVD zu profitieren. Nicht umsonst steht in seinem Mitarbeiteranschreiben: »Ein Partner, dem wir unsere besondere Aufmerksamkeit schenken sollten, ist der AIVD. In einer großen und unruhigen Welt sind unsere Dienste zu klein. Aus eins plus eins müssen wenigstens drei werden.«

Der Hauptsitz des MIVD ist eine ebenso undurchdringliche Festung wie das AIVD-Gebäude in Zoetermeer. In der Frederikskazerne, einem vierzehnstöckigen Hochhaus am Stadtrand von Den Haag, müssen die Mitarbeiter erst eine von Militärs bewachte Schranke passieren. Der Zutritt ins Gebäude ist mit drei Drehsperren gesichert. Mitarbeiter benötigen dafür einen Pass sowie einen fünfstelligen Code. Vor den Sperren befinden sich Schließfächer für Handys, die nicht an den Arbeitsplatz mitgenommen werden dürfen. Aufzüge bringen die Mitarbeiter in ihre Etagen, wo sie erneut mit Pass und Code durch eine Sperre müssen. Sie können nur Etagen ansteuern, für die sie eine Zugangsberechtigung haben.

Geheimhaltung ist oberstes Gebot. Als der ehemalige MIVD-Mann Jaap van Tuyll ein Buch schreibt, wird er in die Direktion einberufen. Zu diesem Zeitpunkt ist van Tuyll bereits seit zwölf Jahren in Rente und hat insgesamt 30 Jahre für den Dienst gearbeitet. Van Tuyll war angesehener Kryptoanalyst; er hat abgefangene Nachrichten, unter anderem aus ausländischen Botschaften, entschlüsselt. Im Buch berichtet er über seine Zeit beim MIVD und geht dabei insbesondere auf Verschlüsselungstechniken ein. Über geheime Operationen schreibt er kein einziges Wort.

Der MIVD ist jedoch beunruhigt. Obwohl van Tuyll bereits seit zwölf Jahren im Ruhestand ist, sind seine Kenntnisse aus der Sicht des MIVD nach wie vor wertvoll. Der Direktor des MIVD stellt van Tuyll im persönlichen Gespräch vor die Entscheidung: Entweder er veröffentlicht das Buch und der MIVD sieht sich zu rechtlichen Schritten gezwungen, um die Publikation zu verhindern, oder er stimmt zu, dass es durch den MIVD selbst herausgegeben wird. Van Tuyll entscheidet sich für die zweite Möglichkeit. Im AIVD-Sitz in Zoetermeer darf er das Buch präsentieren, ein Exemplar erhält er nicht. Das Buch wird zum Staatsgeheimnis erklärt und im Gebäude aufbewahrt. Obwohl er der Autor ist, darf er das Buch nicht mal in seinen Bücherschrank stellen.

Zwei Jahre nach Bindts Amtsantritt ist die Zusammenarbeit mit dem AIVD nicht wesentlich vorangekommen. Das liegt teilweise an AIVD-Chef Rob Bertholee, der zeitgleich mit Bindt befördert wurde. Der geradlinige, etwas steife Bertholee richtet den Dienst insbesondere auf die Beobachtung von Terrorverdächtigen aus. Was andere Aufgaben des AIVD angeht – und dazu zählen auch die digitale Spionage oder das Aufspüren und Beobachten von Langzeitentwicklungen –, zeigt er sich weniger aufgeschlossen. Er hat in der Armee gedient, musste dort die Panzer abschaffen und ist loyal gegenüber den politischen Dienstherren. Bertholee, ein fanatischer Läufer, wählt aus Sicherheitsgründen jeden Tag eine andere Laufroute. Es kommt so gut wie nie vor, dass er sich gegen Sparmaßnahmen wehrt, die dem AIVD auferlegt werden. Die herrische Art und die Eitelkeit seines politischen Chefs Ronald Plasterk nimmt er hin. Das kommt bei den Mitarbeitern des Dienstes nicht gut an. Sein schroffes Wesen sorgt zusätzlich für Distanz.

MIVD-Chef Bindt ist das genaue Gegenteil von Bertholee: Er wurde in der Marine ausgebildet, ist draufgängerisch und absolut nicht konfliktscheu. Der passionierte Zigarrenraucher mit dem Dienstgrad Konteradmiral sieht zwar schnell rot, ist andererseits aber auch zugänglicher. Er hat sich als intelligenter Offizier mit einem guten Blick für langfristige Prozesse einen Namen gemacht. Obwohl Bertholee und Bindt in den 1950er-Jahren geboren sind und derselben Generation angehören, kommt es zwischen ihnen immer wieder zu Spannungen. Nach jahrelangen Streitigkeiten ist es schließlich eine alte Bekannte des AIVD, die die Zusammenarbeit der Dienste von Neuem anschiebt: Paula Wiegers, langjährige Mitarbeiterin des AIVD und spätere hochrangige Beamtin im Ministerium für Bildung, Kultur und Wissenschaft (OCW) und im Ministerium für Allgemeine Angelegenheiten. Sie soll die beiden Dienste zu einer Einheit namens Joint Sigint Cyber Unit zusammenführen.

Wie mühsam der Prozess ist, stellt sich heraus, als einige Dutzend Mitarbeiter des MIVD, die einen Teil der neuen Einheit bilden, ins Gebäude des AIVD in Zoetermeer umziehen sollen. Der AIVD fordert, dass die Mitarbeiter sich strengen Sicherheitskontrollen unterziehen müssen, bevor sie das Gebäude betreten. Für die neuen Leute vom MIVD ist das eine glatte Beleidigung: Sie haben bereits eine Sicherheitserklärung abgegeben. Aber der AIVD lässt nicht mit sich reden – sehr zum Ärger des MIVD.

Über drei Jahre nachdem Bindt an die Spitze des MIVD berufen wurde, nimmt die gemeinsame Einheit der beiden Dienste allmählich, wenn auch nur langsam, Gestalt an. Beide Dienste stellen Spezialisten zur Verfügung: Der AIVD entsendet Hacker, der MIVD-Abhörexperten. Insgesamt sind rund 350 Personen bei der neuen Einheit beschäftigt, von denen rund 100 in der Digitalen Business-Unit arbeiten, die auch digitale Operationen durchführt. Darunter gliedern sich wiederum Teams für Abhöroperationen und Informantenkontakte.

Ein anderes Team kümmert sich um die Computer Network Exploitation (CNE); Hacker dieser Abteilung sind zu offensiven Operationen berechtigt und dürfen feindliche Netzwerke angreifen und ausspähen. Als die Zusammenarbeit beginnt, haben die AIVD-Mitarbeiter einen gewissen technischen Vorsprung. Ihre Hacker sind mit einer äußerst geheimen Operation beschäftigt, die sie tief nach Russland hineinführt.

Wie die niederländisch-amerikanische Überwachungsoperation gegen Kaspersky ausgeht, ist nicht bekannt. Laut AIVD-Quellen haben die Dienste aber mit Sicherheit den Laptop eines Kaspersky-Mitarbeiters aus einem Hotelschließfach geholt und zu einem Raum gebracht, in dem sich ein IT-Team der CIA befindet. Neidisch beobachten die AIVD-Leute, wie schnell die CIA-Techniker sich Zugang zu gespeicherten Passwörtern und Verschlüsselungscodes verschaffen und anschließend den Rechnerinhalt auf einen USB-Stick kopieren. Dann bringen die Niederländer den Laptop wieder zurück: Operation trotz allem gelungen.

Kaspersky hält den Vorfall für »unglaubwürdig«, wie das Unternehmen Jahre später erklären lässt. Die Techniker des Unternehmens waren von Anfang an misstrauisch. Darüber hinaus sind die Kaspersky-Leute überaus vorsichtig mit ihren Laptops, und laut Unternehmenspolitik ist es ihnen verboten, die Rechner in Hotelschließfächern aufzubewahren. Ein misstrauisch gewordener Kaspersky-Mitarbeiter rief offenbar einen befreundeten niederländischen Kontakt an, der wiederum den AIVD benachrichtigte. Der Dienst erklärte ihm, es handele sich um ein Missverständnis: Der Kaspersky-Mitarbeiter hatte den Eindruck, dass ihm jemand vom Bahnhof aus gefolgt sei, aber dort, so die Auskunft des AIVD, habe sich kein Observationsteam des AIVD aufgehalten.

Zwei Jahre später spreche ich mit fünf Informanten über diesen Spionagefall in einem Amsterdamer Hotel, aber trotzdem bleibt eine Reihe von Fragen offen. Aus welchem Grund wollte sich das FBI überhaupt Zugang zu den Laptops der Kaspersky-Mitarbeiter verschaffen? Welche Informationen versprachen sie sich davon?

Lange bin ich unschlüssig, ob ich die unvollständige Geschichte mit in dieses Buch aufnehmen soll. Dass sich das FBI für Kaspersky interessiert, ist sicher auf den Online-Kampf zwischen den USA und Russland zurückzuführen. Der AIVD schlägt sich dabei auf die Seite der Amerikaner. Auffallend ist, dass sich die Dienste bereits 2013 für Kaspersky interessieren, Jahre bevor das Thema aktuell und in der breiten Öffentlichkeit bekannt wird. Andererseits: Kann ich ohne ausreichende Informationen den tatsächlichen Hintergrund der Operation richtig deuten?

Solche Zweifel sind typisch, wenn man über Nachrichtendienste schreibt. Man hat nur in Ausnahmefällen die Antworten auf alle Fragen. Manchmal sind Quellen zu ängstlich, um sämtliche Informationen weiterzugeben, manchmal wissen sie einfach nicht mehr, und manchmal komme ich nicht an die fehlenden Puzzleteilchen. Soll ich dann veröffentlichen oder noch abwarten, bis ich mehr weiß? Man muss immer abwägen.

In ein ähnliches journalistisches Dilemma gerate ich auch, als ich über eine vertrauenswürdige Quelle erfahre, dass der AIVD Ende 2016 russische Malware in den Netzwerken des Oosterschelde-Sperrwerks (Sturmflutwehr) entdeckt. Möglicherweise eine wichtige Nachricht: Das Bauwerk ist ein besonders sensibler Teil der niederländischen Infrastruktur. Mein Informant ist nervös und will keine weiteren Einzelheiten nennen.

Ein Jahr später wird diese Nachricht von einem anderen Informanten bekräftigt. »Ja, davon habe ich gehört.« Man könnte natürlich jetzt sagen: Unbedingt veröffentlichen! Zwei Informanten bestätigen unabhängig voneinander die Information. Aber ich finde die Geschichte ein bisschen dünn. Wie hat der

AIVD diese Malware entdeckt? Seit wann war sie da? Um welche Malware handelt es sich? Wie sicher ist es, dass sie aus Russland kam?

Ein dreiviertel Jahr später spreche ich mit einem Betroffenen. Wenn an dieser Geschichte etwas dran ist, *muss* er davon wissen. Aber er bestreitet nachdrücklich, je etwas Derartiges gehört zu haben. Ich kontaktiere daraufhin wieder meinen ersten Informanten, der jedoch bei seiner Version bleibt. Einzelheiten kann oder will er allerdings nach wie vor nicht preisgeben. Ich kann die Geschichte nicht veröffentlichen.

Ein weiteres Beispiel: AIVD und CIA kooperieren und versuchen, einen jungen Iraner anzuwerben, der in den Niederlanden studiert. Der Student besitzt ausgezeichnete IT-Kenntnisse. Es ist eine einmalige Gelegenheit, aber die Sache scheitert. Der Student möchte nicht für den Nachrichtendienst arbeiten.

Gute Geschichte. Sie wird mir von anderer Seite bestätigt, ich kenne sogar den Namen des Studenten und weiß, wie er aussieht. Weil ich ihn nicht in Gefahr bringen will, schicke ich eine verschlüsselte Nachricht und teile ihm mit, dass ich gern seine persönliche Meinung zu dem Vorfall erfahren würde. Ich sage ihm auch, dass ich mich dafür interessiere, wie AIVD und CIA arbeiten: Was haben sie ihm angeboten? Wie sind sie ausgerechnet auf ihn gekommen?

Aber er reagiert nicht, auch nicht auf zwei weitere, ausführliche Mails, in denen ich ihm versichere, dass ich seine Identität schütze. Und jetzt? Ich bin mir sicher, dass die Geschichte stimmt. Ich verstehe auch, warum er nicht reagiert. Ich möchte seinen Namen, die Universität, an der er arbeitet, und seinen Hintergrund nicht einfach offenlegen. Ohne diese Informationen bleibt von der Geschichte aber nicht viel übrig. Ich beschließe daher, nicht zu veröffentlichen.

Auch die Spionagegeschichte in Amsterdam liegt lange in der Schublade. Ich versuche, neue Quellen zu finden, zusätz-

196

liche Informationen zu erhalten, zunächst ohne viel Erfolg. Bis ich eines Tages mit jemandem spreche, der mir von einer anderen AIVD-Mission erzählt. Eine geheime Operation, die in Verbindung mit der Spionagegeschichte im Hotel zu stehen scheint. Der AIVD ist noch nicht fertig mit Kaspersky.

Aber zurück ins Jahr 2013, ein schwieriges Jahr für den AIVD. Der Kampf gegen den islamistischen Terror ist kräftezehrend. Der beispiellos blutige Krieg des Islamischen Staates in Syrien und der al-Qaida in Afrika und dem Nahen Osten beeinflusst unmittelbar den Gemütszustand in den Niederlanden. In diesem Jahr gibt es nur spärliche Berichte des AIVD über digitale russische Spionage. Nicht einmal im Jahresbericht 2013 wird das Thema erwähnt. Im folgenden Jahr dagegen taucht es sage und schreibe 37 Mal auf. 2013 ist ein Jahr des Umbruchs für den Dienst.

Dabei ist der AIVD gut informiert. Man weiß dort, dass russische Hacker mit ihren technischen Kenntnissen eine Infrastruktur für die russischen Nachrichtendienste aufgebaut haben. Auf Onlineforen bieten russische Kriminelle ihre Dienste an. Hacken eines Facebook-Accounts: 200 Dollar. Gmail-Account: 117 Dollar. Hilfsmittel zum Installieren von Malware auf Windows-Rechnern: 600 Dollar.

Die russischen Geheimdienste wissen ebenfalls über dieses Potenzial Bescheid. Darum ist der AIVD nicht erbaut von den Besuchen Sergej Michajlows in Driebergen. Die Russen haben keinerlei Interesse daran, ihre Internetkriminellen zu verhaften. Sie wollen deren Kenntnisse für ihre eigenen Zwecke nutzen. Russischen Dienste, allen voran der FSB, sind daher nicht vertrauenswürdig. Davon ist man in Zoetermeer überzeugt.

Ein Beispiel dafür ist der Hack der Suchmaschine Yahoo. Hacker spähen Passwörter, Mailadressen, Telefonnummern und Einstellungen von rund 500 Millionen Nutzern aus: der größte Datenklau der Geschichte. Der Täter, ein 23-jähriger junger Mann aus Kasachstan, wohnt in Kanada.

Mittlerweile weiß das FBI, dass die eigentlichen Auftraggeber aus Russland kommen. Es handelt sich um zwei hochrangige Beamte des Nachrichtendienstes FSB, die bei der digitalen Fahndung arbeiten. Sie sind direkte Kollegen von Sergej Michajlow. Genau wie er haben sie häufig Kontakt mit ausländischen Ermittlungsdiensten, um bei der Suche nach Cyberkriminellen zu helfen. Nun räumen Hacker im Auftrag der beiden Yahoo leer. Mit den gestohlenen Mailadressen wird spioniert: bei Mitarbeitern im Weißen Haus, Militärs, CEOs in verschiedenen osteuropäischen Staaten und auch Russen, beispielsweise Journalisten, Regierungsmitarbeitern und Aktivisten. »Dass hochrangige Beamte, die verantwortlich für die Strafverfolgung sind, in den Diebstahl verwickelt waren und ihn geleitet haben, macht ihr Verhalten noch abstoßender«, sagt die amerikanische Anklägerin Mary McCord.

Michajlow wird wegen Hochverrats zu 22 Jahren Haftstrafe verurteilt. Er hat angeblich gegen Geld Informationen an das FBI weitergegeben. Sein Prozess findet jedoch nicht in Amerika, sondern in Russland statt.

Dass er nicht im Westen verurteilt wird, liegt auch daran, dass im Jahr 2013 dort über russische Spionage kaum etwas bekannt ist. Das Spiel der Russen ist undurchsichtig. Sie verbergen sich hinter kriminellen Netzwerken. Russland erkennt als eines der ersten Länder, welche nahezu unbegrenzten Möglichkeiten das Internet für Spionage eröffnet. Bereits 1998 spähen russische Agenten das US-Verteidigungsministerium und die Raumfahrtbehörde NASA aus.

Ihre Geschicklichkeit zeigt sich darin, dass die Spionage lange Zeit so gut wie unbemerkt bleibt. Russische Methoden sind erheblich moderner als die der Chinesen, die Massenangriffe durchführen und fortwährend Unternehmen attackieren. Russland operiert klüger, disziplinierter und hinterlässt weniger Spuren. Russische Agenten verstehen sich auch ausgezeichnet darauf, infizierte Systeme vollständig auszuräumen. Sie spähen lange aus und suchen geduldig nach den sensibelsten Informationen.

Gerade als 2014 die Krise in der Ukraine ausbricht und Russland die Halbinsel Krim annektiert, wird im belgischen Außenministerium ein Virus entdeckt. Es handelt sich um ein professionelles Spionagevirus, das diplomatische Informationen und vertrauliche Dokumente kopiert, unter anderem einen geheimen Bericht über die Ukraine. Obgleich alle Spuren nach Moskau führen, lässt sich nicht herausfinden, *welche* russischen Hacker hinter dem Hackerangriff stecken.

Die Angriffe der russischen Regierung bleiben auch deswegen weitgehend unbemerkt, weil der Westen hauptsächlich die chinesische und iranische Spionage im Visier hat. 2014 hat der »Russland-Desk« des MIVD gerade mal sechs Mitarbeiter. Fünf Jahre später sind es bereits zehnmal so viele. Das fünfköpfige Russlandteam des AIVD, das N. leitet, ist ebenfalls überschaubar. Ein so kleines Team kann nur wenige geheimdienstliche Operationen durchführen.

2013 sind die politischen Beziehungen zwischen den Niederlanden und Russland noch recht gut; ein »Jahr der niederländisch-russischen Freundschaft« soll das offiziell mit zahlreichen Veranstaltungen besiegeln. Präsident Putin besucht in Amsterdam eine Ausstellungseröffnung der St. Petersburger Eremitage, König Willem-Alexander und Königin Máxima sind im Herbst zu einem Gegenbesuch in Moskau.

Während der Olympischen Winterspiele in Sotschi im Frühling 2014 findet ein zweites Treffen des niederländischen Königspaares mit Putin statt, diesmal im *Holland Heineken House*. Dort herrscht ausgelassene Stimmung, die Aufnahme des übers ganze Gesicht lachenden Königs, der mit Putin ein Bierchen trinkt, geht um die ganze Welt. Später erklärt Premierminister

Rutte Pressevertretern, es sei »prima«, dass der König Putin zugeprostet habe. Die Kontakte zwischen den beiden Nationen seien unverändert gut. Der Premier findet das freundschaftliche Verhältnis zwischen Königshaus und Kreml »durchaus positiv«.

Aber hinter der Fassade bröckelt es bereits. Putins Armee ist kurz davor, die Ukraine anzugreifen. Die Beziehungen zwischen Russland und dem Westen kühlen rasch ab. Russische Hackergruppen attackieren im großen Stil. N. versucht im Gegenzug, die Absichten und das Verhalten der Russen genau zu verfolgen. Durch einen »Glücksfall« kommt der AIVD im Laufe einer Ermittlung russischen Spionen auf die Spur. Als Hacker des Dienstes dieser Spur nachgehen, führt sie in ein Universitätsgebäude in Moskau. Dort sehen die Ermittler etwas, das sie nicht für möglich gehalten hätten.

9

AUF DEM ROTEN PLATZ ERTAPPT

»Warum willst du das wissen? Wieso reden die Leute darüber?«
Verärgert beendet ein guter Informant, mit dem ich bereits seit
Jahren Kontakt habe, unser Telefongespräch. Noch nie habe
ich ihn so wütend erlebt. Es ist Samstagmittag, die Redaktion
von *de Volkskrant* ist verwaist. Nur eine Reinigungskraft läuft
zwischen den Schreibtischen entlang und leert Abfalleimer in
einen großen blauen Müllsack. Ich habe Wochenenddienst: Gemeinsam mit einem Kollegen bearbeite ich die eingehenden
Inlandsnachrichten.

Die Technologie-Website Tweakers wartet mit einem
Knüller auf: Chinesische Hacker sind beim niederländischen
Chiphersteller ASML eingebrochen. Das Unternehmen aus
Veldhoven in Brabant ist Marktführer in der Produktion von
Maschinen, die Chips, etwa für Handys oder Rechner, herstellen. Kunden sind unter anderem Intel und Samsung. ASML
befindet sich in einem permanenten Wettrüsten, um der Konkurrenz voraus zu sein. Die Kunst besteht darin, immer kleinere Chips mit immer größerer Rechenleistung zu produzieren. ASML steckt Milliarden in die Forschung und hat
aufgrund seiner überaus komplexen und einzigartigen Technologie die Nase vorn.

Es ist also eine wichtige Nachricht, dass es chinesischen
Hackern geglückt ist, in das Milliardenunternehmen einzudringen. Der Hack kann schwerwiegende Folgen haben: Wenn
China die Technologie von ASML erfolgreich kopiert, kann es
eigene Chips auf den chinesischen Markt bringen. ASML liefert
viele Maschinen in den asiatischen Raum. Wie wurde die Spio-

nage entdeckt? Wie ist es den Chinesen gelungen, in das Unternehmen einzudringen? Wie lang wurde ASML ausgespäht? Wie groß ist der Schaden?

Ich rufe über eine verschlüsselte Verbindung vier Informanten an, die meine Fragen jedoch nur kurz und zurückhaltend beantworten. Einer von ihnen, ein guter Informant, ist sogar richtiggehend gereizt. Er will nicht über das Thema reden und ist böse, weil andere Quellen etwas auskunftsfreudiger waren und der Hack dadurch in der Öffentlichkeit bekannt wurde. Die Berichterstattung und die Nachforschungen schaden ASML, findet er.

Die schroffe Reaktion erstaunt mich. Seine Argumente kenne ich von Nachrichtendiensten: Man will sich nicht zu ausländischer Spionage äußern, um dem Feind nicht in die Hände zu spielen und ihm noch mehr Informationen zu liefern. Aber mein Informant arbeitet nicht für einen Nachrichtendienst. Warum ist er so aufgebracht?

Irgendetwas Merkwürdiges geht vor. Internetspionage greift um sich. Eine Regierungsbehörde nach der anderen warnt vor Angriffen, überall gibt es Gerüchte über attackierte Unternehmen, und auf Kongressen ist es das Thema schlechthin. Aber sobald ich nach konkreten Fällen frage, hüllen sich alle in Schweigen.

Sogar wenn ein Unternehmen attackiert wurde, wie ASML, stehe ich vor verschlossenen Türen. ASML spielt die Spionage herunter. Zuerst sagt der Chiphersteller: »Auf einzelne Sicherheitsbelange reagieren wir grundsätzlich nicht.« Wenig später folgt eine halbherzige Bestätigung: »Anscheinend gab es nur Zugang zu einer geringen Datenmenge.«

Bei Spionage schalten Unternehmen normalerweise IT-Sicherheitsexperten ein. Diese untersuchen die Attacke, ermitteln die Angreifer und setzen die Systeme wieder neu auf. Im Vorfeld müssen die IT-Experten eine Geheimhaltungsvereinbarung unterschreiben und sich zu strikter Verschwiegenheit verpflichten.

Bei besonders schwerwiegenden Angriffen werden auch AIVD und MIVD hinzugezogen. Die Dienste wollen ebenso wenig reden. Ihre Arbeit ist geheim und diese Geheimhaltung ist wichtig für die Sicherheit des Landes, finden sie. Sobald ausländische Staaten erfahren, dass niederländische Nachrichtendienste ihnen auf der Spur sind, passen sie ihre Vorgehensweise entsprechend an. Alle haben gute Gründe, ihr Schweigen nicht zu brechen.

Ich erlebe dasselbe, als ich über den chinesischen Spionageangriff auf Rheinmetall in Ede berichte. Das Unternehmen erteilt keine Auskunft. IT-Experte Yonathan Klijnsma, der die chinesische Spionage analysiert hat, will nicht bestätigen, dass die Chinesen Zugang zum Netzwerk von Rheinmetall hatten. Als ich mich bei anderen Informanten erkundige, werden sie plötzlich sehr schweigsam.

Über einen Kontakt erhalte ich schließlich eine kurze Bestätigung. »Ja, es geht voran«, denke ich, aber alle weiteren Fragen bleiben unbeantwortet. Wie lange waren die Chinesen im System? Was haben sie erbeutet? Stille.

Der Artikel »Niederländisch-deutsches Rüstungsunternehmen von Chinesen gehackt« in der *Volkskrant* löst öffentlichen Wirbel aus. Medien übernehmen den Bericht, Abgeordnete stellen dem Verteidigungsminister Fragen. Endlich: Spionage wird als Thema in der Politik diskutiert. Ich bin gespannt, wie Ministerin Hennis auf die parlamentarischen Anfragen antworten wird. Wird sie bekannt geben, was die Chinesen erbeutet haben? Kommt sie auf andere Spionagefälle zu sprechen?

Ein paar Wochen später schickt die Ministerin von der liberalen Partei ihre Antwort an die Zweite Kammer. Die erste Frage lautete: »Trifft es zu, dass geheime Daten des niederländisch-deutschen Rüstungsunternehmens Rheinmetall bei einer chinesischen Cyberattacke gestohlen wurden?« Antwort Hennis:

»Es ist nicht Aufgabe des Verteidigungsministeriums, derartige Berichterstattungen zu widerlegen oder zu bestätigen.« Also wieder Fehlanzeige. Leugnen, Allgemeinplätze. Ist das nicht sonderbar: Die niederländische Regierung warnt regelmäßig vor digitalen Angriffen, die die nationale Sicherheit bedrohen, kriegt aber, wenn ein solcher Angriff dann tatsächlich stattfindet, unter dem Vorwand, es handele sich um Staats- oder Betriebsgeheimnisse, die Zähne nicht auseinander. Wenn in zunehmend mehr Juweliergeschäften in den Niederlanden Banden die Türen einschlagen und den Schmuck rauben würden, entstünde eine öffentliche Diskussion. Parlamentsmitglieder würden den Justizminister auffordern, Gegenmaßnahmen zu treffen. Beunruhigte Juweliere würden sich zusammenschließen und Polizeischutz fordern. Und Bürger würden sich nicht mehr sicher fühlen. Es wäre äußerst merkwürdig, wenn die Regierung in diesem Fall sagen würde: »Wir können weder bestätigen noch verneinen, dass derartige Überfälle auf Juweliergeschäfte stattgefunden haben.« Warum geschieht das dann bei digitalen Angriffen? Der Schaden für die Gesellschaft ist nicht weniger real oder geringer. Wenn China komplexe Technologien von ASML erbeutet, hat das unter Umständen verheerende Folgen.

»Spionage gab es schon immer«, entgegnet ein etwas älterer Informant, als ich mein Erstaunen äußere. »Aber hier geht es ja nicht um einen einzelnen Spion, der in den Niederlanden entdeckt wird, so wie früher. Hier geht es um systematische Angriffe«, erwidere ich. Man muss sich nur den Jahresbericht 2014 des AIVD ansehen. Dort steht, dass »Hunderte von Organisationen« Zielobjekte digitaler Angriffe waren. »Der AIVD ist der Ansicht, dass die entdeckten Angriffe nur die Spitze des Eisberges sind. Die Gesamtanzahl der Attacken ist weit höher.«

Die NSA späht die Systeme eines Unternehmens aus, das den internationalen Zahlungsverkehr regelt. China verschafft sich Zutritt zur Datenbank von Marriott und raubt 500 Millionen Kundendaten. Russische Hacker dringen in die Rechner des Deutschen Bundestages und des französischen Senders TV5 ein; sie geben sich als Islamischer Staat aus und schicken Todesdrohungen an die Ehefrauen amerikanischer Soldaten. Die digitale Technologie hat umfangreiche Spionage und Einflussnahme möglich gemacht. Bedrohung und Maßstab sind mit Spionageaktivitäten, wie sie vor 20 Jahren noch stattgefunden haben, nicht vergleichbar. Es handelt sich hier nicht mehr um Einzelfälle, sondern unser gesellschaftliches Zusammenleben wird dadurch gefährdet. Spionage kann Unternehmen in den Konkurs treiben, politische Prozesse beeinflussen und Bürger manipulieren.

Mein Informant nickt zögernd und sagt, er könne meine Sorge verstehen. »Aber sobald Geheimdienste öffentlich über diese Gefahren reden, schränken sie ihre Möglichkeiten zur Informationsbeschaffung ein.« Das ist das Paradox: Die Verwundbarkeit wächst, aber darüber zu sprechen, vergrößert sie noch zusätzlich.

Auch die Art der Spionage hat sich verändert. Es geht nicht mehr nur darum, feindliche Computersysteme zu *erforschen* oder Daten zu *verwerten*, sondern manchmal besteht das Ziel darin, Computernetzwerke zu *zerstören*, wie Israel und die USA mit Unterstützung der Niederländer im Fall des Stuxnet-Virus. Das bezeichnet man als *Computer Network Attack*. Israel greift die Rechner der syrischen Luftabwehr an und wirft gleichzeitig Bomben ab. Iran zerstört mit einem Virus 30 000 Rechner von Saudi Aramco, dem staatlichen saudi-arabischen Energieunternehmen. Russland legt mit einem Angriff das ukrainische Stromnetz lahm.

Die amerikanische Journalistin Kim Zetter beschreibt diese Entwicklung mit einem Vergleich zwischen den Filmen *Ocean's Eleven* und *Die Hard*: In *Ocean's Eleven* rauben elf Profis langsam und gründlich Casinos in Las Vegas aus; in *Die Hard* versuchen zwölf Terroristen, brutal, gewaltsam und ohne Rücksicht auf Verluste ihr Ziel zu erreichen. Die digitale Welt folgt zunehmend dem Drehbuch von *Die Hard* und verwandelt sich allmählich in ein Schlachtfeld, auf dem Betriebe zerstört werden und echte Opfer fallen.

Wie verhalten sich die niederländischen Geheimdienste in diesem Rüstungswettlauf? Können sie die Demokratie schützen – und um welchen Preis?

Der AIVD hat etwas in der Hand. Der Nachrichtendienst ist zufällig auf die Spur eines russischen Spionageangriffs gestoßen. Es ist Frühling 2014 und im Osten brodelt es: Russland hat die zur Ukraine gehörende Krim gewaltsam annektiert. Im Osten der Ukraine kommt es zu schweren Kämpfen. Die Russen versuchen, auch digital Einfluss zu nehmen: Hackergruppen beeinflussen westliche Regierungen, russische Troll-Accounts lenken die Debatten in den Social Media in eine bestimme Richtung.

Der AIVD gibt seine Informationen an das fünfköpfige Hackerteam des Dienstes weiter. Das Team versucht rund um die Uhr, in feindliche Computersysteme einzudringen. Sie greifen insbesondere Router und Firewalls an: Dort sind die meisten Schwachstellen. Einer der fünf Hacker geht mithilfe dieser Informationen ans Werk. Der Mann ist die digitale Wunderwaffe des Geheimdienstes und besitzt außergewöhnlich gute Hackkenntnisse. Er dringt tief nach Russland hinein und landet schließlich in einem Universitätsgebäude am Roten Platz in Moskau. Er arbeitet sich in das Computernetzwerk hinein und lässt dort einen kleinen Datenbestand zurück, ein *Implant*.

In ein Rechnernetzwerk einzudringen, ist Präzisionsarbeit. Man will nicht unnötig auf sich aufmerksam machen. Der professionelle Hacker lässt deswegen zuerst einen winzigen Datenbestand zurück, der einen ersten Aufklärungsstreifzug unternimmt und die Informationen anschließend nach Zoetermeer schickt. Zu diesem Zeitpunkt hat der Hacker noch keine Ahnung, wo er sich befindet. Er und seine Kollegen nehmen an, dass sie in einem Aufenthaltsraum an der Universität sind.

Das ist kein abwegiger Gedanke. Obwohl der AIVD und andere westliche Dienste zunehmend häufiger auf die Spuren russischer Hacker stoßen, herrscht noch keine genaue Vorstellung über deren Arbeitsweise. Es ist hochkomplex, aus Viren, die in Organisationen eindringen, Rückschlüsse auf Hacker zu ziehen. Manchmal enthält die Software kleine Hinweise, wie beispielsweise die Sprache, in der die ersten Sätze geschrieben sind. Auch die Methode – also wie das Virus eindringt oder wie Informationen weggeschleust werden – kann etwas über die Hacker verraten. Wie die Briten gehen die Russen sehr sorgfältig vor, verwischen ihre Spuren und verschleiern ihre Identität. Sie arbeiten mit verschiedenen Servern weltweit oder heuern andere Hacker an, um die eigentlichen Angriffe durchzuführen.

Der AIVD vermutet, an einem solchen Ort gelandet zu sein: ein Ort, von dem aus russische Studenten gelegentlich Angriffe für den russischen Geheimdienst durchführen. Als der AIVD-Hacker besser über das Netzwerk Bescheid weiß und sich sicherer fühlt, installiert er das nächste Implant, das umfangreicher ist und mehr Aufträge bearbeiten kann. Ein Implant ist wie ein Späher hinter der feindlichen Linie. Man versteckt es irgendwo im Computernetzwerk, beispielsweise im Speicher. Nachrichtendienste setzen solche Implants auf der ganzen Welt ein. Sie nehmen Aufträge entgegen oder verschicken sie. So ein Auftrag lautet beispielsweise »einmal pro Tag melden, was im Netzwerk passiert ist« oder »Signal geben bei geheimen Dokumenten«.

Implants zu installieren ist riskant: Sie können jederzeit entdeckt werden. Aus diesem Grund entscheiden sich manche Geheimdienste dafür, den Zugang jedes Mal manuell – etwa mithilfe eines erbeuteten Passwortes – herzustellen und sich anschließend wieder zurückzuziehen. Dann bleiben keine Spuren zurück.

Der AIVD sieht, dass das Netzwerk mit einer Überwachungskamera verbunden ist. Der AIVD-Hacker überprüft daraufhin, ob das Standardpasswort funktioniert. Ansonsten könnte er auch in den Netzwerkrechnern danach suchen. Als er Zugang zur Kamera hat, sieht er, dass sie in einem runden Gang angebracht und auf eine Tür gerichtet ist. Die Kamera zeichnet jede Person auf, die den Raum betritt.

Die AIVD-Hacker veranlassen die Kamera, Screenshots zu machen. Die kleinen Datenbestände mit diesen Fotos legen sie irgendwo im Netzwerk ab und schicken sie von dort aus allmählich nach Zoetermeer. Sie dürfen nicht zu viele Aufnahmen auf einmal senden, das würde auffallen. Nachdem sie einige Wochen lang observiert haben, machen sie eine unglaubliche Entdeckung.

Der AIVD analysiert das Bildmaterial und das Verhalten der Gruppe. Dadurch wird der Standort der russischen Hackergruppe nach und nach deutlich. Er befindet sich im Raum eines großen Universitätskomplexes. Die Zusammensetzung der Gruppe ändert sich regelmäßig, meist sind es ungefähr zehn Personen. Ab sechs Uhr morgens sind die ersten Hacker aktiv, der Großteil davon arbeitet bis 16 Uhr, einige wenige sind bis zum Abend in dem Raum. Auf den Aufnahmen sind hochrangige Mitarbeiter des russischen Nachrichtendienstes und bekannte Hacker zu sehen. Arbeitsweise und Viren sagen auch etwas über die Gruppe aus. Offenbar handelt es sich dabei nicht um technisch versierte Studenten, sondern um eine berüchtigte russische Spionageeinheit: APT29, auch unter dem Namen »Cozy Bear« bekannt.

Das ist ein echter Coup. Die normalerweise zurückhaltenden AIVD-Leute, die häufig schwierige Aufgaben ausführen müssen, sind total aus dem Häuschen. Hinter den sichtgeschützten, getönten Fensterscheiben bricht lauter Jubel aus. Cozy Bear hat bereits viel von sich reden gemacht. Die Einheit ist spezialisiert auf langfristige Infiltration, Ziele sind internationale Organisationen und Regierungen. IT-Sicherheitsfirmen analysieren Vorgehen und Malware der Gruppe. Dabei stellt sich heraus, dass Cozy Bear Angriffe auf mehrere Bereiche richtet: Militär, Diplomatie, Telekommunikation, Energie.

Wie oft solche Angriffe tatsächlich erfolgen, zeigt eine Analyse, die Kaspersky 2014 auf einem seiner Server durchführt: Cozy Bear attackiert 84 Mal in Georgien, 61 Mal in Russland, 34 Mal in den USA, 14 Mal in Großbritannien, achtmal in Indien und viermal in der Ukraine. Cozy Bear benutzt Dutzende solcher Server und wechselt sie außerdem ständig. Obwohl Experten und Geheimdienste versuchen, die Einheit im Auge zu behalten, sind Standort der Gruppe und Identität der einzelnen Hacker unbekannt. Ganz zu schweigen davon, dass man den Kreml als Auftraggeber vermutet.

Dank der Infiltration kann sich der AIVD nun ein exakteres Bild verschaffen. Die Hacker des Dienstes gehen sehr vorsichtig zu Werke: Der geringste Fehler reicht aus, um entdeckt zu werden. Direktor Rob Bertholee weiß über den Zugang Bescheid, ist sich jedoch unschlüssig, ob er seinen Kollegen Pieter Bindt vom MIVD davon unterrichten soll. Beide Dienste arbeiten in der Joint Sigint Cyber Unit zusammen, zu der auch die AIVD-Hacker gehören. Dennoch zögert Bertholee, der nur ungern Informationen teilt. Es dauert Wochen, bis er Peter Bindt mitteilt, dass der AIVD das Netzwerk von Cozy Bear infiltriert hat.

Während der Nachrichtendienst Cozy Bear ausspäht, geht im russischen Pressebüro Interfax am 17. Juli 2014 eine alarmierende Nachricht ein. Ein Passagierflugzeug auf dem Weg von Amsterdam nach Kuala Lumpur ist über der Ostukraine abgeschossen worden. Das Flugzeug ist um 15.18 Uhr vom Radar verschwunden und abgestürzt. Im Internet kursieren Amateuraufnahmen von schwarzen Rauchwolken in der Nähe des ukrainischen Städtchens Hrabowe. Wenig später sind die ersten qualmenden Trümmerteile mit den dazwischenliegenden Leichen der Passagiere zu sehen. Es wird schnell deutlich, dass es keine Überlebenden gibt: Insgesamt kommen 298 Menschen bei dem Unglück ums Leben, darunter 193 Niederländer.

Als die Tragödie bekannt wird, bricht in Zoetermeer Chaos aus. Mitarbeiter eilen noch am selben Abend ins Büro und forschen nach Informationen. Aufgrund von Sparmaßnahmen und der anhaltenden Bedrohung durch den Dschihadismus, die viele Kräfte bindet, ist die Personaldecke knapp. Wichtige russisch-sprechende Analysten wurden eingespart, in Kiew befinden sich keine Kontaktpersonen des AIVD. In höchster Eile wird ein bereits pensionierter Mitarbeiter als Feuerwehrmann in die Ukraine geschickt.

Die Tragödie rückt den Zugang zum Netzwerk von Cozy Bear in den Hintergrund, aber die AIVD-Hacker spähen die Hackergruppe weiterhin aus. Es bleibt unklar, ob sie dabei auch verwertbare Informationen über den Flug MH17 erhalten. Eine andere russische Spionagegruppe namens APT28 oder auch Fancy Bear schaltet sich später in den Informationskrieg ein, den der Absturz der MH17 auslöst. Das Unglück veranlasst Russland nicht dazu, seine Spionageaktivitäten im Ausland einzustellen. Das Gegenteil ist der Fall, die Zahl der Attacken nimmt sogar zu. Ein paar Monaten nach Beginn der Infiltration bemerkt der niederländische Geheimdienst, dass die Russen Vorbereitungen treffen, um die USA unter Beschuss zu nehmen.

Als ich zum ersten Mal etwas von der AIVD-Operation in Moskau höre, ist mir nicht klar, was das tatsächlich bedeutet. Ich sitze mit einer Quelle in einem Café und frage nach Neuigkeiten.

Zu diesem Zeitpunkt, im Sommer 2017, ist bereits bekannt, dass Russland sich mit einer Desinformationskampagne in den amerikanischen Wahlkampf eingemischt hat. Russland beeinflusste die Wahlen und unterstützte Präsidentschaftskandidat Donald Trump. Von russischen Rechnern aus wurden amerikanische Bürger, Stimmcomputer und die Demokratische Partei manipuliert. Alles ganz bequem und ohne Russland zu verlassen: Das Internet bringt die Angreifer mit einem Klick von Moskau nach Washington.

Russland setzt ein ganzes Arsenal an digitalen Waffen ein. Social-Media-Kanäle werden gezielt mit Propaganda bespielt. Daran arbeiten Hunderte meist junger Russen in Zwölf-Stunden-Schichten in einem Bürogebäude in St. Petersburg. Sie erhalten Aufträge, um Nachrichten, Fotos oder Videos zu platzieren. Sie sorgen mit Postings dafür, dass Aufregung entsteht oder fachen sie noch an. *The New York Times* beschreibt genau, wie raffiniert die Russen vorgehen.

Die Bewohner eines kleinen Städtchens in Louisiana erhalten 2014 eines Abends besorgniserregende SMS-Nachrichten. »Warnung: Giftstoffe freigesetzt. Begeben Sie sich an einen sicheren Platz, weitere Informationen folgen in den lokalen Medien.« Ein Blick auf Twitter beweist, dass es sich um eine seriöse Meldung handelt. Hunderte von Accounts berichten von einer Explosion in einer nahe gelegenen Chemiefabrik. »Heftige Explosion ein paar Kilometer entfernt«, twittert ein gewisser »Jon Merrit«. Ein anderer twittert ein Foto von Flammen. Ein dritter stellt ein Video ein, das die Explosion zeigt. Lokale und überregionale Journalisten erhalten entsprechende Meldungen und werden »getaggt«. Die Nachricht verbreitet sich wie ein Lauffeuer. Jemand postet einen Screenshot der CNN-Homepage: Dort wird ebenfalls landesweit über die Explosion berichtet. Auf YouTube erscheint ein Video, in dem ein Mann arabische Fernsehbilder betrachtet; anschließend bekennt sich ein vermummter IS-Mann zu der Attacke. Auf Wikipedia ist bereits eine eigene Seite eingerichtet, lokale und regionale Medien berichten auf allen Social-Media-Kanälen über das Unglück.

Dabei ist alles nur ein Nepp. Innerhalb weniger Stunden werden Tweets über Fake-Accounts geschickt, Bilder und Videos ins Netz gestellt. Alles eine koordinierte Desinformationskampagne aus der Trollfabrik in St. Petersburg. Die Nachrichten lösen Panik aus: Die Telefone der Rettungsdienste und der Sprecher der Chemiefabrik laufen heiß, als besorgte Anwohner anrufen. Die Aufgabe der jungen Russen besteht darin, Unruhe zu schüren und Zwietracht zu säen.

Ähnliches spielt sich nach dem Abschuss der MH17 ab. In den zwei darauffolgenden Tagen verschicken Trollfabriken insgesamt mehr als 100 000 Nachrichten, so viele wie nie zuvor. Eine Reportage von *De Groene Amsterdammer* (niederländische Wochenzeitschrift) zeigt, wie die Einflussnahme direkt am Morgen nach dem Abschuss einsetzt. Die Trolle erstellen drei Hashtags in russischer Sprache – *# Kiew schießt Boeing ab*, *# Kiew-Provokation* und *# Kiew-sag-die-Wahrheit* –, die der Ukraine die Schuld an dem Unglück zuschreiben.

Dieselbe Methode wenden die Trolle auch bei den amerikanischen Präsidentschaftswahlen an. Mit gefälschten Werbeanzeigen und sensationsheischenden Nachrichten mischen sie sich in den Wahlkampf ein. Innerhalb von zwei Jahren platzieren russische Accounts 80 000 Posts auf Facebook, die Partei für Donald Trump ergreifen; er ist Russland weniger feindlich gesinnt als andere Kandidaten. 40 Prozent der amerikanischen Wähler sehen diese russischen Nachrichten. Zeitgleich greifen russische Hacker die amerikanischen Wahlsysteme an. In Illinois stehlen sie die Daten von 90 000 Amerikanern, in Arizona dringen sie in ein lokales Wahlbüro ein, in Tennessee verschaffen sie sich Zugang zu einer Regierungswebsite und in Florida zu einem IT-Unternehmen.

Die Demokratische Partei wird besonders heftig attackiert. Cozy Bear und Fancy Bear dringen ins Netzwerk der Parteileitung ein. Dort observieren sie und suchen nach belastenden Informationen über Hilary Clinton, die Präsidentschaftskandidatin. Fancy Bear greift dabei 20 000 Mails ab, die später auf

Wikileaks veröffentlicht werden. Die Mails schaden der Partei-
spitze und Clinton. Die Amerikaner sind völlig überrumpelt
von den russischen Machenschaften, und den Nachrichtendiensten gelingt es nicht, die Online-Angriffe zu stoppen. In
den amerikanischen Medien wird die Attacke als »digitales
Pearl Harbour« bezeichnet.

Die russische Einmischung wirkt lange nach. Wusste Präsident
Donald Trump von der russischen Wahlkampfhilfe? War jemand in seinem direkten Umfeld informiert? Was ist über
das Treffen zwischen Trump-Vertrauten und Russen bekannt?
Eelco Bosch van Rosenthal, Journalist der »Nieuwsuur«, und
ich forschen gemeinsam nach. Es ist nicht unsere erste Zusammenarbeit, in Moskau haben wir bereits zusammen Snowden
interviewt. Eelco hat viele Kontakte in den USA, und ich bin
in der Welt der Nachrichtendienste gut verdrahtet.

Lange Zeit führen wir fruchtlose Gespräche. Wir vermuten,
dass es in den Niederlanden ein Treffen zwischen einem russischen Spion und einem Trump-Vertrauten gab, können es aber
nicht nachweisen. Bis auf eine Handvoll Gerüchte und ein paar
halbe Bestätigungen haben wir nichts in der Hand. Als ich im
Sommer 2017 einen neuen Versuch bei einem Informanten un-
ternehme, sieht es wieder einmal so aus, als würde nichts dabei herauskommen, und ich schneide andere Themen an. Als
wir über digitale Spionage sprechen, erwähnt mein Informant
jedoch beiläufig, dass die Niederländer etwas von dem Hackerangriff auf die US-Demokraten gesehen haben.

Natürlich denke ich sofort an die vielen niederländischen
Datenzentren und den Knoten in Amsterdam. Es wäre nicht
überraschend, wenn die russischen Hacker – bewusst oder un-
bewusst – ihre Angriffe über die Niederlande organisiert hätten, beispielsweise indem sie einen VPN-Server nutzen, der
sich zufällig hier befindet. Nachrichtendienste könnten den
Server dann anzapfen und herausfinden, womit die Hacker-

gruppe beschäftigt ist. Der Informant weigert sich, weiter über das Thema zu reden.

Als ich bei anderen Quellen nachforsche, reagieren sie mit ungläubigem Staunen. Anscheinend hat niemand sonst von diesem Gerücht gehört. Stimmt die Information? Oder mache ich einen Denkfehler?

Eelco hört sich bei amerikanischen Quellen um. Die Sache beschäftigt uns monatelang. Ich gehe die ganze Zeit davon aus, dass die niederländischen Dienste etwas bemerkt haben *müssen*, wenn die russischen Angriffe über hiesige Datenzentren laufen. Meine Vermutung verstärkt sich, als ich auf eine andere aufsehenerregende Geschichte stoße.

Dabei geht es um einen unauffälligen Server des Hosting-Providers Leaseweb. Im Jahr 2011 schickt das FBI eine Anfrage an die niederländische Polizei: Könnte die Polizei diesen Server in einem Rechenzentrum in Waarderpolder am Stadtrand von Haarlem, auf dem Industriegelände dort, neben Ikea anzapfen? Auf dem Server befänden sich wichtige Daten über ein Drogenkartell. Das Team High Tech Crime schickt einen IT-Spezialisten. Er zapft den Server an und schickt die Daten zum Sitz der Polizei in Driebergen. Von dort aus wird die Kommunikation verschlüsselt an das FBI weitergeleitet.

Anderthalb Jahre lang wird abgehört. Einmal im Monat gibt es eine neue Anfrage – das ist gesetzlich vorgeschrieben –, und die Genehmigung wird verlängert. Für das Team High Tech Crime ist das ein Kinderspiel, ein einfacher Handgriff, um Daten nach Amerika weiterzuleiten. Die Polizei kennt den Grund dieser Abhöroperation nur zum Teil. Sie weiß, dass es sich bei dem Server um einen sogenannten BES-Server handelt, auf dem sich die Kommunikation von Blackberry-Geräten befindet. Als die Polizei das Anzapfen beendet, erfährt einer der Beamten, dass der Blackberry-Server zum Sinaloa-Kartell in Mexiko gehörte – das berüchtigtste Drogenkartell der Welt. Leaseweb darf selbst entscheiden, ob der Server abgeschaltet wird oder nicht. Von amerikanischer Seite wird geraten, den Server weiterzubetreiben. »Sonst müssen Menschen in Mexiko sterben«, bekommt ein Mitarbeiter von Leaseweb zu hören.

Erst nach Ablauf der Operation stellt sich deren *wahrer* Grund heraus. Anfang 2014, bei einem Besuch der Nationalen Staatsanwaltschaft in Rotterdam, erklären zwei FBI-Beamte der niederländischen Polizei, warum sie unbedingt den BES-Server in Haarlem anzapfen wollten.

Das FBI hatte Kontakt mit einem IT-Techniker. Der Mann war Ende 20 und hatte dafür zu sorgen, dass die Führungsriege des Sinaloa-Kartells sicher untereinander kommunizieren konnte. Der Techniker benutzte dafür Blackberry-Geräte, die bei kriminellen Organisationen wegen ihrer vermeintlichen Sicherheit lange beliebt waren: Nachrichten und Gespräche sind verschlüsselt, die Chiffrierschlüssel werden auf einem eigenen Server gespeichert. Ohne Zugriff auf den Server steht die Polizei mit leeren Händen da.

Nachdem der IT-Techniker ins Visier des FBI geraten ist, lockt ihn der Dienst in ein Hotelzimmer und stellt ihn vor die Wahl: entweder Zusammenarbeit mit dem Dienst und Strafminderung oder eine lange Gefängnisstrafe. Der Mann entscheidet sich für die Zusammenarbeit und arbeitet undercover für das FBI. Jetzt haben die amerikanischen Ermittler den Fuß in der Tür: Durch ihren Kontaktmann erfahren sie den Standort des Blackberry-Servers und kommen in den Besitz der Chiffrierschlüssel, um die Kommunikation des Kartells zu entziffern.

Nur ein Problem müssen sie noch lösen: Der Server steht nämlich in Kanada, und dort gelten strenge Datenschutzgesetze. Es ist ausgeschlossen, einfach den Server anzuzapfen und die Kommunikation an das FBI zu leiten. Der IT–Experte muss den Server also in ein anderes Land verlegen. Die USA kommen nicht infrage; das könnte auffallen, und in Amerika gelten ebenfalls relativ strenge Auflagen für das Anzapfen eines Servers.

Bevor das FBI abhören könnte, müsste klar sein, welche Ergebnisse zu erwarten sind. Da Amerikaner und Niederländer intensiv zusammenarbeiten und die Niederlande Abhörgenehmigungen recht freizügig ausstellen – der Verdacht einer strafbaren Handlung reicht bereits dafür aus – lässt das FBI den Server ins Datenzentrum von Leaseweb verlegen. Dann folgt die Anfrage an die Niederlande, den Server anzuzapfen und die Datei weiterzuleiten. Nachdem das FBI die Daten entschlüsselt hat, hören die Ermittler sogar die Stimme des Drogenbosses Joaquín Archivaldo Guzmán Loera, der seinen Handlangern Anweisungen erteilt. Seit den 1980er-Jahren jagen amerikanische und mexikanische Ermittlungsdienste »El Chapo« beinahe schon obsessiv: Sie haben den Mann bereits mehrmals festgenommen, aber er konnte jedes Mal entkommen. Einmal flüchtete er sogar durch einen anderthalb Kilometer langen, von seinen Helfershelfern gebauten Tunnel, der in El Chapos Dusche mündete. Der zehn Meter tief gelegene Tunnel war beleuchtet und mit einem Motorrad auf Schienen versehen, auf dem der Drogenboss in die Freiheit fuhr.

Das FBI vergleicht die Stimme mit einem Interview El Chapos, das der Drogenboss dem amerikanischen Schauspieler Sean Penn an einem geheimen Ort im Dschungel gegeben hat. Sie finden Übereinstimmungen. »Zum ersten Mal seit mindestens fünf Jahren hörten die Amerikaner die Stimme von El Chapo«, sagt eine Quelle. Die Anrufe des Drogenbosses laufen jetzt über das Rechenzentrum in der Nähe von Haarlem. Aufgrund der niederländischen Hilfe erhält das FBI Einblick in die Gewohnheiten El Chapos. Das Abhören verläuft nach einer Weile so reibungslos, dass der amerikanische Dienst jeden Anruf El Chapos bereits am darauffolgenden Tag empfängt, entschlüsselt und abhört.

Etwas Ähnliches muss sich auch bei dem russischen Angriff auf die US-Demokraten abgespielt haben, eine andere Möglichkeit scheint mir ausgeschlossen. AIVD oder MIVD haben einen Hinweis erhalten oder zufällig einen Server in den Niederlanden entdeckt, den russische Hacker nutzen. Doch wen Eelco und ich auch fragen: Niemand hat je davon gehört. Die Sache wird dadurch noch geheimnisvoller.

Die russische Hackergruppe hat den niederländischen Späher noch nicht entdeckt, die AIVD-Hacker sitzen nach wie vor ungestört im Rechnernetzwerk von Cozy Bear. Die Russen bereiten eindeutig einen Angriff vor. Sie schreiben Mails in tadellosem Englisch und schicken sie an amerikanische Adressen, die auf @state.gov enden, also an Mitarbeiter des US-Außenministeriums.

Eine Phishingmail steht häufig am Beginn einer Attacke. Die Hacker haben eine bestimmte Zielperson identifiziert und schicken Mails als Köder. Öffnet die Zielperson den Anhang, installiert sich ein erstes Schadprogramm. Dadurch werden beispielsweise Passwörter erbeutet. Es gelingt den Russen, in den nicht gesicherten Teil des Rechnernetzwerkes im US-Außenministerium einzudringen.

Die Niederländer sehen den Angriff und warnen ihre amerikanischen Partner. Der AIVD informiert die NSA-Kontaktperson in der amerikanischen Botschaft in Den Haag, die die verschiedenen Dienste wie NSA, CIA und FBI alarmiert. Als IT-Experten der amerikanischen Dienste versuchen, die Russen aus den Netzwerken zu jagen, greifen diese an anderen Stellen an.

Es folgt ein digitaler Kampf von ungeahnten Ausmaßen. Russische Angreifer setzen alles daran, tiefer ins Außenministerium vorzustoßen und die Verteidiger – Teams des FBI und der NSA – schlagen mithilfe niederländischer Informationen zurück. Der Kampf dauert 24 Stunden. Die Russen gehen äußerst aggressiv vor, wissen allerdings nicht, dass sie die ganze Zeit über von den Niederländern ausgespäht werden. Aufgrund der niederländischen Informationen können die Amerikaner blitzschnell auf die Attacken reagieren; sie sind so entscheidend, dass die NSA sogar einen direkten Kommunikationskanal nach Zoetermeer öffnet, um die Informationen so schnell wie möglich in die USA zu übertragen.

Über Command-and-Control-Server, die die Angriffe steuern, versuchen die Russen, Schadprogramme ins Ministerium einzuschleusen und ihnen Befehle zu geben. Von den Niederländern haben die Amerikaner die IP-Adressen dieser C&C-Server erhalten und schneiden auf einmal den Zugang zu den Servern ab, indem sie jede Verbindung des Ministeriums mit dieser IP-Adresse blockieren, woraufhin die Russen auf neue C&C-Server zugreifen. Später erzählen Informanten dem Nachrichtensender CNN, es sei der »schlimmste digitale Angriff überhaupt« auf die amerikanische Regierung gewesen. Aus Sicherheitsgründen sieht sich das Außenministerium anschließend gezwungen, eine Woche lang den E-Mail-Verkehr zu sperren.

Als es den Amerikanern schließlich gelingt, die Hacker aus dem Außenministerium zu vertreiben, haben diese in der Zwischenzeit ihren Zugang genutzt und eine E-Mail ins Weiße Haus geschickt. Der Adressat muss aufgrund des Absenders annehmen, dass es sich um eine Mail aus dem Außenministerium handelt. Der Link öffnet eine Webseite, auf der der Mitarbeiter sich einloggen muss; der Code fällt in die Hände der Russen.

Anschließend dringen die Russen ins Weiße Haus ein und erreichen sogar die Server mit den Mails von Barack Obama. An die Kommunikation seines persönlichen Blackberrys, auf dem Staatsgeheimnisse verzeichnet sind, kommen sie nicht, erzählen Informanten später der *New York Times*, wohl aber an den E-Mail-Verkehr mit Botschaftern und Diplomaten, Terminkalender, Notizen zu Politik und Gesetzgebung. Der AIVD kann diese Vorgänge verfolgen und warnt zusammen mit dem

MIVD erneut die amerikanischen Partner: »Vorsicht, die Russen greifen euch nach wie vor an.«

Die Attacken setzen sich fort, Cozy Bear verschafft sich sogar Zugang zum wichtigsten militärischen Beratungsgremium der USA, dem Joint Chiefs of Staff. Es besteht aus den militärisch ranghöchsten Führungskräften von Marine, Luftwaffe und Armee. Der Angriff ist so wirkungsvoll und die Russen dringen so tief in die Netzwerke ein, dass Teile davon gesperrt werden müssen. Die wichtigsten amerikanischen Militärberater kommen elf Tage lang nicht an ihre E-Mails.

Seit einem Jahr haben die AIVD-Leute Einblick in das Netzwerk am Roten Platz in Moskau. Der Hacker bleibt unbemerkt. Durch die Screenshots hat der Dienst inzwischen einen guten Überblick über die Hackergruppe. Obwohl sich die Zusammensetzung der Gruppe immer wieder ändert, liegt die Mitgliederzahl meist konstant bei zehn, nur selten sind es mehr. Der AIVD erkennt Spione des russischen Auslandsgeheimdienstes SWR; dieser führt militärische, strategische und Wirtschaftsspionage durch. Der russische Präsident ernennt den Leiter des Dienstes. Putin kann dem SWR Befehle erteilen, ohne das Parlament darüber zu informieren.

Die russischen Hackerangriffe auf die US-Regierung reißen nicht ab. Nach der Annexion der Krim und der amerikanischen Reaktion – Obama verhängt Sanktionen – werden die Attacken zusehends aggressiver. 2015 beginnt der Angriff auf die Demokratische Partei, und die AIVD-Hacker sehen in Echtzeit dabei zu. Wieder warnen die niederländischen Dienste ihre amerikanischen Kollegen.

Im September ruft ein FBI-Agent den Parteivorstand der Demokraten an. Er will davor warnen, dass russische Hacker das Netzwerk der Partei angreifen, aber man stellt ihn zum Helpdesk durch. Dort spricht er mit Yared Tamene, einem externen IT-Mitarbeiter. Tamene hat kaum Erfahrung mit digitalen Attacken. Nach dem Anruf des FBI-Beamten sucht er auf Google Informationen über APT29, Cozy Bear und Dukes, wie sich die Hackereinheit auch nennt, und überprüft die Protokolldateien des Netzwerkes flüchtig auf Anzeichen eines Angriffs. Besonders gründlich sucht er wirklich nicht, wie die *New York Times* später schreibt, nicht einmal, als der FBI-Agent sich in den darauffolgenden Wochen immer wieder telefonisch meldet. Tamene ist nicht sicher, ob er tatsächlich einen waschechten FBI-Agenten am Telefon hat oder ob sich nicht jemand einen Spaß erlaubt.

Infolgedessen geschieht nichts. Die Warnungen des FBI-Mitarbeiters verhallen ungehört, und die Russen bleiben im Netzwerk, lesen E-Mails und interne Dokumente des Parteivorstandes. 44 Jahre nach Watergate wird erneut in den Hauptsitz der Demokratischen Partei eingebrochen. 1972 sind die Einbrecher damals auf frischer Tat ertappt worden, zwei Jahre später tritt der republikanische Präsident Richard Nixon zurück, der den Diebstahl in Auftrag gegeben hatte. Diesmal haben die Niederlande die Einbrecher ertappt, doch die Demokraten unternehmen nichts. Ungläubig sieht der AIVD zu, wie man die Russen ungestört spähen lässt.

Nachdem Cozy Bear die Vorarbeit geleistet und gründlich spioniert hat, übernimmt Fancy Bear neun Monate später. Fancy Bear arbeitet für den russischen militärischen Geheimdienst GRU. Auch diese Gruppe späht das Netzwerk aus, stiehlt Tausende E-Mails und schickt sie über einen Mittelsmann zu Wikileaks, der Whistleblower-Plattform. Erst als die E-Mails dort erscheinen und das Ansehen der Präsidentschaftskandidatin Hillary Clinton schädigen, wird die Demokratische Partei aktiv. Sie leitet eine ausgedehnte interne Untersuchung ein, aber es ist bereits zu spät: Russland hat sich erfolgreich in die amerikanische Präsidentschaftswahl eingemischt.

Eine Nachricht von Eelco. »Kaffee trinken?«

Wir tauschen uns täglich aus, stellen Mutmaßungen an, was der AIVD von dem Hackerangriff auf die Demokraten gesehen haben könnte, besprechen Ideen, treffen Verabredungen; wir schicken uns ständig Nachrichten. Und wir telefonieren fast jeden Abend. Im Gespräch versuchen wir, die Geschichte irgendwie zu verstehen. Wir spielen zahllose Szenarien durch, oft ohne konkrete Ergebnisse.

Wir haben einen festen Treffpunkt ausgemacht, wenn neue Informationen hereinkommen. Eelcos amerikanische Quellen haben bestätigt, dass die Niederlande tatsächlich wichtige Informationen über den Angriff auf die Demokraten an den US-Nachrichtendienst weitergegeben haben. Aufgeregt überlegen wir, was das bedeuten könnte und sammeln Namen anderer Informanten, die möglicherweise Bescheid wissen, wir listen Diplomaten, Informanten des Nachrichtendienstes und amerikanische Quellen auf.

Von einigen kennen wir lediglich die Funktion, etwa dass sie die Kontaktperson eines Dienstes an der Botschaft sind. Um an diese Namen zu kommen, legen wir auch eine Liste aller Personen an, die ihre Namen kennen könnten. In den nächsten Wochen führen wir sogenannte Scheingespräche; während wir über ein anderes Thema reden, erkundigen wir uns dabei nach dem Namen eines Informanten. Manchmal kennen wir den Rufnamen; das ist hilfreich, dann kann uns jemand den vollständigen Namen nennen. Aber die Person, die wir suchen, bleibt unauffindbar, Google, Social Media und öffentliche Register helfen nicht weiter. Nach wochenlanger Suche spüren wir sie schließlich doch in einem alten Register auf. Da diese mögliche Quelle nicht in den Niederlanden wohnt, bitten wir einen guten Kontakt, ihr einen Brief zu übermitteln.

Monatelang treten wir auf der Stelle. Gespräche führen zu nichts, unsere Quellen sind äußerst vorsichtig. Nach vier Monaten riskieren wir es und fliegen nach Washington. Einen richtigen Plan haben wir nicht; wir rufen viele ehemalige Mitarbeiter des amerikanischen Nachrichtendienstes und IT-Experten an und verabreden Treffen. Wir sprechen mit rund zehn Personen und suchen sogar James Clapper auf, den frisch pensionierten Direktor der Nationalen Nachrichtendienste (DNI), mächtigster Geheimdienstler der USA. Sollten die Niederländer ihren amerikanischen Kollegen Informationen geliefert haben, muss er es wissen; zumindest nehmen wir das an. Clapper öffnet uns in Gartenkleidung. Er ist eine imposante Erscheinung und total verblüfft, als wir uns als niederländische Journalisten vorstellen. Vor Wut kochend brüllt er uns an, er habe es »in 50 Jahren« noch nicht erlebt, dass Journalisten vor seiner Tür stünden, und er könne auch weiterhin darauf verzichten. »Haut ab!«, schreit er, und wir machen uns schnell aus dem Staub.

Schließlich führt unser Besuch in Washington zu zwei neuen Erkenntnissen. Erstens: AIVD und MIVD haben Cozy Bear tatsächlich beobachtet. Zweitens: Die Niederländer haben dadurch auch die russischen Angriffe auf das US-Außenministerium, das Weiße Haus und auf das Beratergremium Joint Chiefs of Staff gesehen. Die niederländische Hilfe war bei der Abwehr dieser Angriffe von so entscheidender Bedeutung, dass die Amerikaner sich überschwänglich in Zoetermeer bedankten und im Gegenzug wichtige Informationen – unter anderem über Mali, Nordkorea und den Iran – an die niederländischen Dienste weitergaben.

Damit suchen wir in den Niederlanden weiter. Über einen verschlüsselten Kanal kommen wir schließlich an weitere Einzelheiten, und nach sieben Monaten können wir die Recherche abschließen: Unsere Geschichte hat Hand und Fuß. Kurz vor der Veröffentlichung, als ich den AIVD und die US-Botschaft zwecks Gegendarstellung kontaktieren will, erhalte ich jedoch eine beunruhigende SMS-Nachricht.

10
PORNO UND ROLLS-ROYCE

Plötzlich ist es verschwunden. Schwups. Nach drei Jahren läuft das Spähprogramm des AIVD im Netzwerk von Cozy Bear nicht mehr. Die niederländische Spionage auf dem Roten Platz endet abrupt.

Der Grund: Ein stellvertretender Leiter der NSA, Richard Ledgett, hat im April 2017 auf einem Sicherheitskongress berichtet, dass der amerikanische Nachrichtendienst den russischen Angriff auf das Außenministerium dank eines »westlichen Verbündeten« beenden konnte. Die Niederländer sind wütend. Peter Bindt und Rob Bertholee beschweren sich bei den amerikanischen Kollegen. »Sehr ärgerlich«, »typische amerikanische Arroganz«, sagen Quellen später über die amerikanische Indiskretion. Wie kann man nur eine so heikle Operation gefährden und sich auf einem Kongress öffentlich dazu äußern? Die Beziehungen zwischen Amerika und den Niederlanden – bereits angeknackst durch die Snowden-Enthüllungen und den Wahlsieg Donald Trumps – sind zusehends angespannter.

Zwischen der Panik um den Zertifikatsanbieter DigiNotar in Beverwijk und dem jähen Ende der niederländischen Spionage in Moskau liegen sechs Jahre. In diesem Zeitraum hat sich die Welt völlig verändert. 2011 war Hyves größer als Facebook, Osama bin Laden bedrohlicher als jede digitale Armee und das Smartphone nur eine spaßige Neuheit.

Damals wurde DigiNotar als ein unglücklicher Ausrutscher eingestuft, der sich niemals wiederholen würde. Und unter dem Begriff »digitale Bedrohung« konnten sich nur die wenigsten etwas vorstellen. Das Nationale Cyber Security Center existierte seinerzeit ebenso wenig wie ein gemeinsames Digitalteam von AIVD und MIVD. Pieter Donner, einflussreicher Jurist und Innenminister der Christdemokraten, war vor allem darauf bedacht, für Ruhe zu sorgen.

Mittlerweile ist Hyves längst von der Bildfläche verschwunden, und Apple, Google, Microsoft, Amazon und Facebook gehören zu den größten und mächtigsten amerikanischen Konzernen der Welt; russische Hacker haben sich erfolgreich in die US-Präsidentschaftswahlen eingemischt, und wir sind ohne Smartphone verloren. Wer es zu Hause vergessen hat, kehrt um.

Die Bedrohungen gehen inzwischen von vielen Seiten aus. China, Iran, Amerika, Russland, Großbritannien: Sie alle spionieren. Sie stehlen Informationen und benutzen sie, um das gesellschaftliche Zusammenleben zu beeinflussen. Das Nationaal Cyber Security Centrum hat inzwischen mehrere Hundert Mitarbeiter. Auf Großbildschirmen ist deutlich zu sehen, zu welchem Zeitpunkt der chinesische Arbeitstag beginnt: Dann klettern die Linien der Grafiken, die digitale Angriffe registrieren, nach oben. Seit 2015 und 2016 warnen AIVD und MIVD immer lauter: Die Niederlande werden von digitaler Spionage überflutet. Ob Brasilien, Vietnam oder Indien, alle tun es.

Auch ich persönlich stelle fest, dass sich die Bedrohung verändert hat. Zwei Tage vor Veröffentlichung unseres Artikels über die jahrelange AIVD-Spionage in Moskau, erhalte ich um sieben Uhr morgens eine SMS-Nachricht meines Providers. »Erledigt. Sie haben die Einstellungen Ihres VPN-Zugangs abgeändert. Wir führen diese so schnell wie möglich aus.«

Ich frage umgehend bei der IT-Abteilung der *Volkskrant* nach. »Wir haben keine Änderungen vorgenommen«, erklärt mir ein junger Mann im T-Shirt. Ich rufe meinen Provider an. Auch dort können sie nichts mit der Mitteilung anfangen. »Tut uns leid, keine Ahnung.« Schließlich frage ich einen Informanten, der sich mit digitaler Spionage auskennt. Er ist erschrocken:

»Huib, das ist eine rote Linie. Der Zeitpunkt kurz vor der Veröffentlichung ist kein Zufall. Besorg dir schnell ein neues Telefon und eine neue SIM-Karte.«

Vor einem Monat, als die AIVD-Geschichte nach meiner Rückkehr aus Washington so gut wie fertig war, gab mein Router zu Hause plötzlich den Geist auf. Kein einziges Signal mehr, mausetot – genau wie damals vor meiner Reise nach Rio de Janeiro. Seinerzeit hatte ich das noch für Zufall gehalten, aber als ich die SMS-Nachricht sehe, bin ich mir da nicht mehr so sicher.

Ich überlege, ob zwischen den beiden Ereignissen ein Zusammenhang besteht, und bringe den Router sicherheitshalber zu einem Spezialisten. Das Telefon bereitet mir mehr Sorgen: Wenn sich jemand daran zu schaffen macht, sind meine Gespräche und Nachrichten nicht mehr sicher. Besonders unangenehm finde ich, dass die Bedrohung so abstrakt ist. Ich kann meinen Gegnern nicht in die Augen sehen und habe keine Ahnung, woher die Gefahr kommt.

Vielleicht steckt der britische oder der amerikanische Geheimdienst dahinter. Oder der FSB. Oder doch der AIVD? Informanten vermuten, dass unser Artikel den niederländischen Dienst ziemlich nervös macht. Der Dienst will unbedingt vermeiden, dass etwas über seine Arbeitsweise bekannt wird, und das Thema »Hacken« ist besonders sensibel. Hacken gehört zu den Geheimwaffen des AIVD, der sich in diesem Bereich schon seit Jahren auszeichnet. Zoetermeer fürchtet auch eine russische Gegenreaktion. Wenn schwarz auf weiß zu lesen ist, wie der Dienst einer bekannten russischen Hackergruppe drei Jahre lang über die Schulter geschaut hat, sind das sensationelle Neuigkeiten. Nicht zuletzt ist es eine Blamage für Russland, das seit Jahren standhaft die Existenz derartiger Hackergruppen leugnet. Die russische Regierung könnte Rachegelüste entwickeln oder sich physisch revanchieren. Man denke nur an den Diplomaten Onno Elderenbosch. Er wurde nach politischen Streitigkeiten zwischen den beiden Ländern in seinem Moskauer Domizil misshandelt. Man fesselte ihn an einen Stuhl und verwüstete das gesamte Haus.

Als Eelco und ich am Donnerstag, dem 25. Januar 2018, unsere Reportage um neun Uhr morgens veröffentlichen, geht der Artikel rasend schnell um die Welt. Der internationale Kontext ist relevant; aufgrund der niederländischen Warnungen leitet das FBI Ermittlungen gegen russische Einmischung ein. Zum ersten Mal wird auch deutlich, woher die Amerikaner ihre Informationen über die Einflussnahme der Russen haben: aus Zoetermeer. Alle großen internationalen Zeitungen bringen den Artikel, das Medienecho ist überwältigend. Als ich am nächsten Morgen mein Handy einschalte, sind so viele Nachrichten, Mails und Meldungen eingetroffen, dass es sich aufhängt.

Aber nicht alle sind begeistert. Im Ministerium für Allgemeine Angelegenheiten hätten die Mitarbeiter vor Nervosität schon »rote Flecken am Hals«, berichtet ein Informant. Man befürchte eine russische Gegenreaktion. Unsere Quellen fühlen sich nicht mehr sicher, manche von ihnen erreiche ich wochenlang nicht mehr. Einer weigert sich sogar noch Monate später, mich zu treffen. Ein Polizeiinformant sagt mir, dass das Team High Tech Crime Kontakte zu den Medien untersage. Polizeimitarbeiter dürften vorläufig nicht mehr mit den Medien sprechen und schon gar nicht mit Journalisten der *Volkskrant* oder von »Nieuwsuur«.

Nach der Veröffentlichung leitet der Geheimdienst intern Ermittlungen ein, um das Informationsleck zu finden. Der AIVD versucht, den Informanten aufzuspüren: Auf die Weitergabe von Staatsgeheimnissen stehen hohe Strafen. Ermittler des Dienstes nehmen Kontakt mit Mitarbeitern und Ehemaligen auf, aber letztlich ergeben sich kaum Anhaltspunkte. Die Schlussfolgerung ist, dass es im Dienst selbst keinen Informanten gab und die geheime Information daher aus dem Ausland kommen musste.

Ich versuche herauszufinden, was genau mit meinem Handy passiert ist. Ich benutze ein ziemlich neues iPhone-Modell und aktualisiere regelmäßig. Nicht einmal der AIVD kann ohne Weiteres ein iPhone hacken, es sei denn, in der Software befindet sich eine Schwachstelle. Je neuer Gerät und Betriebssystem sind, desto schwieriger und teurer ist das Hacken. Für eine noch unbekannte iPhone-Schwachstelle zahlen Geheimdienste bis zu einer Million Euro. So viel Geld machen die Dienste vielleicht für Terroristen locker, aber bestimmt nicht für einen Journalisten.

Um Hacken geht es also nicht. In der SMS-Nachricht stand etwas von einer VPN-Verbindung, wahrscheinlich ist damit die Verbindung zu meinem Provider gemeint. Wie sich schon damals bei Belgacom andeutete, nutzen Provider inzwischen häufiger VPN-Verbindungen, und Geheimdienste suchen nach Möglichkeiten, diese Verbindung zu knacken. Macht sich ein Dienst an dieser VPN-Verbindung zu schaffen, um meinen Telefonverkehr auszuspähen? Und welcher Geheimdienst sollte das sein?

Der russische Millionär schlägt krachend die Faust auf den sechs Meter langen Konferenztisch. Er streckt den Kopf vor und starrt uns wütend an. Der 36-jährige Aleksej Gubarew hat sich 20 Minuten lang zusammengerissen. Jetzt brüllt er auf Englisch: »Ich habe null Komma null Kontakt mit russischen Nachrichtendiensten! Ich rede mit niemandem! Niemals!« Dann lehnt er sich zurück.

Der untersetzte Gubarew hat soeben – eine Hand lässig in der Tasche seines blauen Leinenanzugs – Tom Kreling, meinen Kollegen von *de Volkskrant* und mich durch sein Bürogebäude geführt: Ein grauer, sechs Stockwerke hoher Betonklotz an der chaotischen und stark befahrenen Küstenstraße der zypriotischen Stadt Limassol; es ist ein Samstag im Januar 2017, und wir sind die Einzigen im Büro. Er ist uns eilig vorangegangen und hat mit kurzen Gesten auf die Sitzsäcke, Holzdrachen und Spielcomputer hingewiesen – als könne er unsere lästigen Fragen dadurch abwimmeln, dass er uns seine Reliquien vorführt.

Ich bin durch einen Journalisten des *Wall Street Journals* auf Gubarew aufmerksam geworden. Der amerikanische Kollege war über Weihnachten in Amsterdam, weil man ihm ein hochexplosives Dossier zugespielt hatte: den Bericht eines früheren britischen Spions über Donald Trump und seine russischen Kontakte. Der Bericht ist vollgepackt mit spektakulären Enthüllungen – im Kreml soll sich demnach ein Video von Trump befinden, der Prostituierten beim Urinieren zusieht – und enthält außerdem einen erschreckenden Abschnitt über den niederländischen Internetanbieter Webzilla.

Webzilla und sein Besitzer Gubarew hätten die russischen Angriffe auf die US-Demokraten überhaupt erst ermöglicht, heißt es; die Attacke sei über das Netzwerk von Webzilla gelaufen. Gubarew persönlich habe darüber Bescheid gewusst und sei beinahe so etwas wie ein russischer Spion des FSB. Bisher hatte der amerikanische Journalist für diese Thesen allerdings kaum Beweise finden können; er war in die Niederlande gereist, hatte vor Ort bei der *Volkskrant* angeklopft, und so lernten wir uns kennen.

Ich hatte zu diesem Zeitpunkt gerade den Eindruck, dass ich allmählich begriff, was digitale Spionage bedeutete. Ob es sich um die britische Spionage bei Belgacom handelte oder die chinesische Spionage in Ede, die Ausführung war doch irgendwie ähnlich. Zuerst verschaffte man sich mit einem Trick Zugang zum Netzwerk – meist waren das Phishingmails –, anschließend wurde ein Virus eingeschleust und dann die Information abgegriffen. Auf die Rolle etwaiger Zwischenbetriebe hatte ich bisher noch nie geachtet, und nun stand in dem Bericht des amerikanischen Kollegen, dass ein niederländisches Unternehmen den Russen bei dem Hackerangriff auf die US-Regierung geholfen hatte.

Hosting-Provider wie Webzilla bieten zwei Dienstleistungen an: Datenspeicherung und Datentransport. Hosting-Provider sind die Speicherplätze und Verkehrsknotenpunkte des Internets. Wie bei physischen Anbietern von Lagerraum kann man auch hier Platz mieten. Nur bringt man dort eben keine Möbel unter, sondern Dokumente und E-Mails. Sie stellen auch Datentransport bereit und leiten, wie bei physischen Verkehrsknotenpunkten, den Datenverkehr hin und her. Jedes Unternehmen benötigt Server, um Mails zu versenden oder zu speichern und Dokumente und Informationen zu archivieren. Websites müssen ebenfalls Speicherplatz mieten, damit die Datenpakete auf ihren Seiten abgeliefert werden können.

Ohne Hosting-Provider gibt es kein Internet. Das Angebot ist vielfältig, alle Sorten und Größenordnungen sind vertreten. Leaseweb ist ein ziemlich großer und bekannter niederländischer Anbieter. Weniger bekannt sind WorldStream, King-Servers und eben Webzilla. Webzilla ist ein Sonderfall, weil das Unternehmen ohne eigene Server startet. Gubarew mietet sie meist von Leaseweb und vermietet den Platz dann an seine eigenen Kunden weiter. Gubarews Stärke liegt in einem breiten Dienstleistungsangebot: Er stellt nicht nur die Server, sondern kümmert sich auch um Wartung und Service. Im Rechenzentrum hat er immer technische Experten vor Ort, die sich um Störungen kümmern. In Analogie zum Straßenverkehr könnte man sagen, dass Gubarew nicht nur eine gut ausgebaute Straße anbietet, sondern noch zusätzlich den ADAC. Er verspricht seinen Kunden, Störungen innerhalb einer Viertelstunde zu beheben.

Das Geschäftsmodell erweist sich für Gubarew als sehr lukrativ. Sein Unternehmen wächst wie Unkraut und erwirtschaftet 2016 bereits einen Umsatz von 50 Millionen Dollar. Seine Kunden, zu denen er auch persönlichen Kontakt hat, kommen größtenteils aus Osteuropa und Russland. Es bleibt ihnen überlassen, was sie im Speicherplatz ablegen. Die Anbieter von Lagerräumen wissen ja auch nicht, was ihre Kunden dort aufbewahren. Das geht den Vermieter nichts an. Aber wie verhält es sich, wenn permanent krimineller Internetverkehr über die Server abgewickelt wird? Kann sich der Vermieter dann ebenfalls seiner Verantwortung entziehen? Wenn beispielsweise *immer* Waffen von einem bestimmten Unternehmen dort aufbewahrt werden?

Hier liegt der Unterschied zwischen den Hosting-Providern. Manche von ihnen – wie etwa Leaseweb – hatten früher einen zweifelhaften Ruf. Sie übten so gut wie keine Kontrolle über die Mieter aus und kümmerten sich nicht darum, was diese im Speicherplatz aufbewahrten. Spamangriffe und Kinderpornosites liefen vor 2007 regelmäßig über Server von Leaseweb. Ab 2007 stellte Leaseweb Mitarbeiter ein, die gegen diesen Missbrauch vorgingen. Die Polizei hatte Ansprechpartner im Unternehmen und konnte die Untersuchung eines Servers anfordern oder Leaseweb den Befehl erteilen, den Datenzugang zu blockieren.

Inzwischen arbeitet Leaseweb, über dessen Server jahrelang die europäische Pornowebsite Pornhub lief und das auch schickere Unternehmen wie Heineken zu seinen Kunden zählt, gut mit der Polizei zusammen. Im Rechenzentrum bei Haarlem befindet sich standardmäßig ein alter Dell-Server mit Anzapfsoftware der Firma IDD. Wenn die Polizei ausspähen will, genügt eine richterliche Anordnung.

Das Problem besteht darin, herauszufinden, welcher Kunde Missbrauch mit den gemieteten Servern treibt. Hosting-Providern ist es gesetzlich verboten, die Inhalte der Computerserver zu überprüfen. Ein Anbieter von Lagerraum installiert ja auch keine Überwachungskameras in den Boxen seiner Kunden. Behörden versuchen daher, sich immer besser über den Internetverkehr zu informieren, der über den Provider läuft. Das ist nicht ohne Risiko.

Ein Zwischenfall von 2012 zeigt, was dabei auf dem Spiel steht. Ein anarchistischer Klub aus Nijmegen stellt kurz vor dem Koninginnedag (niederländischer Feiertag im April, der Geburtstag der Königin) ein Poster ins Netz, Titel: »Hang the Queen«. Kurz nach Mitternacht entdeckt die Polizei den Beitrag. Eine Stunde später geht ein Anruf bei Leaseweb ein: Ein Staatsanwalt fordert, dass Leaseweb die Seite mit diesem Poster sofort sperren muss.

Der Mitarbeiter von Leaseweb weigert sich. Jeder kann behaupten, dass eine Seite offline geschaltet werden muss; er verlangt eine begründete Anweisung. Diese trifft am darauffolgenden Nachmittag ein, und die Website wird zwei Stunden später abgeschaltet. Diesen bürokratischen Aufwand wollen Behörden vermeiden. Im Dezember 2018 schreibt Ferdinand Grapperhaus (Justizministerium), er wolle künftig mit Strafmaßnahmen gegen Hosting-Provider vorgehen, die Kinderpornoinhalte nicht innerhalb von 24 Stunden aus dem Netz nehmen.

Eine ähnliche Regelung gibt es in Europa auch in Bezug auf terroristische Inhalte. Verteidiger der Privatsphäre und Hosting-Provider befürchten deswegen, die EU und die niederländische Regierung könnten auch in anderen Bereichen zunehmend Zwangsmaßnahmen einleiten, etwa wenn es um Hass im Netz, Aufwiegelung oder die Verbreitung von Fake News geht. Oder um einen unliebsamen Text über den König. In jedem Fall könnte die Regierung mit derartigen Maßnahmen Inhalte zensieren, denn ein Provider darf Löschungsanträge nicht verweigern.

Staaten versuchen, ihre Eingriffsrechte im Internet ständig zu erweitern. Das FBI bietet Leaseweb 2013 500.000 Dollar an. Dafür möchte die Behörde eine Blackbox installieren und dauerhaft Zugang zu den Servern von Leaseweb haben. Die Niederländer lehnen dankend ab. Im März 2019 stimmt die EU für den umstrittenen Artikel 17. Viele Inhalte, die Nutzer auf Facebook oder YouTube abrufen, werden künftig von den Providern mit Upload-Filtern geprüft, um eine Verletzung der

Urheberrechte auszuschließen. Die Organisation Bits of Freedom, die sich für Datenschutz und die Achtung der Privatsphäre einsetzt, befürchtet, damit könne einer Internetzensur Tür und Tor geöffnet werden.

Auf der anderen Seite gibt es jedoch auch Hosting-Provider, die behördliche Anweisungen mutwillig missachten oder daraus ein Geschäftsmodell machen, um bestimmte Kunden anzuziehen. Berüchtigt ist der niederländische Anbieter Ecatel, dem 2010 von der unabhängigen Organisation HostExploit der zweifelhafte Titel »Lieblingsprovider der Cyberkriminellen« verliehen wurde. Die beiden Eigentümer von Ecatel reagierten nach Regierungsangaben nicht oder nur sehr langsam auf Aufforderungen, Server zu untersuchen oder zu sperren. 2018 verlangt ein Richter von Ecatel, illegale Streams von Fußballspielen der englischen Premier League 30 Minuten nach einer Meldung zu sperren.

Und wie steht es mit Webzilla? In welche Kategorie fällt der Hosting-Provider Gubarews? Eher Leaseweb oder eher Ecatel? Erstaunlich ist zumindest, dass die Unternehmenssitze in der Vergangenheit unter merkwürdigen Adressen registriert waren. Zum Beispiel ein heruntergekommenes Haus im Ferienpark Country Club Midland Parc nahe Amersfoort, das einer älteren Dame aus Emmen gehörte. Oder eine mittlerweile gesperrte und vernagelte Wohnung in einem Problembezirk in Amersfoort. Oder unter der Adresse eines Mitarbeiters in einem Verpackungsunternehmen für Gartenbau, der noch niemals von Webzilla gehört hatte. Warum sollte ein professionelles Unternehmen mit derartigen Postadressen arbeiten?

Das sind längst nicht alle Fragen. Warum geht Gubarew mit 22 Jahren nach Zypern, obgleich er seine Ausbildung an der TU in Sibirien noch nicht abgeschlossen hat? Warum entscheidet er sich ausgerechnet für Zypern als Hauptsitz des Mutterunternehmens XBT? In Zypern, einer Insel vor der türkischen Küste, wimmelt es von Spionen, und die Insel ist als

Steuerparadies bekannt. Warum hat er persönlichen Kontakt zu seinen Kunden, statt diese Aufgabe an seine Mitarbeiter zu delegieren? Warum hat er innerhalb von nur zehn Jahren ein Vermögen mit seinem Unternehmen gemacht, obwohl die Gewinnmargen von Hosting-Providern nicht besonders groß sind? Warum fährt er in einem weißen Rolls-Royce Ghost durch die Gegend und besitzt eine 25-Meter-Jacht?

Wir erhalten eine Mail von Jochen Steman, Gubarews rechter Hand. »Wir wollen eine klare Vereinbarung und festlegen, dass nichts ohne unsere Zustimmung veröffentlicht werden darf.« Tom Kreling und ich sitzen in der Hotellobby in Limassol und bereiten das Interview mit Gubarew vor.

Dem Treffen ist der Kontakt mit Steman vorausgegangen. Er ist Verkaufsleiter von Webzilla und spielt außerdem den Wachhund für seinen Chef; kurz vor dem Termin mit Gubarew stellt er plötzlich alle möglichen Bedingungen. Er behält sich das Recht vor, den Text abzulehnen, und fordert, dass wir ausschließlich über Webzilla schreiben. In E-Mails und Gesprächen erklären wir ihm, dass freier und unabhängiger Journalismus etwas anders aussehe und schließlich rückt Steman kurz vor dem Interview von seinen Forderungen ab.

Um 10.45 Uhr morgens fahren wir im Mietauto zum Sitz der XBT-Holding. Dort erwarten uns Gubarew und Steman. Über meine Quellen in den Diensten habe ich so viele Informationen wie möglich gesammelt. Wenn Gubarew tatsächlich ein wichtiges Glied in der Kette sein sollte, die Netzangriffe auf westliche Organisationen ermöglicht, müssten bei diesem Namen doch ein paar Glocken klingeln. Im Grunde ist Webzilla so ähnlich wie eine Moschee, die heimlich Terroristen finanziert; die Bedrohung der Sicherheit ist ebenso groß und ebenso wenig wünschenswert. Aber wen ich auch anrufe – ob Polizei- oder Nachrichtendienstinformanten oder technische Experten –, niemand kann meine Fragen beantworten.

Sie drucksen herum und erklären mir schließlich, dass sie nichts wissen.

Das ist doch wirklich seltsam. Webzilla mietet jährlich in Haarlem Tausende Server für über 15 Millionen Euro an und vermietet sie an Kunden aus Osteuropa und Russland. Anscheinend weiß niemand, welche Inhalte über diese Server laufen. Wie kann das sein? Wo bleibt in diesem Fall beispielsweise das Nationaal Cyber Security Centrum, eine Organisation, die für die digitale Sicherheit der Niederlande zuständig und dem Justizministerium zugeordnet ist? Was weiß man dort über Webzilla? Natürlich ist es nicht wünschenswert, einfach in ein Unternehmen einzudringen und Serverinhalte auszuspähen, aber wie sieht es aus, wenn im Fall von Webzilla von mutwilliger Sabotage die Rede ist?

Ein anderes Beispiel ist der dubiose niederländische Anbieter King-Servers. Der Besitzer, ein 26 Jahre alter Russe, wohnt im Westen von Sibirien, in der Nähe der mongolischen Grenze. Er hat rund 1000 Server auf einem Industriegelände bei Dronten angemietet und vermietet sie an Kunden weiter, die hauptsächlich Pornowebsites betreiben.

King-Servers hat einen sehr schlechten Ruf: Kinderpornos, Malware, digitale Attacken. Sobald die niederländische Polizei etwas Böses entdeckt, geht sie mit einer richterlichen Anordnung zu King-Servers; anschließend heißt es abwarten, ob der Eigentümer in der Abgeschiedenheit Sibiriens bereit ist, den Mietvertrag mit dem betreffenden Kunden zu kündigen. Die Handhabe der Polizei beschränkt sich hier auf ein freundliches Ersuchen, und eine direkte Anfrage an die russischen Behörden ist sinnlos. Das Land liefert keine Staatsangehörigen aus.

Als russische Hacker 2016 Wahlcomputer in Illinois und Tennessee angreifen, ordnen die Ermittlungen des FBI sechs der acht benutzten IP-Adressen King-Servers zu. Zufall? Es ist ungeheuer kompliziert, genau zu bestimmen, inwieweit King-Servers tatsächlich beteiligt war. Hacker mieten verschiedene Server, sie nutzen VPN-Verbindungen und das anonyme Tor-Netzwerk und könnten letztlich zufällig über King-Server operiert haben. Sie setzen für ihre kriminellen Aktivitäten auch Strohmänner ein, die wiederum eigene Server nutzen.

Wenn ein Angriff über King-Servers läuft, bedeutet das nicht zwingend, dass King-Servers aktiv daran mitgewirkt hat. Es ist zwar möglich, könnte aber auch Zufall sein. Das Verkehrsministerium ist auch nicht ständig darüber informiert, wer gerade auf den niederländischen Straßen unterwegs ist. Mit diesem Argument verteidigen sich Unternehmen wie King-Servers und Webzilla gern: »Wir sind die Post, wir transportieren Pakete von A nach B und sind an das Briefgeheimnis gebunden. Was über unsere Server läuft, wissen wir nicht.«

Wahrscheinlich ist das auch der Grund, warum meine Quellen nichts über Webzilla wissen. Der Internetverkehr ist schwer zu erfassen und das nutzen Kriminelle und Hacker aus. Die Niederlande sind durch ihre vielen Datenzentren und die wichtigen, weltweiten Verbindungen besonders verwundbar. Die schnellen Internetverbindungen, auf denen Niederländer teilen, arbeiten und Nachrichten verschicken, benutzen andere, um zu spionieren und anzugreifen.

Als ich im Nationaal Cyber Security Centrum anfrage, wie man es verhindern wolle, dass eine ausländische Regierung sich Kontrolle über einen Hosting-Provider in den Niederlanden verschafft, fällt die Antwort enttäuschend aus. Das NSCS trage zu einer »sicheren, offenen und stabilen Informationsgesellschaft« bei, ohne sich mit Hosting-Providern zu befassen. Obwohl diese Provider Dreh- und Angelpunkt des Internets sind, stehen sie nicht auf der Liste der »lebenswichtigen Infrastrukturen« – also Einrichtungen, deren Ausfall massive gesellschaftliche Schäden zur Folge hat.

Auch hier ist, wie so oft, Selbstregulierung die niederländische Antwort auf das Problem. Telekom-Wachhund OPTA und die niederländische Polizei weisen Hosting-Provider auf ihre

Verantwortung hin. Aber was soll man machen, wenn die Eigentümer sich aus den Niederlanden abgemeldet haben (Ecatel), in Russland wohnen (King-Servers) oder sich in Zypern niederlassen (Webzilla)?

Im Gegensatz zu Webzilla steht das IT-Sicherheitsunternehmen Kaspersky mittlerweile im Rampenlicht. Die Amerikaner misstrauen der russischen Firma – insbesondere seit Spionagedokumente aus dem Rechner eines NSA-Mitarbeiters verschwunden und in die Hände russischer Spione gefallen sind. Auf dem Rechner war Software von Kaspersky installiert. Kein Zufall, behaupten die Amerikaner. Prompt berichten die amerikanischen Medien darüber, dass die Antivirensoftware ein wunderbares Spionageinstrument für die Russen sei. In Millionen Rechnern könne damit automatisch nach Geheimdokumenten gesucht werden, die anschließend in Russland landen.

Der AIVD hat Kaspersky ebenfalls im Visier, und seit der Zusammenarbeit mit der CIA in Amsterdam sind die Sorgen nicht geringer geworden.

Israel ist ins Netzwerk Kasperskys eingedrungen und hat entdeckt, dass die russischen Hacker mit Rechnern arbeiten, auf denen Kaspersky-Software installiert ist. Der AIVD will sich jetzt selbst überzeugen, ob Kaspersky ein Sicherheitsrisiko ist. Viele lokale Behörden und der Telekom-Provider KPN nutzen die Software.

Der Dienst macht sich also auf die Suche nach einem geeigneten Ort zum Ausspähen. Dafür bietet sich Leaseweb an, denn Kaspersky hat dort Server gemietet, damit seine Kunden ihre Software aktualisieren können. Informationen, die Kunden sich beim Updaten »abholen«, kommen aus dem Rechenzentrum in Waarderpolder bei Haarlem.

Informanten berichten, dass der AIVD herausfinden möchte, wer Zugang zu diesen Update-Servern hat. Die Antiviren-software ist zwar gut und solide, der Dienst misstraut jedoch der Verbindung nach Russland. Russische Spione greifen die Niederlande gezielt an. Gemeinden und Ministerien stehen permanent unter Beschuss. Anfang 2017 hat Cozy Bear das Ministerium für Allgemeine Angelegenheiten infiltriert – dort befindet sich das Büro des Premierministers. Mit gut vorbereiteten E-Mails versuchen die Hacker, niederländische Beamte auf gefälschte Websites zu locken, es gelingt ihnen jedoch nicht, in das Computersystem des Ministeriums einzudringen.

Erhalten die russischen Spione, die bemerkenswert gut über ihre Zielobjekte informiert sind, Schützenhilfe von Kaspersky? Der AIVD hat folgende Theorie: Russische Mitarbeiter von Kaspersky haben Zugang zu den Update-Servern in Haarlem und damit eine Verbindung von den Niederlanden nach Russland. Was passiert weiter? Nutzen russische Spione den Zugang und fügen eigene Software zu den Updates hinzu? Liefern die Update-Server nützliche Informationen über niederländische Kunden nach Russland?

Im Januar 2015 geht ein technischer Mitarbeiter des AIVD zum Rechenzentrum in Haarlem, um eine heikle Operation durchzuführen: Er soll Kaspersky ausspähen, damit sich der AIVD Klarheit verschaffen kann. Der AIVD hat als Termin das russische Neujahr gewählt, in der Annahme, dass die Russen dann weniger wachsam seien. Um sich physisch Zugang zu einem Server zu verschaffen, muss man ein bisschen basteln, und der AIVD möchte keine unerwünschten Zuschauer. Nach anderthalb Stunden hat der IT-Spezialist die Arbeit erledigt und verlässt schnell das Gelände.

Was die Aktion genau gebracht hat, bleibt unklar. Informanten deuten an, dass der AIVD zwar eigene Informationen über Kaspersky besitzt, aber ein konkreter Spionageverdacht gegen ihn besteht nicht. Umso auffälliger ist ein Beschluss, den das Kabinett Jahre später fasst. Darin wird Behörden die Nutzung der Antivirensoftware von Kaspersky untersagt. Kurz zuvor ist die Software in den USA verboten worden. Gibt es also doch Hinweise darauf, dass Kaspersky spioniert? Informanten berichten von dem Beschluss. Als das Thema auf hoher administrativer Ebene besprochen wird und der NCTV (Nationale Koordination für Terrorismusbekämpfung und Sicherheit) eine Entscheidung treffen muss, verfügt der AIVD auf Anfrage offenbar nicht über Informationen, die Kaspersky belasten. Kabinett und NCTV sehen den Beschluss in erster Linie als Vorsichtsmaßnahme.

Zwischenbetriebe können somit Opfer des ausufernden digitalen Kampfes werden. Kasperskys Schwachstelle ist sein Unternehmenssitz in Moskau. Das sorgt für wilde Theorien. Kaspersky hat eine Ausbildung im berüchtigten KGB durchlaufen und arbeitet wahrscheinlich für den russischen Geheimdienst. Die KGB-Ausbildung ist zwar ein Fakt, sein Unternehmen hat Kaspersky jedoch erst Jahre später gegründet. Eine direkte Beziehung besteht daher nicht. Kasperskys 20-jähriger Sohn wurde entführt und nach einigen Tagen durch den Sicherheitsdienst FSB befreit. Die Geiselnehmer gingen sehr unprofessionell vor. »Eine typische Aktion des russischen Sicherheitsdienstes«, kommentieren Skeptiker. Man habe Kaspersky mit einer vorgetäuschten Geiselnahme unter Druck setzen wollen. Für diese Behauptung gibt es keinerlei Beweise.

Die Amerikaner behaupten, Kaspersky falle unter eine spezifische russische Gesetzgebung; sein Unternehmen sei verpflichtet, Kundendaten an die russischen Dienste zu übermitteln, und er müsse den Diensten Zugang zu seinen Systemen gewähren. Dieser Darstellung widersprechen sowohl Kaspersky als auch internationale Juristen: Die besagte Gesetzgebung gelte für das Unternehmen nicht. Allerdings hilft Kaspersky innerhalb und außerhalb Russlands Fahndungsdiensten, die gegen digitale Kriminalität vorgehen. Genauso wie FOX-IT in den Niederlanden oder Mandiant in den USA.

Die Niederlande bleiben mit dem Verbot der Antivirensoftware ein Außenseiter, andere europäische Staaten wie beispielsweise Frankreich, Belgien und Deutschland schließen sich nicht an. Würden sie weiterhin mit ihm zusammenarbeiten, wenn es handfeste Beweise dafür gäbe, dass das Unternehmen an russischer Spionage beteiligt ist? KPN ignoriert den Beschluss der Regierung ebenfalls. Die IT-Experten des Unternehmens beharren darauf, dass Kaspersky den besten Schutz biete. Das Risiko eines Angriffs reduzieren sie, indem es keine Verbindung zwischen der Antivirensoftware und externen Servern gibt. Kaspersky bleibt sozusagen im KPN-Netzwerk gefangen.

Es ist schon beinahe ironisch: Kaspersky schützt Rechner gegen Angriffe, aber sobald es ernst wird, verbannt man es.

Welchen Standpunkt vertritt Gubarew? Wie erklärt er die vielen Computerviren, die über seine Server verbreitet werden? Was weiß er von seinen Kunden?

Aleksej Gubarew eilt durch das leere Gebäude in sein Büro zurück. An der Wand das Gemälde eines goldenen Drachens, ein Geschenk eines Geschäftsfreundes. Mitten im Büro steht eine Fitnessbank mit Gewichten, daneben ein Plattenspieler und ein Stapel LPs von Michael Jackson. »Ich habe alles von ihm«, teilt Gubarew uns emotionslos mit. Er geht weiter in den angrenzenden Konferenzraum und lässt sich am Kopfende des Tisches nieder.

Gubarew, Großneffe des gleichnamigen, verstorbenen russischen Astronauten und Volkshelden, kommt in der sibirischen Stadt Ust-Ilimsk zur Welt. Sein Vater schlug 5000 Meter Holz im Monat und verkaufte es nach Japan und China. Nach dem Schulabschluss studiert er Mathematik an der berühmten Nowosibirsk-Universität, bricht das Studium jedoch ab, als seine Frau ein Kind erwartet und wird mit 20 Jahren Vater.

Um seine Familie zu ernähren, arbeitet er als Berater im Internetbusiness und gründet später sein eigenes Unternehmen

auf Zypern. Warum gerade Zypern? »Moskau war zu teuer.«
Außerdem sprach vieles für Zypern. »Ich konnte hier günstig
Kredite aufnehmen, kaufte ein Haus und holte meine Familie
her.« So einfach war das.

Dass Menschen ihm misstrauen, findet er absurd. Ein junger Russe, der innerhalb von zehn Jahren mit einem einfachen
Produkt ein Millionenunternehmen hochgezogen hat. »Was ist
daran so bemerkenswert?«, fragt er ärgerlich. »Ich habe alles
aus dem Nichts aufgebaut. Meine Konkurrenten sind eben einfach nicht gut genug.«

Wir stellen unsere Fragen. Jochen Steman – große Augen,
glatt zurückgekämmtes Haar – schüttelt gelegentlich demonstrativ den Kopf. Als könne er wirklich nicht begreifen, warum
Journalisten daran zweifeln, dass sein Chef zu den Guten gehört. Stimmt es, dass Gubarew zu seinen vielen Kunden persönlich Kontakt hat? Gubarew: »Menschen vertrauen mir.«

Könnte es sein, dass er, ohne es zu wissen, am russischen
Angriff auf die US-Demokraten mitgewirkt hat? Kopfschütteln. »Bei uns läuft die Bezahlung über Kreditkarten oder
Banküberweisung. Jede Transaktion ist auf Papier dokumentiert.« Hat er in letzter Zeit mal nachgesehen, ob möglicherweise seltsamer Datenverkehr über seine Server läuft?
»Nein. Dazu bin ich gar nicht berechtigt. Ich habe 37 000 Server weltweit. Von Gesetzes wegen dürfen Provider keinen
Zugang haben.«

Nach knapp einer Stunde schütteln wir Gubarew die Hand
und stecken unsere Notizblöcke ein. Er bringt uns zum Lift,
wir verabschieden uns. Kurz darauf treten Tom und ich durch
den Hinterausgang ins Freie. Wir tauschen einen kurzen Blick.
Wir sind zwar nicht von seiner Unschuld überzeugt, aber das
Gegenteil können wir auch nicht beweisen.

Zwei Jahre nach diesem Gespräch – Gubarew ist inzwischen
abgetaucht – weist mich ein amerikanischer Journalist auf den

Bericht eines ehemaligen IT-Experten des FBI hin. Während eines laufenden Verfahrens hat sich der Journalist auf die Suche nach Informationen über Gubarews Unternehmen gemacht.

Seine Server, steht in dem 40 Seiten langen Bericht, wurden regelmäßig von russischen Kriminellen angemietet. Angriffe von Fancy Bear und Cozy Bear liefen ebenfalls über sein Unternehmen. Insgesamt wurden gegen Gubarew 400 000 Beschwerden wegen bösartigen Internetverkehrs in seinen Servern ausgesprochen, die er mehr oder weniger negierte. Er vermietet mindestens 1000 Server an Kunden, ohne zu wissen, was diese damit tun.

Sogar Experten überrascht die hohe Anzahl der Angriffe. »Eine solche Menge an Cyberangriffen kann kein Zufall mehr sein«, sagt jemand, der selbst bei einem Hosting-Provider arbeitet und den Bericht gelesen hat. »Anscheinend gehört es zu Gubarews Strategie, gezielt Kriminelle und Hacker anzusprechen.« Bei RIPE, einer Non-Profit-Organisation, die Domains vergibt, löst der Bericht Empörung aus. Webzilla und alle Tochtergesellschaften ermöglichen illegale Webaktivitäten, lautet die Schlussfolgerung von RIPE. »Unsere Gemeinschaft«, wettert ein Mitglied der RIPE-Kommission in einer Mail, »steht eindeutig vor einem Problem, das ›Selbstregulierung‹ allein nicht lösen kann.«

Mich erstaunt der Bericht des FBI ebenfalls; es ist eindeutig, dass ein niederländisches Unternehmen bei illegalen Hackeraktivitäten ein Auge zudrückt. Inzwischen hat dieses Unternehmen ein eigenes Rechenzentrum in Amsterdam-Zuidoost eröffnet und wird noch mehr Server vermieten. Aber anscheinend ist man machtlos. Gubarew wird immer reicher und die Angriffe laufen nach wie vor über seine Server.

Man kann sich natürlich die Frage stellen, wie viel ein ahnungsloser Bürger davon mitbekommt. Oder wie schlimm es ist, wenn unser gesellschaftliches Zusammenleben zusehends gefährdet wird, weil Kriminelle und Staaten unbemerkt zuschlagen können. Im Frühling 2017 gibt es eine Antwort auf diese Frage.

11

MIT DYNAMIT FISCHEN

René de Vries lenkt seinen marineblauen Tesla auf der A13 Richtung Rotterdam, als er die WhatsApp-Nachricht eines Kollegen erhält. Der 56-jährige Hafenmeister ist unterwegs zum World Port Center, dem Nervenzentrum des Hafens. »Beim Terminalunternehmen APM gibt es Probleme«, liest er auf dem Bildschirm.

De Vries wird im ersten Moment nicht recht schlau aus der Nachricht. APM kennt er natürlich. Das Unternehmen macht 4 Milliarden Dollar Gewinn pro Jahr. Auf der Ersten und Zweiten Maasebene (Industrie- und Hafengebiet bei Rotterdam) hat die Firma jeweils ein eigenes Terminal, in dem die größten Containerschiffe der Welt anlegen. APM lädt mit riesigen blauen Kränen die Fracht von den Schiffen auf Lastwagen um.

Kaum eine Minute später klingelt das Handy des Hafenmeisters. Ein Mitarbeiter von Maersk, dem Eigentümer von APM, ist am Apparat. »Hier ist alles ausgefallen«, sagt der Mann. »Kameras, Kräne, Schlagbäume: nichts geht mehr.«

Als de Vries in das Hafenparkhaus direkt hinter der Erasmusbrücke einfährt, ist er beunruhigt. Er rennt zum Lift und fährt in die 19. Etage, zum »Lageraum« des Hafens mit Aussicht über ganz Rotterdam.

Der Manager berichtet de Vries, dass keine Schiffe mehr einfahren könnten, weil beide Terminals von APM außer Betrieb seien. Vom Hafengebäude aus sind die rund 40 Kilometer entfernten Terminals kaum zu sehen. Auf den Rechnerbildschirmen erkennt man es dafür umso genauer: Im Hafen von Rotterdam ist der Schiffsverkehr zum Erliegen gekommen, im Fährhafen von Hoek van Holland sind lauter Tupfen im Wasser zu sehen – und jeder Tupfen ist ein wartendes Schiff.

De Vries blickt sich kurz im Büro um: Bildschirme, Telefone, Laptops und 15 Mitarbeiter, die hektisch herumtelefonieren. Der Korpschef von Rotterdam, Frank Paauw, und Bürgermeister Ahmed Aboutaleb werden soeben informiert.

Ein Patrouillenboot des Hafenbetriebes steuert eilig zur Maasebene hinüber, der Zoll ist ebenfalls auf dem Weg. Fracht im Wert von Milliarden kann nicht gelöscht werden. Auf dem wichtigsten Zufahrtsweg zum Hafen stauen sich allmählich die Lastwagen, die nicht in den Hafen einfahren können.

Im Lageraum weiß man, dass inzwischen bereits drei der insgesamt fünf Hafenterminals außer Betrieb sind. »Ist es ein Stromausfall? Oder ist es ein Angriff?«, überlegt de Vries. »Kommt es hier gleich zu Plünderungen?«, fragt sich einer der Mitarbeiter verzweifelt.

De Vries ist vor allem besorgt wegen der Container, die nicht weitertransportiert werden können. Ein Container kann die gesamte Sommerkollektion eines Geschäftes enthalten, neue Smartphones oder Laptops. Besonders kritisch sind verderbliche Waren, die größtenteils nach ganz Europa geliefert werden müssen.

René de Vries ist ein erfahrener Polizeibeamter und hat schon viele schwierige Situationen im Hafen miterlebt. Messerstechereien, auf frischer Tat ertappte Diebe, die unterschiedlichsten Bedrohungen. Doch an diesem 27. Juni 2017 weiß er nicht, was vor sich geht. Schiffsbrände oder Leckagen, bei denen Schadstoffe austreten, sind eindeutige, klar abgegrenzte Probleme. Aber was gerade im Hafen geschieht, ist schwer fassbar.

Vorläufig kann er nur die Sicherheit im Hafen gewährleisten, Hafenpolizei und Zoll patrouillieren bereits vor Ort. Manche Lkw-Fahrer haben kehrtgemacht und sind wieder aus dem Hafen hinausgefahren, andere suchen sich einen Schlafplatz in der Nähe oder übernachten im Führerhaus. Niemand weiß, wie lange der Hafen lahmgelegt ist. Beklommen steigt de Vries am Abend in seinen Tesla. Der Betrieb im sonst so geschäftigen Hafen ist nach wie vor ausgehebelt.

Die Ohnmacht ist nicht nur in Rotterdam zu spüren. Am 27. Juni steht ein Unternehmen nach dem anderen still: Der Paketdienst TNT Express, MSD Pharma, der Stahlfabrikant Evraz, die große britische Werbeagentur WPP, der russische Ölkonzern Rosneft, amerikanische Krankenhäuser: nichts geht mehr.

Ein unbekanntes Virus schlägt gnadenlos zu, infiziert Computersysteme in Frankreich, Indien, Großbritannien, Polen, Deutschland. »Unternehmen weltweit lahmgelegt«, titelt »RTL Nieuws«.

»Was ist das und wie kann man es beenden?«, will der britische *Guardian* wissen. »Ein globaler Angriff mit Erpressungssoftware«, so leitet Nachrichtensprecherin Annechien Steenhuizen das Abendjournal ein. Berichterstatter Gerri Eickhof ist zum Rotterdamer Hafen gefahren und teilt mit, alle europäischen Staaten seien von dem Angriff betroffen. »Weiß man schon, woher das Virus kommt?«, fragt Steenhuizen. Vor den stillstehenden Kränen im Hintergrund erwidert Eickhof: »Nein, keine Ahnung. Das ist auch sehr schwierig herauszufinden. Man kann zwar eine bösartige Quelle erkennen, aber dahinter ist eine zweite Quelle und dahinter die nächste. Auf der ganzen Welt, überall im Internet.«

Ob Experten, Reporter oder Mitarbeiter der angegriffenen Unternehmen: Niemand kann erklären, was genau passiert ist. Innerhalb von wenigen Stunden wurden Hunderttausende Computersysteme in mindestens 65 Ländern infiziert. Pakete können nicht mehr ausgeliefert werden, Ärzte kommen nicht mehr an Patientendaten und Bürger nicht mehr an ihr Geld. Nie zuvor hat ein digitaler Angriff so viel Schaden angerichtet.

In den darauffolgenden Tagen notiere ich mir eine Unmenge Fragen. Wer steckt hinter dem Angriff und was sind die

Gründe? Warum ist der Rotterdamer Hafen so verwundbar? Ist das der Auftakt zu einem digitalen Weltkrieg?

Informanten und Experten, die normalerweise eine Erklärung anbieten, suchen jetzt fieberhaft nach Antworten. Der Angriff hat jeden überrascht. Vor einem Monat wurden die Monitore in 150 Ländern schon einmal plötzlich schwarz. Der Angriff traf den britischen Gesundheitsdienst so schwer, dass Krankenhäuser nur noch Notfallpatienten aufnehmen konnten. Tausende Operationen mussten verschoben werden, MRT-Scanner funktionierten nicht, Kühlaggregate für Blutuntersuchungen fielen aus.

Stecken jetzt dieselben Täter hinter den Angriffen? Auch bei diesem Angriff fahren Computer spontan hoch, und auf dem schwarzen Bildschirm steht in Farbschrift: »Ups, Ihre Daten wurden verschlüsselt.« In den attackierten Betrieben werden alle Bildschirme schwarz, einer nach dem anderen. Es geht rasend schnell. Ein Neustart ist sinnlos, die Rechner reagieren nicht mehr.

Die Meldung, die dann auf den Monitoren erscheint, weist auf Erpressersoftware hin: Die Angreifer fordern 300 Dollar, anschließend haben die Opfer angeblich wieder Zugriff auf ihre Daten. Diejenigen, die bezahlen, müssen jedoch schnell feststellen, dass nichts dergleichen passiert. Ihre Computerbildschirme bleiben schwarz.

Um zu verstehen, was in Rotterdam geschehen ist, muss ich zuerst zum Epizentrum des Angriffs, der die Welt erschüttert hat.

Alle IT-Firmen, die diese Infizierungen registrieren, stellen etwas Besonderes fest: Die Ukraine ist am stärksten von den Angriffen betroffen, dort befinden sich mehr als 90 Prozent der attackierten Unternehmen. Banken werden lahmgelegt, bargeldlose Zahlungen sind nicht mehr möglich, der öffentliche Verkehr und Flughäfen, die Post und sogar die technischen Systeme des havarierten Kernkraftwerks in Tschernobyl stehen still.

Ich fliege mit meinem Kollegen Tom Kreling nach Kiew, um mich vor Ort zu informieren. Wir treffen den Schotten Jock Mendoza-Wilson. Er arbeitet bei SCM, dem größten Unternehmen der Ukraine, dem unter anderem der Telekommunikationsprovider Ukrtelecom gehört und dessen Sitz in der Nähe des berühmten St. Michaelsklosters liegt. Der verschmitzte Schotte berichtet, was am 27. Juni geschah.

Gegen 13 Uhr stürmte seine Assistentin Knesia ins Büro und schrie, er müsse seinen Computer ausschalten. Ohne weitere Fragen zu stellen, reagierte Wilson prompt und zog den Stecker. Dann blieb er still sitzen, als wolle er horchen, ob der Eindringling bis in seinen Computer vorgedrungen sei oder noch im Kabel zappelte.

Kurz darauf rief die IT-Abteilung an. »SCM wurde attackiert, die Arbeit an den Computern ist ab sofort untersagt.« Wilson dachte an die E-Mails, die er verschicken wollte, an den Auftrag, mit dem er vier Monate lang beschäftigt war und den er jetzt vielleicht verloren hatte. Erst als er durch die marmorne Eingangshalle ging, sich in sein Auto fallen ließ und sein Chauffeur ihm die Nachrichten im Radio übersetzte, begriff er, dass die gesamte Ukraine lahmgelegt war.

Unterwegs fiel ihm die merkwürdige Stille auf, wie sie sonst nur sonntags herrschte und sicher nicht an einem normalen Arbeitstag, unmittelbar vor dem ukrainischen Nationalfeiertag am 28. Juni. Wilson war beunruhigt. Viele Fragen gingen ihm durch den Kopf. »Komme ich noch an mein Geld? Was ist mit dem Flugverkehr?«

Zuhause informierte er sich in den westlichen Medien. BBC berichtete von Attacken in Deutschland, den Niederlanden und den USA. Wilson telefonierte auch mit Freunden und Geschäftskontakten, er hatte noch nie einen digitalen Angriff erlebt und fühlte sich dadurch zutiefst verunsichert. Ihm wurde plötzlich bewusst, wie ausgeliefert er ohne Strom, Wasser und Krankenhaus war und wie abhängig von Telefonen, Rechnern, Flugzeugen und Geld. »Was könnte noch alles ausfallen?«, fragte er sich.

»Der wirtschaftliche Schaden in der Ukraine ist gigantisch«, berichtet Dmytro Shymkiv in seinem Büro im Präsidentenpalais. Der frühere CEO von Microsoft Ukraine ist inzwischen der wichtigste technische Berater von Staatsoberhaupt Petro Poroschenko. Seiner Ansicht nach hat das Virus über zehn Prozent der ukrainischen Computersysteme infiziert, einige Banken mussten ihren gesamten Rechnerbestand austauschen. Da sich das Virus nach der Infizierung weiter im Netzwerk verbreitet, löst jeder Neustart eines Computers erneut Probleme aus. Die Ukrsotsbank erteilt notgedrungen Anweisungen über den Feueralarm, damit Mitarbeiter ihre Rechner nicht hochfahren.

Shymkiv: »Offiziell ist die Rede von 12 000 infizierten PCs, aber es sind erheblich mehr. Manche Betriebe haben zwischen 60 und 80 Prozent ihrer ICT-Infrastruktur eingebüßt.«

Während Berater Shymkiv eine Krawatte aus der Schublade nimmt – sein Chef, Präsident Poroschenko, hat gleich ein Videogespräch mit Wladimir Putin, und sein Mitarbeiterstab soll möglichst gepflegt wirken – rekonstruieren wir den Angriff vom 27. Juni. Shymkiv berichtet, was seines Wissens dem Angriff vorausging. Vielleicht ergeben sich daraus Hinweise auf die Täter und ihre Motive. Und vielleicht auch eine Erklärung für den lahmgelegten Rotterdamer Hafen. Zuerst stellt Shymkiv dar, dass das Buchhaltungsprogramm M.E.Doc in der Ukraine viel genutzt wird, 80 Prozent aller Unternehmen arbeiten damit. Der kleine Familienbetrieb Intellect Service in Kiew hat das Programm entwickelt M.E.Doc leistet gute Dienste in der Buchhaltung und bei Steuererklärungen.

Intellect Service wird schon seit Längerem angegriffen, und Hacker wissen genau, wie sie ins Netzwerk gelangen. Obwohl der Betrieb Software für Millionen Benutzer liefert, ist er bei Weitem nicht so gut geschützt wie amerikanische Software-entwickler dieser Größenordnung.

Im April, drei Monate vor dem Großangriff, manipulieren die Hacker den Updateprozess von M.E.Doc. Das eröffnet ihnen viele Möglichkeiten: Während der Nutzer aktualisiert, können die Hacker ihre eigene Software einschleusen, beispielsweise zu Spionagezwecken. Beim nächsten Update von M.E.Doc installieren ahnungslose Nutzer dann auch die Spionagesoft-ware der Angreifer. Shymkiv:»Rund 400 000 Betriebe arbeiten mit M.E.Doc, und alle wichtigen Informationen über ein Un-ternehmen finden sich im Buchhaltungssystem.« Eine wahre Goldmine für Angreifer.

Nach zwei Monaten Spionage wechseln die Angreifer plötzlich den Kurs. Sie könnten noch monate- oder gar jahre-lang unbeobachtet ausspähen, entscheiden sich aber für einen waghalsigeren Plan. Via M.E.Doc bringen sie kurz vor dem ukrainischen Nationalfeiertag ein Sabotagevirus in Umlauf. Ziel: Möglichst viel Chaos beim Feind stiften. Da das Virus über das Buchhaltungsprogramm verbreitet wird, können die Hacker sicher sein, dass der Angriff durchschlagende Wirkung in der Ukraine hat.

Shymkiv schiebt den massiven Bürostuhl zurück und ent-schuldigt sich. Er muss jetzt wirklich zu Poroschenko. Noch schnell eine letzte Frage nach den Tätern. Shymkiv:»Wer ist an unseren Finanzdaten interessiert und möchte unsere Be-triebe in den Ruin treiben? Das ist die klassische russische Me-thode. Verbrenne nicht nur das Haus deines Feindes, sondern gleich sein gesamtes Dorf.«

Mit dieser Analyse steht Shymkiv nicht allein da, viele IT-Unternehmen und Regierungen attackierter Staaten teilen sei-ne Ansicht. Der Angriff fing mit M.E.Doc an, und anschließend hat sich das Virus in rasender Geschwindigkeit weltweit ver-breitet. Trotzdem bleiben Fragen. Wer sind die mutmaßlichen russischen Täter? Und was ist ihr Motiv?

Wenn Täter aus Russland kommen, sind mir bisher immer zwei Namen eingefallen: Cozy Bear oder Fancy Bear. Cozy Bear arbeitet für den Auslandsgeheimdienst Russlands, den SWR, und Fancy Bear für den militärischen Nachrichtendienst GRU. Zwei Hackergruppen, zwei Möglichkeiten.

Aber meinen Quellen zufolge hat Cozy Bear nichts mit diesem Angriff zu tun, und sie sind sich auch nicht sicher, was Fancy Bear betrifft. Mein Bild der russischen Hackerszene ist anscheinend überholt, und ich nehme daher Kontakt zu Informanten auf, unter anderem mit (ehemaligen) Mitarbeitern des MIVD. Sie konzentrieren sich auf die Aktivitäten von Fancy Bear. Was wissen sie über den Angriff auf die Ukraine?

Einige Quellen erklären mir, dass der MIVD seit 2014 die Netzaktivitäten der Hacker des militärischen Nachrichtendienstes GRU beobachtet. Die Gruppe wurde lange Zeit von IT-Unternehmen und Geheimdiensten als Fancy Bear bezeichnet, aber der Name ist zu allgemein, wie man inzwischen weiß. Wer die unterschiedlichen Aktivitäten genauer unter die Lupe nimmt, erkennt zwei verschiedene Hackertypen, nämlich Hacker der Einheiten 26165 und 74455. Die erste Einheit spioniert, die zweite sabotiert und stört. Ihre Zielobjekte entsprechen punktgenau denen der russischen Regierung, also NATO-Staaten, osteuropäische Regierungen und politische Gegner des Kreml.

Der MIVD ist schon seit einiger Zeit beunruhigt über die aggressiv vorgehende Einheit 74455. Anfang 2015 machen IT-Spezialisten in einem Industriegelände der Stadt Meppel in Drenthe eine Entdeckung. Zwischen den Weiden und der Bahnlinie nach Zwolle steht eine Lagerhalle mit Computern – das Rechenzentrum eines niederländischen Unternehmens. Der MIVD ist durch verdächtigen Internetverkehr auf die Spur des Servers gestoßen. Als die IT-Spezialisten den Server anzapfen und den Internetverkehr ausspähen, sind sie entsetzt.

Über diesen Server steuern russische Hacker ihre Attacken auf Osteuropa: Sie versuchen, ukrainische Elektrizitätszentralen anzugreifen und dort ein Sabotagevirus einzuschleusen. Sie infiltrieren außerdem ukrainische Fernsehsender mit einem Virus, das alle Daten überschreibt. Dokumente, Video- und Audiodateien werden gelöscht, und Journalisten können nicht mehr über lokale Ereignisse wie beispielsweise Wahlen berichten. Zum ersten Mal begreift der Dienst die Durchschlagskraft der Einheit 74455. Über das Internet versuchen Hacker, ein Land zu destabilisieren und zu zerrütten.

Einige Monate später erleben ukrainische Einwohner von Neuem die Auswirkungen dieser Strategie. Am 23. Dezember, an einem kalten Nachmittag, bemerkt der Mitarbeiter eines Energieanbieters in der Westukraine, wie der Cursor auf seinem Bildschirm sich selbstständig in Bewegung setzt und seine Maus, ohne sein Zutun, eine Seite öffnet und die Elektrizitätszentrale offline schaltet. Tausende Einwohner haben plötzlich weder Strom noch Wasser.

Der Mitarbeiter stürzt zu seinem Computer, wie es später ein Artikel in der amerikanischen Zeitschrift *Wired* beschreibt, und greift verzweifelt nach der Maus. Doch was er auch versucht, der Cursor reagiert nicht darauf, sondern holt eine Elektrizitätszentale nach der anderen vom Netz. Jedes Mal geht bei vielen Tausend Bewohnern einer Stadt das Licht aus. Der Mitarbeiter versucht alles, um das Abschalten der nächsten Zentrale zu verhindern, aber der Computer loggt ihn einfach aus. Einloggen kann er sich nicht mehr, der unsichtbare Angreifer hat sein Passwort geändert. Er muss ohnmächtig zusehen, wie der Strom in der gesamten Stadt abgestellt wird.

Der Angreifer schaltet insgesamt rund 60 Zentralen ab, und 230 000 Bewohner haben weder Strom noch Wasser. Die Notfallstromversorgung wird ebenfalls unterbrochen, und die Callcenter der Energieunternehmen werden mit automatischen Anrufen überflutet und aus dem Verkehr gezogen. In 103 Städten und Dörfern der Ukraine geht das Licht aus und in 186 fällt teilweise der Strom aus. Die Einwohner sitzen sechs Stunden lang in der Kälte und im Dunkeln, bis es den Technikern schließlich gelingt, die Zentrale manuell wieder hochzufahren. Die Computersysteme verursachen allerdings noch auf Wochen hinaus Störungen, denn die Angreifer haben nach der Attacke weitere Schadprogramme installiert.

Scharen internationaler Experten untersuchen den Vorfall, es dauert Monate, bis die erste Rekonstruktion vorliegt. Offenbar war der Angriff sorgfältig geplant. Mit einer Phishingmail an die IT-Mitarbeiter installierte sich die Malware unbemerkt, und kurz darauf hatten die Angreifer Zugang zur Netzwerkverwaltung; sie waren nur noch einen Schritt entfernt von den Rechnern des Produktionsnetzes.

Produktionsnetzwerke können nicht über das normale Büronetzwerk angesteuert werden, dafür sind sie zu wichtig. Die Angreifer ließen sich jedoch etwas einfallen: In den Büronetzwerken suchten sie nach Benutzernamen und Passwörtern der Mitarbeiter, die Zugang zum Produktionsnetz hatten. Nach monatelangem Sammeln hatten die Angreifer schließlich die richtigen Daten und mussten nur noch auf den richtigen Moment warten: einen kalten Dezemberabend.

Ukrainische und westliche Geheimdienste vermuten Russland hinter den Angreifern, Leute vom MIVD sind ebenfalls dieser Ansicht. Oder noch genauer: Sie haben die Mitglieder der Einheit 74455 unter Verdacht, die zu Anfang des Jahres bereits über Meppel versuchte, in Stromversorgungszentralen einzudringen.

Einheit 26165, die ebenfalls für die GRU arbeitet, beschäftigt sich eher mit Spionage. Auch diese Hacker gehen rabiat und zielstrebig ans Werk, und ihr bevorzugtes Zielobjekt ist gleichfalls die Ukraine. In Den Haag trifft in einer Reihe von Botschaften am Mittwoch, 1. November 2017, eine Mail der ukrainischen Botschaft ein, Betreff: Dringend.

Sehr geehrte Damen und Herren,
Bitte lesen Sie diesen Bericht über neue Terrorangriffe in New York.
Mit freundlichen Grüßen,
Ukrainische Botschaft

Angehängt ist ein Word-Dokument mit dem Titel »New York von ISIS attackiert«. Am Tag zuvor hat ein Kleinlasterfahrer in New York acht Menschen getötet, als er rund 20 Straßenblocks auf dem Fußgänger- und Fahrradweg fuhr. Absender der Mail ist die ukrainische Botschaft, emb_nl@mfa.gov.ua. Die Angreifer haben die Adresse mit einem einfachen Trick nachgeahmt.

Wer das Word-Dokument öffnet, sieht folgende Windows-Mitteilung: »Dieses Dokument enthält Dateien, die auf andere Dateien verweisen. Möchten Sie die Dateien in diesem Dokument aktualisieren?« Wer auf »Ja« klickt, startet ein Programm, das den Zugang zu Windows-Funktionen freischaltet und ein kleines Datenpaket aus einer GRU-Website holt. Anschließend wird eine *Backdoor* installiert, und die Hacker können ins Netzwerk einer Den Haager Botschaft hineinspazieren.

Der Angriff läuft über die Domain *netmediaresources.com*, die am 19. Oktober von den GRU-Hackern erstellt wurde, 13 Tage vor dem Versenden der Phishingmails. Das infizierte Word-Dokument wurde vier Tage vor dem Angriff erstellt und nach dem Anschlag in New York neu bearbeitet. Klickt jemand auf den Anhang, ist die GRU im Netzwerk. Klickt niemand, versuchen sie es mit einem neuen Angriff. Niemand weiß, wie viele Botschaften infiziert wurden.

Diese Hacker werden weltberühmt, als zwei Mitglieder der Gruppe einige Monate später von Moskau nach Amsterdam fliegen. Zwei Nachrichtendienstmitarbeiter begleiten die beiden, ein Diplomat der russischen Botschaft in Den Haag holt sie in Schiphol ab. Das alarmiert den MIVD, der bestimmte russische Diplomaten engmaschig überwacht – etwa indem Telefone in Fahrzeugen oder in der Botschaft »getrackt« werden. Unter den Fahrzeugen platziert der MIVD kaum sichtbare GPS-Tracker, die man entweder von Hand auslesen kann, indem man sie gelegentlich auswechselt, oder automatisch, indem ein Fahrzeug des Dienstes in der Nähe parkt.

Der Besuch der vier Russen hat zwingende Gründe, denn die GRU steht unter Druck. Vor einigen Wochen sind ein schwer verletzter Mann und seine Tochter bewusstlos auf einer Parkbank im englischen Salisbury gefunden und mit schweren Vergiftungen ins Krankenhaus eingeliefert worden. Ursache der Vergiftung war ein Nervengas, beide überlebten trotz der schweren Verletzungen.

Russland bestreitet jegliche Verbindung zu dem Angriff, doch in den darauffolgenden Wochen häufen sich die Beweise. Die britische Regierung behauptet überzeugend, dass Mitarbeiter der GRU hinter dem Anschlag stecken. Als Großbritannien die OPCW, eine internationale Organisation für das Verbot chemischer Waffen, in die Untersuchung einbezieht, wird Russland nervös. Putin schätzt Überraschungen nicht, und GRU-Hacker richten ihre Pfeile jetzt auf den Sitz der OPCW in Den Haag.

Sie verschicken E-Mails an die Mitarbeiter der Organisation, und zwar sowohl an die Adresse der OPCW als auch an die privaten E-Mail-Adressen. In den Mails geht es um arbeitsbezogene Themen, Links verweisen auf externe Webseiten oder kleinere Anhänge. Als diese Angriffe scheitern, machen sich zwei Mitarbeiter der GRU und zwei Hacker in aller Eile selbst auf den Weg nach Den Haag. Einige Tage zuvor haben sie auf Google fleißig Informationen über die OPCW gesammelt. Von Schiphol aus nehmen die vier einen Citroen-C3-Mietwagen und erkunden in den nächsten Tagen Lage und Umgebung der OPCW. Am 13. April stellen sie den Wagen auf einem Parkplatz in unmittelbarer Nähe der OPCW ab. Im Kofferraum liegen Hackerwerkzeuge: Geräte, mit denen sich WLAN-Verschlüsselungen knacken lassen und eine Antenne, die Internetverkehr überträgt. Da die Systeme der OPCW nicht durch eine zusätzliche Zwei-Faktor-Authentifizierung geschützt sind, können die Russen mit diesen Geräten ins Netzwerk eindringen. Der MIVD hat die russische Gruppe vier Tage lang observiert und greift jetzt ein.

Als einige Mitarbeiter des MIVD zum Wagen der überraschten Gruppe stürmen, sehen sie, wie einer von ihnen Anstalten macht, sein Smartphone zu zerschlagen. Es gelingt ihm nur zum Teil, und er beschädigt lediglich den Bildschirm. Der MIVD beschlagnahmt Geräte und alles, was die Gruppe bei sich führt, unter anderem Banknoten im Wert von 40.000 Euro, Telefone, Laptops mit belastenden Daten und Zugtickets nach Bern. Noch am gleichen Tag setzt der Dienst die russische Gruppe in ein Flugzeug nach Moskau.

Ein halbes Jahr später treten der MIVD und Verteidigungsministerin Ank Bijleveld mit Details über die Operation an die Öffentlichkeit, ein sehr ungewöhnlicher Schritt in den Niederlanden. Normalerweise hält man Berichte über Hackerangriffe unter Verschluss. Diese Pressekonferenz findet nicht zuletzt auf Betreiben der Amerikaner statt. Die US-Regierung erhebt wegen mehrerer Angriffe Anklage gegen die GRU-Hacker, und dazu gehört auch die Attacke auf die OPCW. Die niederländische Pressekonferenz mit Kamerabildern der russischen Gruppe, die in Schiphol landet, gehen um die Welt. »Niederlande vereiteln russische Cyber-Attacke auf OPCW«, titelt die BBC, und die *Washington Post* schreibt: »Russische Hacker auf frischer Tat ertappt«.

Auf der Pressekonferenz verschweigt der MIVD allerdings, dass die OPCW keineswegs der einzige Grund des russischen Besuchs war. Die Spione nahmen für eine Nacht ein Hotel in Noordwijk. Dort befindet sich der Sitz des europäischen Raumfahrtzentrums ESA. Außerdem fuhren sie mit ihrer Hackerausrüstung nach Rotterdam und hielten sich dort in der Nähe der Nationalen Staatsanwaltschaft auf, wo zur selben

Zeit die strafrechtliche Untersuchung des MH17-Absturzes stattfand. Auch hier observierte der MIVD die Gruppe, griff jedoch nicht ein – wahrscheinlich weil die Hacker mit ihren Abhörgeräten auf Abstand zum Gebäude blieben.

Ab 2015 hat der Dienst ein verändertes Verhalten der russischen Hacker festgestellt: Seit der Annexion der Krim agieren sie rücksichtsloser und unvorhersehbarer. Einheit 74455 greift Stromversorgungszentralen, Medien und Eisenbahnlinien an. Wenn Russland hinter dem Angriff am 27. Juni in der Ukraine steckt, müssen die Täter aus dem Umfeld dieser Einheit kommen. Die Ukraine ist seit den militärischen Auseinandersetzungen mit Russland häufig das Ziel digitaler Attacken, die zu strategisch günstigen Zeitpunkten erfolgen. Einen Tag vor dem Nationalfeiertag wird die Stromversorgung abgeschaltet, und unmittelbar vor Auszahlung des Weihnachtsgeldes erfolgt ein Angriff auf das Finanzministerium.

Später machen die US-Regierung und Großbritannien Russland offiziell als Täter verantwortlich. Eine Behauptung, die Folgen haben soll.

Der amerikanische Versicherer Zurich North America weigert sich, einer Schadenersatzforderung von 100 Millionen Dollar des Nahrungsmittelkonzerns Mondelez – insbesondere bekannt für die Marke Oreo – nachzukommen. Obwohl Schäden digitaler Angriffe üblicherweise erstattet werden, argumentiert der Versicherer, es gehe in diesem Fall um eine »kriegerische Handlung«, die von Versicherungen nicht abgedeckt werde.

Durch den Angriff wurden bei Mondelez 1700 Computer und 24 000 Laptops dauerhaft beschädigt und müssen ersetzt werden. In anderen Unternehmen sind ebenfalls enorme Schäden entstanden, im amerikanischen Pharmaunternehmen Merck belaufen sie sich eigenen Schätzungen zufolge auf 870 Millionen Dollar. Das Weiße Haus schätzt den Schaden weltweit auf mindestens 10 Milliarden Dollar.

Die Ursachen des enormen Schadensumfangs liegen teilweise in den Vereinigten Staaten selbst. Nach den Snowden-Enthüllungen wurde den Amerikanern mit Sicherheit noch einmal die doppelte Menge an Geheimdokumenten entwendet, darunter auch Hackerwaffen von CIA und NSA, die in die Hände eines Hackerkollektivs fielen. Es handelte sich dabei um Software, die über noch unentdeckte Sicherheitslücken in Rechner und Telefone eindringt: Waffen der heutigen Zeit.

Man muss sich nur einmal vorstellen, alle Windows-Rechner könnten durch eine solche Waffe übernommen werden. Die Sicherheit der gesamten Nutzer weltweit wäre bedroht. Unter NSA-Mitarbeitern wird diese Methode als »Dynamitfischen« bezeichnet.

Eines der Hackerwerkzeuge ist ein gefährlicher *Exploit*, der eine Sicherheitslücke in Windows nutzt. Die NSA kann in Windows-Systeme eindringen und bösartige Software installieren. Zu diesem Zeitpunkt setzten die Amerikaner den *Exploit* seit mindestens fünf Jahren zu Spionagezwecken ein. Als sich herausstellt, dass die Software gestohlen wurde, unternimmt die NSA zunächst – nichts. Erst als der Dienst vermutet, dass die Software veröffentlicht werden könnte, meldet die NSA den Diebstahl an Microsoft: »Bitte sofort die Sicherheitslücke reparieren, sonst entsteht ein gigantischer Schaden.«

Im Frühjahr 2017 fordert Microsoft Windows-Nutzer auf, so schnell wie möglich ein Update zu installieren. Kurz darauf veröffentlicht die Hackergruppe die Software der NSA. Der erste Angriff erfolgt im Mai, ein Geiselvirus nutzt den *Exploit*. Alle Windows-Kunden, die kein Update ausgeführt haben, sind davon betroffen; die Parkhäuser von Q-Park Nederland und die Informationsanzeigen der Deutschen Bundesbahn, Autohersteller und britische Krankenhäuser werden infiziert. Patienten müssen evakuiert werden. Die digitale Waffe wendet sich wie ein Bumerang gegen den Westen, der Angriff wird

Nordkorea zugeschrieben. Aber die echte Katastrophe kommt erst noch.

Einen Monat später breitet sich ein neues Virus weltweit aus. Diesmal sind unter anderem der Rotterdamer Hafen, amerikanische Krankenhäuser und die Kontrollsysteme der Kernkraftwerkszentrale in Tschernobyl betroffen. Die Waffe wandert von einem Windows-Computer zum anderen, was zumindest zum Teil erklärt, wieso der Sabotagevirus sich in anderen Ländern ausbreiten kann und nicht ausschließlich Unternehmen befällt, die mit M.E.Doc arbeiten. Die Containerreederei Maersk verwendet M.E.Doc in ihrer ukrainischen Niederlassung; als russische Hacker dieses System infizieren, gelangt das Virus über angeschlossene Systeme nach Kopenhagen und von dort aus weiter zur Tochtergesellschaft APM Terminals in Rotterdam.

Nachdem die Ursache bekannt wird, bleibt die bange Frage, wie ein so verheerender Schaden in Rotterdam entstehen konnte. Während in einigen Unternehmen lediglich die Rechner mit dem M.E.Doc-System ausfallen, wird das gesamte APM-Terminal lahmgelegt. Durchaus bemerkenswert für ein Großunternehmen, das im internationalen Schiffsverkehr eine zentrale Rolle spielt.

Die Erklärung ist ebenso einfach wie bitter: APM sah keine Notwendigkeit, die IT-Sicherheit des Unternehmens auszubauen. Physische Sicherheitsmaßnahmen gab es reichlich: eine robuste Einzäunung, das Gelände wurde rund um die Uhr bewacht, und der Zugang war nur nach einer längeren Anmeldeprozedur inklusive Fingerabdruck möglich. Auf digitaler Ebene hingegen wurde gestümpert, bis 2015 hatte die Firma keine Antivirensoftware im Betriebssystem des Terminals. Verbindungen zu anderen Unternehmenszweigen des Konzerns, etwa zur Muttergesellschaft Maersk, waren ebenfalls nicht durch eine Firewall geschützt. Anscheinend achtete auch niemand darauf, ob jemand Zugangsberechtigung zu den wichtigsten operationellen Systemen hatte, ebenso wenig wie Sicherheitstests durchgeführt wurden, um Schwachstellen und Sicherheitslücken zu ermitteln. Bei APM stand die Zeit in digitaler Hinsicht still.

Ein Jahr vor dem Angriff warnen Sicherheitsexperten das Management und weisen auf die ungenügende Sicherheit des zentralen Betriebssystems hin. Die gleichgültige Reaktion erstaunt die Fachleute: Die Führung von APM hält Verbesserungen für überflüssig. Ein Update der Sicherheitsmaßnahmen hätte ja einen kurzen Stillstand der Terminals zur Folge, und das möchte die Firmenleitung um jeden Preis vermeiden. Das operative Management hat so gut wie keine Kenntnisse von ICT-Systemen. Experten, die in aller Eile eingeflogen werden, sind tagelang beschäftigt, um die APM-Rechner überhaupt hochzufahren. Die Systeme sind so schwer beschädigt, dass ein Experte Codes programmieren muss, damit wenigstens die Kräne bedient werden können. Das gelingt erst nach vier Tagen.

Die beiden Viren, die im Frühling 2017 zuschlagen, legen nicht nur die Schwachstellen von APM offen. Viele Unternehmen hatten zwei Monate nach dem Aufruf von Microsoft noch kein Update durchgeführt, mein eigener Arbeitgeber De Persgroep eingeschlossen. Als das Virus an einem Freitag im Mai durch die Welt raste, unternahm die IT-Abteilung von De Persgroep nichts und stellte auch am Wochenende kein Update zur Verfügung. Erst am Montag wurde in einer alarmierenden Mail ein schnelles Update angekündigt. Derartige Abläufe weisen auf ein weitverbreitetes Problem hin, nämlich die Abneigung, digitale Sicherheit ernst zu nehmen.

Genau wie der Hack bei KPN und die Krise, die der Angriff auf das Zertifikatsunternehmen DigiNotar auslöste, hat die Machtlosigkeit im Rotterdamer Hafen vielen die Augen geöffnet. Eine einzige Schwachstelle kann unser ganzes Zusammenleben bedrohen. Und man hat uns eine beängstigende neue Lektion erteilt. Es gibt Hackergruppen, die nicht nur das Potenzial solcher Schwachstellen kennen, sondern auch bereit sind, ihre Gegner dort empfindlich zu treffen. Ohne Rücksicht auf die Folgen.

TEIL IV
WER BESCHÜTZT UNS?

12
KAMPF OHNE REGELN

Vor fünf Jahren wollte ich herausfinden, worin die Gefahren der Digitalisierung bestehen. Jetzt bin ich bei der Abschiedsveranstaltung für Ronald Prins dabei, sitze zwischen Spionen, Ministern und Spitzenbeamten, die sich täglich mit digitalen Angriffen beschäftigen. Mit manchen habe ich schon einige Male gesprochen, die meisten kenne ich vom Namen her. Wenn die Spionage in den Niederlanden ein Gesicht hat, sieht es so aus.

Ronald Prins, der doch eigentlich gern im Rampenlicht steht, hat sich vor einer Schautafel aufgestellt und scheint sich nicht besonders wohl in seiner Haut zu fühlen. Er hat sich für den feierlichen Anlass in Schale geworfen und trägt einen blauen Anzug und Krawatte. AIVD-Direktor Rob Bertholee, die ehemalige Verteidigungsministerin Jeanine Hennis und Erik Akerboom, Korpschef der Nationalpolizei, schütteln Prins nacheinander begeistert die Hand. Wir befinden uns im Museum Beelden aan Zee in Scheveningen.

Die Feier findet am 8. März 2018 statt, zwei Wochen vor dem Referendum über die Befugnisse des Geheimdienstes. Das Thema hat im Vorfeld intensive Debatten ausgelöst. Gegner warnen vor Stasi-ähnlichen Methoden: Jeder könne abgehört werden. Insbesondere die Massenüberwachung – höhnisch bald nur noch »Schleppnetz« genannt – ist ihnen ein Dorn im Auge. »Stellt euch mal vor«, sagt Comedian Arjen Lubach in seiner Show »Zondag met Lubach« (Sonntag mit Lubach), »dass ihr ab sofort jedes Mal, wenn ihr den Computer einschaltet, folgendes Pop-up seht: ›Findest du es gut, dass die Regierung deine Chats und Suchanfragen liest und speichert? Im Prinzip verwenden wir deine Daten nicht weiter! Ja oder Nein?‹ Was würdet ihr anklicken? NEIN!«

Befürworter argumentieren, dass die Niederlande durch dieses Gesetz sicherer würden. Bisher dürfen die Dienste nicht ohne Weiteres Internetverbindungen anzapfen, obwohl ein Großteil der Kommunikation inzwischen über Glasfaserkabel läuft. Daher sei es wichtig und richtig, die Befugnisse den neuen Bedingungen anzupassen, um nützliche Informationen über Terroristen und spionierende Staaten zu sammeln.

FOX-IT-Direktor Prins kennt die Gemengelage genau. Er arbeitete ein Jahr lang für den AIVD, ist IT-Experte und unterstützt das neue Gesetz. Außerdem gehört er zu einer unabhängigen Kommission, die die Tätigkeit des AIVD überwacht. Seine Ernennung ist übrigens nicht unumstritten: Kann ein ehemaliger Mitarbeiter des Dienstes wirklich unabhängig über seinen früheren Arbeitgeber urteilen? Im Vorfeld des Referendums wurde immer wieder Kritik an seiner Ernennung geäußert, aber während des Empfanges in Scheveningen geht es ausgesprochen harmonisch zu. Direktoren und Spitzenbeamte lassen sich die Fischhäppchen schmecken und sehen dem Referendum gelassen entgegen. Das neue Gesetz für die Dienste sei dringend nötig, und die Bevölkerung werde es bestimmt annehmen, so der allgemeine Tenor.

Ich bin als einziger Journalist hier und habe erst gezögert, ob ich der Einladung folgen soll. Ich werde regelmäßig zu Zusammenkünften, Seminaren und Abschiedsempfängen eingeladen und sage meistens ab. Ein Symposium über die »Herausforderungen der Zukunft« mit Vorstandsvorsitzenden? Lieber nicht. Eine parteipolitische Arbeitsgruppe: »Austausch über zukünftige digitale Herausforderungen«? Ohne mich. Ausschlaggebend ist der journalistische Aspekt, oder um es ganz direkt zu sagen: Bringt das Thema neue Erkenntnisse?

Dass es um ein wichtiges journalistisches Thema geht, ist bei dieser Einladung unstrittig. FOX-IT gehört zu den führenden Firmen im Bereich IT-Sicherheit. Sieben der zehn größten amerikanischen Banken, die niederländischen Geheimdienste, die Raumfahrtbehörde NASA und die NATO zählen zu den Kunden des Unternehmens. FOX-IT sorgt für die Sicherheit der Protokolle des niederländischen Ministerrats und liefert Geräte, mit denen unsere politische Führung sicher telefonieren kann. Auf der Verabschiedung von Prins sind interessante Gäste, zum Beispiel Mitarbeiter des AIVD, des Verteidigungsministeriums und des MIVD.

Einige Journalisten finden, dass man in unserem Beruf Distanz zu denjenigen halten sollte, über die man berichtet. Aber ich will im Gegenteil möglichst nahe heran: Erst dann erfahre ich, was die Person antreibt, warum sie bestimmte Entscheidungen trifft und ob sie ehrlich ist. Aus diesem Grund folge ich Ronald Prins bereits seit Jahren. Wer über die digitale Welt berichtet, muss auch über diesen jugendlich wirkenden Endfünfziger schreiben, der in viele bedeutende Spionagefälle verwickelt war. Die amerikanische Zeitschrift *Politico* zählt ihn 2018 zu den 28 einflussreichsten Europäern. »Ein Meisterspion … im Zentrum der digitalen Sicherheit der Niederlande«, einem Land, das *Politico* zufolge »auf dem besten Weg ist, im digitalen Bereich zu einem der mächtigsten Länder des Westens zu werden«.

Prins denkt wie ein Hacker und agiert wie ein Unternehmer. Seine Freiheit ist ihm wichtig. Den AIVD mit seinen ausgeprägten Hierarchien und Regeln musste Prins als Zwangsjacke empfinden. Er hat zwar nach wie vor gute Kontakte zu seinem ehemaligen Arbeitgeber, debattiert aber auch bei Studentenverbindungen mit, fügt sich nahtlos in Vorstandssitzungen von Shell ein oder mischt sich auf einem Festival ohne aufzufallen unter Hacker. Seine Vielseitigkeit ist ein Vorteil für FOX-IT, aber zugleich auch die Achillessehne von Prins, denn aus Sicht der Hackergemeinschaft steht er der Regierung zu nahe, während die Regierung Prins ihrerseits für einen unsicheren Kandidaten hält.

Prins gibt sich gern als cooler Typ, sein Ausweis bei FOX-IT hat die Nummer 007. Wer bei FOX-IT anruft und in der Warteschleife landet, darf den berühmten Bond-Titelsong hören. Zu seinem 40. Geburtstag organisierten Freunde ein Fest im James-Bond-Stil für ihn. Als die NSA-Affäre 2013 Schlag auf Schlag enthüllt wird, legt Prins sich eine Mailadresse zu, die derjenigen des NSA-Direktors Keith Alexander verblüffend ähnelt, keith.alexander@nsa.org. Nur die Domain ist eine andere. Mails an diese Adresse landen in der Mailbox von Prins, aber seine Mitarbeiter sind an solche Scherze längst gewöhnt. Wenn sie auffällige Aktivitäten in den Systemen von FOX-IT entdecken, gibt es zwei mögliche Ursachen: Entweder es handelt sich um seriöse Angriffe, oder Prins testet spaßeshalber illegales Material.

Prins muss immer wissen, was los ist. Zuhause in Scheveningen stehen überall krächzende Walkie-Talkies, damit er genau weiß, wann die Küstenwacht ausrückt. Wird ein chemischer Transport aus Syrien am Rotterdamer Flughafen erwartet, hält er gemeinsam mit seiner Frau am Zaun des Geländes Ausschau. Als er 2007 mit Frau und Kindern auf der Autobahn unterwegs ist und dunkelbraune Umzugswagen und Polizeimotorräder im Konvoi fahren sieht, gibt er sofort Gas und quetscht sich dazwischen. Der Konvoi könnte mit dem AIVD zu tun haben, der zu diesem Zeitpunkt seinen Sitz vom Leidschendam nach Zoetermeer verlegt. Prins muss es unbedingt herausfinden. Als der Konvoi von der Autobahn abfährt, zwingen ihn die gepanzerten Autos zum Stillstand. Maskierte Polizisten halten die Gewehre im Anschlag. Prins lässt rasch die Scheiben am Rücksitz herunter, und beim Anblick der Kinder entspannen sich die Polizisten. Er kommt mit einer Verwarnung davon.

Dieser Eigensinn beschert ihm regelmäßig Ärger. Sein sportlicher Fahrstil führt mehrmals dazu, dass er zeitweise den Führerschein abgeben muss; als er seine Drohne über ein Feuerwerk in Scheveningen steuert, verhaftet man ihn. Das beeinträchtigt jedoch nicht seine geschäftlichen Erfolge mit FOX-IT. Durch die zunehmende Digitalisierung wächst die Kundschaft rasch, und 2015 wird das Unternehmen für 133 Millionen Euro an die britische NCC-Group verkauft. Mitbegründer Prins ist auf einen Schlag um 40 Millionen Euro reicher.

Er hätte gern auf einen Abschiedsempfang verzichtet, sagt er in seiner witzigen Rede. Drei Jahre nach der Übernahme zieht sich Prins aus FOX-IT zurück. Er will seine digitalen Kenntnisse dort einsetzen, wo sie nötiger gebraucht werden, beispielsweise im Wahlrat, im Untersuchungsrat für Sicherheit und in der Aufsichtsbehörde für Finanzmärkte. Der Mann aus Den Haag ist sehr direkt und sagt, was er denkt – manchmal stößt er mit seiner brüsken Art sogar die eigene Familie vor den Kopf, erzählt seine Frau Elsine van Os. In Anwesenheit des Vorstandsvorsitzenden Chris Stone reißt Prins auf Niederländisch Witze über den konservativen, neuen Eigentümer NCC Group. Prins: »Er versteht doch sowieso kein Wort.«

So ein Empfang hat einen hohen »Wir sind unter uns«-Faktor: Wer drin ist, gehört dazu. Man kommt schnell miteinander ins Gespräch, und dabei fällt mir eines erneut auf: Der Personenkreis hier, zuständig für Spionageangelegenheiten und die Sicherheit der Niederlande, ist zutiefst beunruhigt. »Wo wir auch suchen, überall stoßen wir auf Spuren von Spionage. Und wir suchen längst nicht überall«, sagt der eine. Oder: »Es gibt kein Hightech-Unternehmen, das die Chinesen nicht bereits ausgespäht haben.« Und ein Dritter meint: »Ich frage mich schon gelegentlich, wohin dieser digitale Rüstungswettlauf führt.« Ein sonderbares Paradox, dass Geheimdienste, die doch besser als jeder andere informiert sind, zugleich unsicherer denn je wirken. Ein Nachrichtendienstmitarbeiter erzählt mir, er habe zu Hause ein Bündel Geldscheine liegen. Falls bei einem digitalen Angriff die Zahlungssysteme ausfallen, kann er sich zumindest Benzin und Lebensmittel kaufen.

Die Behörden, für die sie arbeiten, haben das Verhalten und die Ausdrucksweise der Anwesenden geprägt. AIVD-Mitarbeiter sind verschlossen und schweigsam und nehmen nur höchst ungern Kontakt zu Außenstehenden auf. Ihre Welt ist in zwei Kategorien eingeteilt, »innen«, nämlich alle, die zum AIVD gehören, und »außen«, also alle anderen. Als ich mich mit einem Nachrichtdienstmitarbeiter unterhalte, mischt sich AIVD-Direktor Rob Bertholee sofort ins Gespräch und sagt nur halb im Scherz: »Aber nicht zu viel erzählen, hm?«

MIVD-Leute sind zugänglicher und direkter, aber Hierarchie und Gruppendynamik spielen auch bei ihnen eine große Rolle. Sie sprechen im Militärjargon über Cyberattacken, reden vom »Offensivpotenzial eines Gegners«, von erforderlichen »Erkundungen«, von »operativen Details«, die nicht mitgeteilt werden dürfen, und von Informationen für den »Auftraggeber«, mit anderen Worten den Premier. Die Welt ist für sie ein ununterbrochenes Stratego-Spiel.

Alle Spitzenbeamten hier sind selbstverständlich dafür, die Befugnisse des AIVD und des MIVD auszuweiten. Die Sicherheit der Niederlande könne nur gewährleistet werden, wenn die Regierung, genau wie in der physischen Welt, verstärkt im Internet präsent sei. Digitale Spionage hat im MIVD mittlerweile bereits oberste Priorität, für den AIVD hat das Thema, zusammen mit dem der Terrorbekämpfung, ebenfalls Vorrang. Ohne das neue Gesetz können Geheimdienste nicht ermitteln, an welchen Stellen sich Malware in den Niederlanden findet. Entdecken sie iranische Malware an einer Technischen Universität, dürfen sie den niederländischen Internetverkehr nicht nach Anzeichen davon durchsuchen; diese Einschränkung mindert die Schlagkraft der Dienste gegen ausländische Spionage.

Die Diskussion über den Schutz der Privatsphäre können sie nicht nachvollziehen. Bürger überlassen ihre persönlichen Daten freiwillig den mächtigen amerikanischen Anbietern wie Facebook und Google. Urlaubsfotos, Telefonnummern und Adressen, Screenshots vom Arbeitsplatz und Dating-Seiten mit intimsten Informationen. In Bezug auf ihr Privatleben sind Menschen sehr mitteilsam. Geheimdienste interessieren sich vor allem für die weniger sichtbare Kommunikation bestimmter Menschen, von denen sie weniger wissen. Der Glaube an den Staat und seine Regeln ist so unerschütterlich, dass ein Machtmissbrauch einfach unvorstellbar ist. Ein Geheimdienstmitarbeiter: »Wir sind doch nicht Facebook.« In ihren Reden beschwören die Führungskräfte die Bedeutung der Sicherheit. Ex-Ministerin Hennis erzählt, wie sie 2010 »ziemlich blauäugig« in die Zweite Kammer kam. Im Europäischen Parlament hatte sie sich einen Namen als Verfechterin der Privatsphäre gemacht, in der Zweiten Kammer beschäftigte sie sich vor allem mit Sicherheit und der Nationalpolizei. Ihre Naivität in digitalen Fragen war rasch verflogen. Erik Akerboom bezeichnet in seiner Rede den DigiNotar-Hack als Weckruf; von da an war ihm klar, wie gefährdet das gesellschaftliche Zusammenleben ist.

Ich grübele über das neue Gesetz und das Referendum. Ich zweifele nicht daran, dass die Spitzenbeamten auf dem Empfang ehrenhafte Motive haben und die Niederlande aufrichtig vor Katastrophen schützen wollen. Ihre Sorgen sind verständlich. Der digitale Rüstungswettlauf hat ernste Folgen für die Demokratie, die Sicherheit, die Berichterstattung, aber die meisten Menschen haben das noch nicht am eigenen Leib erfahren. Ein Hack sensibler Dokumente kann einen gesellschaftlichen Umsturz auslösen, wir führen unsere Privatgespräche mit chinesischen Geräten, Desinformation und Fake News untergraben das Ansehen seriöser Berichterstattung.

Ist das neue Gesetz tatsächlich eine Lösung, oder heizen die Niederlande den Online-Kampf dadurch nur weiter an? Es erweitert den digitalen Zugriff der Dienste erheblich. Sie könnten über verschiedene Zugänge – unter anderem über KPN und Ziggo – den Internetverkehr anzapfen und filtern. Der MIVD hat sich bereits Zugang zu über tausend ausländischen Computersystemen verschafft und würde mit dem neuen Gesetz seine Macht noch weiter ausbauen. Wie soll man andere Staaten auffordern, nicht im eigenen Land zu spionieren, ohne sich selbst daran zu halten? Wo bliebe da die moralische Autorität?

Der AIVD wäre durch dieses Gesetz digital noch präsenter als zuvor. Will der Dienst E-Mails einer Zielperson ausspähen, kann er einen Telekommunikationsprovider hacken. Dafür muss er die Sicherheitslücken im System des Anbieters finden; der AIVD sucht entweder selbst nach solchen Lücken oder kauft sie bei entsprechenden, auf Hacksoftware spezialisierten Anbietern ein. Dieser ebenso zwielichtige wie lukrative Markt vergrößert die Sicherheitsprobleme des Internets noch, und auch hier gibt es so gut wie keine gesetzliche Regelung. Westliche Länder dürfen kaufen, was sie wollen, beinahe so, als wäre es plötzlich erlaubt, offen mit angereichertem Uran zu handeln.

Die Niederlande haben das Problem durch eine typische Kompromisslösung geregelt und im Koalitionsvertrag festgelegt. Geheimdienste dürfen keine Hacksoftware bei Anbietern kaufen, die ihre Waffen auch an dubiose Regime veräußern. Klingt gut und edel, aber was genau bedeutet hier »dubios«? Die israelische NSO-Group, ein bekannter Anbieter, verkauft Spionagesoftware an die Vereinigten Arabischen Emirate, einen Staat, in dem das Recht auf Meinungsfreiheit unterdrückt wird. Wäre das dann schon dubios genug? Und wenn der Emir dieses Staates Journalisten und Dissidenten mithilfe israelischer Spionagesoftware ausspäht, wie enthüllt wurde, ist das dann zu dubios?

Dieses Gesetz, das die digitale Sicherheit vergrößern soll, bedroht zugleich das freie Internet. Derlei Widersprüche sind nicht selten. Die öffentliche Aufmerksamkeit richtet sich vor allem auf das sogenannte Schleppnetz: Geheimdienste dürften in großem Maßstab Internetverkehr filtern. Damit wären ihre Befugnisse erheblich erweitert und zugleich durch strenge Sicherheitsgarantien eingehegt. Gewährleistungen, die in Bezug auf Hacken viel weiter gefasst sind – obwohl zunehmend mehr gehackt wird.

Eine Woche vor dem Referendum scheint die Mehrheit das Gesetz zu befürworten, doch am Abend der Wahl hat sich das Verhältnis geändert. Die Gegner gewinnen knapp mit 49,5 Prozent gegen 46,5 Prozent. Die Volksabstimmung macht außerdem die Kluft zwischen den Wählern deutlich. Jüngere sind mehrheitlich gegen das Gesetz (60 Prozent), über 65-Jährige mehrheitlich dafür (57 Prozent). Das Kabinett verspricht, das Gesetz in Teilen an die Abstimmung anzupassen, die Hackbefugnisse bleiben davon jedoch unberührt.

Noch im gleichen Jahr will der AIVD einen »Massenhack« durchführen und die Daten von Millionen Menschen anfragen, um an die Daten einiger Verdächtiger zu kommen. Über Informanten weiß ich, dass der Hack über den E-Mailserver von KPN laufen soll. Die neue Aufsichtsbehörde TIB lehnt die Anfrage in diesem Fall jedoch ab.

Das Referendum bringt mich in eine ungewohnte Lage, plötzlich fragen mich Freunde, Kollegen und Journalisten, wie sie abstimmen sollen. Die digitale Welt ist für sie und viele andere abstrakt und undurchdringlich, obwohl sie immer tiefer in unser Leben eindringt und es prägt. Steuererklärungen, Verkehrsinformationen, finanzielle Angelegenheiten, alles ist digital. Jetzt soll ich ihnen raten: Ist das Gesetz gut oder schlecht für unsere Sicherheit? Ich weiß es nicht. Für die *Volkskrant* schreibe ich unzählige Artikel über das Thema. Anhand konkreter Beispiele versuche ich, die praktischen Auswirkungen des Gesetzes darzustellen. Ich berichte, wie anzapfen funktioniert, wo die Geheimdienste anzapfen können und was wir als Bürger davon mitbekommen. Ratschläge zu geben, finde ich schwierig. Ich habe als Außenstehender die digitale Welt unter die Lupe genommen und bin durch meine Informanten allmählich zu einem Beteiligten geworden. Ich beschreibe, recherchiere, decke auf. Jetzt soll ich plötzlich meine persönliche Meinung äußern.

Ich zögere noch aus einem anderen Grund. Je besser man das Netz und die Risiken kennt, desto größer das Dilemma. Um die Gesellschaft gegen Spionage und Angriffe von außen zu schützen, benötigen die Geheimdienste Befugnisse, die zugleich die Freiheit dieser Gesellschaft bedrohen. Ein Zwiespalt, den das Ergebnis des Referendums widerspiegelt: Einerseits begreifen die Bürger, dass Geheimdienste mehr operationellen Spielraum benötigen, aber auf der anderen Seite befürchten sie auch, dass dadurch grundlegende Freiheiten angetastet werden könnten. Die Frage, ob das neue Gesetz ein Schritt in Richtung Überwachungsstaat ist, hat also ihre Berechtigung.

Letztlich sind diese Bedenken jedoch ein typisches Problem westlicher Staaten. Es versteht sich hier nicht mehr von selbst, dass Nachrichtendienste auf die Unterstützung der Bevölkerung zählen können. Es gibt eine Grenze. Noch mehr Internetkontrolle gefährdet den gesellschaftlichen Zusammenhalt. Einer demokratisch gewählten Regierung steht die Entscheidung darüber, was richtige Neuigkeiten und was Fake News sind, nicht zu, und sie darf auch keine falschen Informationen verbreiten. Autoritäre Regime wie China und Russland haben in diesem Punkt keine Bedenken. Bill Clinton erklärte im Jahr 2000, das Internet würde sein Land verändern. »Dabei sind wir schon eine offene Gesellschaft. Stellen Sie sich nur vor, wie sehr es China verändern kann.« Lachend fügte er hinzu: »Inzwischen bemüht sich China, das Internet zu kontrollieren.

Viel Glück! Das gleicht dem Versuch, einen Pudding an die Wand zu nageln.«

Aber Clinton irrte sich, und China gelang die Kontrolle. Das Land ist geschützt gegen Angriffe von außen und kann selbst rücksichtslos zuschlagen. Chinesische Hacker stehen unter dem Schutz des Staates, genau wie iranische und russische. Das Internet ist für sie eine mächtige Waffe – sie kontrollieren damit die eigene Bevölkerung und spionieren und sabotieren im Ausland. Außerdem besitzen sie im Kampf gegen westliche Staaten einen strategischen Vorteil: Sie müssen nicht mit gebundenen Händen kämpfen. Jeder spielt in diesem Wettstreit mit, aber einige Länder gehen dabei nach anderen Spielregeln vor.

Erst nach dem Referendum drängt sich ein Bild auf, das unsere Position im Hinblick auf die Digitalisierung auf einen Schlag verdeutlicht. Es ist, als hätten wir mit den allerbesten Absichten einem Freund bei finanziellen Problemen helfen wollen. Aber der Freund hat uns belogen und uns die wahre Ursache seiner Schulden verschwiegen. Erst später gesteht er, dass seine Gläubiger Kriminelle sind. Aus Geldnot war er an einem Waffentransport beteiligt, der missglückte. Jetzt muss er zahlen. Und seit die Kriminellen wissen, dass er wieder bei Kasse ist, setzen sie ihm noch mehr zu, schüchtern ihn ein und bedrohen ihn. Ohne es zu wollen, ist man zum Komplizen geworden. Wer Kriminelle bezahlt, macht sich mitschuldig. Gegenwehr ist sinnlos, sie spielen nach ihren eigenen Regeln. Und die Polizei einzuschalten, ist ebenfalls riskant.

Ähnlich ist es mit der Digitalisierung: Auch da stecken wir in der Zwickmühle. Wir haben Social Media und Smartphones begeistert angenommen und damit auch das Risiko. Die Geräte, die wir täglich benutzen, nehmen uns zugleich unter Beschuss. Es ist nicht einfach, zurückzuschlagen, denn in den Niederlanden werden höchstwahrscheinlich keine Trollfabriken entstehen, die gezielt desinformieren oder Tausende Hacker ausbilden. Aber nichts tun kommt auch nicht infrage. Also gehen wir Schritt für Schritt weiter in Richtung Eskalation.

Der Kampf ist schon längst nicht mehr Pionieren und Nerds vorbehalten. Evgeny Morozov, einer der interessantesten Denker zum Thema Digitalismus, erklärt, dass die digitale Welt sich zu unserem Fundament entwickelt hat. »Weitgehend unbemerkt ist das, was wir einst spielerisch Cyberspace nannten – etwas Immaterielles, Virtuelles und Flüchtiges –, zum kapitalintensivsten Sektor der Wirtschaft geworden, gestützt von handfesten Dingen wie Rechenzentren, Unterseekabeln und einer Sensor-Infrastruktur, die unsere Städte überspannt«, schreibt er. »Im Jahr 2018 haben allein die vier Internetgiganten Google, Facebook, Amazon und Microsoft mehr Kapital, nämlich 77,6 Milliarden Dollar, investiert als die vier größten Ölfirmen: Bei Shell, Exxon, BP und Chevron belief sich die Summe auf 71,5 Milliarden. Diese exorbitanten Summen dürften all jene, die das Internet noch immer für irgendwie immateriell oder sogar virtuell halten, vom Gegenteil überzeugen.«

Digitale Welt und Finanzwelt gleichen sich: Beide sind unauflöslich mit der modernen Gesellschaft verbunden, und beide sind intransparent. Und die Bedrohung geht keineswegs nur von China und Russland aus.

Das französische Unternehmen Gemalto hat sich wegen der günstigen Steuergestaltung in den Niederlanden niedergelassen. Jährlich stellt es 2 Milliarden SIM-Karten für 450 Telekommunikationsbetreiber her und brennt dabei einen Code, den sogenannten KI-Schlüssel, auf die Karte. Derselbe Code befindet sich auch in einer Datenbank der Provider und garantiert sichere Kommunikation. Wer diese Codes stiehlt, kann selbst SIM-Karten produzieren, sich unter falschem Namen bewegen oder abgefangenen Telefonverkehr entschlüsseln. Die Codes bei Gemalto sind daher besonders gut geschützt.

Dennoch deutet alles darauf hin, dass NSA und GCHQ im Jahr 2015 tief in das System von Gemalto eingedrungen sind. »Wir glauben, dass wir ihr gesamtes Netzwerk haben«, schreiben britische Agenten in einem Geheimdokument, das später auf *The Intercept* veröffentlicht wird. Briten und Amerikaner verschaffen sich Zugang zu dem Authentifizierungsserver und kommen an die KI-Schlüssel, sozusagen den Heiligen Gral der Geheimdienste. Sie haben jetzt Zugriff auf Millionen Schlüssel und können abgefangene Gespräche nachträglich entschlüsseln. Die NSA entwickelt sogar ein System, das 50 Millionen KI-Schlüssel pro Sekunde bearbeitet.

Eigentliches Ziel des Diebstahles sind jedoch die Codes der 3G- und 4G-Verbindungen der neuen Geräte; die älteren 2G-Verbindungen mit mehreren Schwachstellen können die Dienste bereits jetzt entschlüsseln. »Der Zugriff auf die Key-Datenbank bedeutet im Wesentlichen, dass mobile Verschlüsselung wertlos geworden ist«, erklärt der amerikanische Kryptograf Matthew Green gegenüber *The Intercept*. »Das sind sehr schlechte Neuigkeiten für die Sicherheit unserer Telefone.«

In den Niederlanden ist man ebenfalls besorgt. Gemalto stellt SIM-Karten für Vodafone, T-Mobile und KPN her. Niederländische Parlamentsmitglieder benutzen den Anbieter Vodafone. Die interne IT-Abteilung rät den Parlamentariern, die SIM-Karten auszutauschen, ein Rat, den Justizminister Plasterk noch am selben Tag und ohne weitere Begründung aufhebt.

Sechs Tagen später präsentiert Gemalto die Ergebnisse einer internen Untersuchung, um die Gemüter zu beruhigen. Der Hersteller »geht davon aus«, dass Briten und Amerikaner die Netzwerke angegriffen haben, schwächt aber ab: »Die Geheimdienste sind nur bis in die Büronetzwerke eingedrungen, ein massiver Diebstahl der SIM-Karten-Schlüssel hat nicht stattgefunden.« So reagieren die meisten angegriffenen Firmen. Sie streiten die Attacke entweder ab oder spielen die Sache herunter. »Falls es dennoch einen Diebstahl gegeben haben sollte«, fügt Gemalto hinzu, »könnten davon nur Schlüssel der 2G-Kommunikation betroffen gewesen sein.«

Eine erstaunliche Erklärung. In den Snowden-Dokumenten steht eindeutig, dass britische und amerikanische Geheimdienste Millionen Schlüssel stahlen und umfassenden Zugang, auch zu den Authentifizierungsservern, hatten. Nicht 2G, sondern 3G und 4G waren das eigentliche Zielobjekt. Dennoch beharrt Gemalto auf seiner Version. Wie kann ein Unternehmen nach einer nur sechstägigen Untersuchung in diesem Punkt so sicher sein? Die Fälle bei Belgacom, KPN und DigiNotar haben gezeigt, dass für seriöse forensische Untersuchungen Experten beauftragt werden müssen, die Monate für ihre Ermittlungen benötigen. Warum hat Gemalto kein IT-Sicherheitsunternehmen beauftragt?

Sind die niederländischen SIM-Karten noch sicher? Und wie sicher ist sicher? Aber wen ich auch frage: Meine Informanten wissen es entweder nicht oder wollen keine Auskunft darüber geben. Erst vier Jahre später, im Frühling 2019, führe ich streng vertrauliche Gespräche mit zwei Personen, die mir mehr darüber erzählen.

Beide Quellen, eine aus dem Telekommunikationssektor, die andere aus dem Nachrichtendienst, berichten exakt dasselbe. Als der Angriff bekannt wurde, haben Telekommunikationsprovider und der AIVD eine Bestandsaufnahme der Risiken für die Niederlande vorgenommen. Das Nationale Büro für Verbindungssicherheit (NBV), eine Abteilung des AIVD, berät im Bereich Telekommunikation zu Sicherheitsfragen und koordiniert die Ermittlungen. Die Telekommunikationsbetreiber führen zusätzlich eigene Untersuchungen durch. Unabhängig voneinander stehen alle vor demselben Problem: Gemalto gibt keine Informationen heraus. Der Telekom-Informant: »Wir haben Gemalto mehrmals um detaillierte Informationen über den Umfang des Angriffs gebeten und wollten wissen, wie tief die ausländischen

Geheimdienste tatsächlich ins System eingedrungen sind. Aber diese Information haben wir nie erhalten.«

Aus Mangel an Information kommen AIVD und Telekom-Betreiber nicht weiter: Sie haben keine Handhabe, Gemalto zur Herausgabe von Informationen zu zwingen. Sie können daher keine Aussage machen, wie sicher niederländische SIM-Karten sind. Der AIVD sieht keinen Sinn darin, die SIM-Karten der Parlamentarier auszutauschen, solange nicht bekannt ist, welche KI-Schlüssel in den Besitz der Briten und Amerikaner gelangt sind. Der Nachrichtendienstinformant: »Ich glaube, wir sollten nicht naiv sein und unterschätzen, wozu Briten und Amerikaner imstande sind.«

Die niederländischen Telekommunikationsbetreiber und der AIVD – beide verantwortlich für die Sicherheit des Mobilfunks – wissen also nicht, ob der Telefonverkehr in den Niederlanden sicher ist. Gemalto steht beispielhaft für eine der Schattenseiten der Digitalisierung, nämlich die Abhängigkeit von intransparenten Produkten und Diensten, die möglicherweise bereits von Spionen übernommen wurden. Die Augen und Ohren ausländischer Staaten können überall sein.

Solche Ängste spielen auch in den Jahren 2018 und 2019 in Bezug auf die Produkte des chinesischen Unternehmens Huawei mit. Huawei sitzt ebenfalls an den Schaltstellen der niederländischen Infrastruktur, bei Telekommunikationsdienstleistern, über die alle inländischen Gespräche und E-Mails laufen. Die Technologie von Huawei ist eingebaut in Telekommunikationsnetzwerke, die ständig überprüfen, dass keine Datenlecks entstehen. Im Frühling 2019 bemerkt KPN, zu dessen Kunden auch das Verteidigungsministerium gehört, dass Huawei einen Zugangspfad zu niederländischen Kundendaten besitzt, ein Pfad zu einem Server, zu dem ausschließlich Huawei Zugang hat. Der AIVD prüft, ob es eine Verbindung zu Spionageaktivitäten des chinesischen Staates gibt. Das lässt sich jedoch nur schwer beweisen: Ja, China spioniert überall und nutzt dafür auch Kundendaten der KPN. Ja, Huawei kann über diesen Pfad Kundendaten wegschleusen. Aber hat Huawei diese Daten tatsächlich an chinesische Spione weitergegeben? Ein Informant: »Der Schrank mit den Getränken steht offen, und die Flaschen sind weg. Jemand hat sie genommen – aber bedeutet das zwangsläufig, dass er sie gestohlen hat?«

Spionage lässt sich nur schwer nachweisen. Huawei ist ein gigantischer Konzern und beschäftigt allein in der Entwicklungsabteilung 70 000 Mitarbeiter. Das entspricht der Einwohnerzahl einer mittelgroßen Kleinstadt. Seit Jahren überprüfen britische IT-Spezialisten die Geräte des Konzerns. Sie können jedoch nicht mit Sicherheit sagen, ob der chinesische Staat via Huawei spioniert. Die Experten haben mehr oder weniger seriöse Schwachstellen entdeckt, aber es lässt sich nicht feststellen, ob sie gezielt eingebaut wurden oder ob es sich um einfache Fehler handelt. Die Produktpalette von Huawei ist so groß, dass häufig keine Blaupausen existieren. Das Problem besteht auch mit anderen Firmen: Der schwedische Hersteller Ericsson beliefert die Niederlande mit wichtigen Telekommunikationsgeräten, gibt den Quellcode der Produkte aber nicht heraus. Die amerikanische Firma Cisco baut in ihre Produkte kleine *Backdoors* für den US-Geheimdienst ein. Problematisch daran ist die zunehmende Abhängigkeit der Niederlande von Produkten und Technologien aus Ländern – vor allem China und den USA –, die im großen Maßstab Spionage betreiben.

Im Sommer 2018 treffe ich einen erfahrenen Beamten; er ist bestens vernetzt in Ministerien, die sich mit Sicherheit beschäftigen. Ich möchte von ihm erfahren, welche Antwort Den Haag auf die zunehmende Verwundbarkeit hat.

Die digitale Eskalation ist besorgniserregend. Mehr und mehr Länder entdecken das Internet als Waffe, und zwar nicht nur zu Spionagezwecken, sondern auch, um andere Staaten anzugreifen und auszuschalten. Inzwischen ist das nukleare dem digitalen Wettrüsten gewichen, und niemand weiß, wo das hinführt.

Experten warnen seit Jahren vor dieser Entwicklung: Eines Tages werden Hacker physischen Schaden verursachen. Sie hatten recht, wie die Hacker der Einheit 74455 bewiesen haben. Sie führten Kriegshandlungen aus. *Die Hard* statt *Ocean's Eleven*. Aber der Westen ist nicht minder schuldig: Der Stuxnet-Angriff auf den Iran 2007 war ebenfalls eine Kriegshandlung. Das Herstellen und Vertreiben von Hacksoftware trägt auch zu dieser Eskalation bei. Ausgerechnet der frühere CIA-Direktor Michael Hayden, der damals persönlich dem Stuxnet-Angriff zugestimmt hatte, warnte nach der vernichtenden Attacke auf den Iran vor einer Zukunft, die »Erinnerungen an den August 1945 weckt«. Damals vernichtete eine Bombe viele Tausend Menschen, jetzt infiziert und vernichtet ein Sabotagevirus Systeme. Der Abwurf einer Atombombe lässt sich nicht verheimlichen. Ein Sabotagevirus schlägt in aller Stille zu und kostet, zumindest vorerst, keine Menschenleben.

Für Kriege gibt es internationale Verträge, für digitale Angriffe nicht. Physische Auseinandersetzungen hinterlassen Spuren, digitale Aktivitäten sind erheblich schwieriger nachzuweisen und leichter zu leugnen, was eine Verfolgung manchmal unmöglich macht. Die CIA setzt digitale Waffen mit verschleierter Herkunft ein; sogar die Zeitzone der Tastatur, auf der das Programm geschrieben wurde, kann der Dienst manipulieren und dadurch fingieren, der Code sei am anderen Ende der Welt auf einer russischen Tastatur geschrieben worden. UN-Arbeitsgruppen wollen der digitalen Eskalation mit Richtlinien entgegenwirken, Russland und andere Staaten haben sich jedoch bereits aus dem Projekt zurückgezogen und wollen sich westlichen Regeln nicht verpflichten.

Mit der Entwicklung digitaler Waffen verfolgen China, Russland, die USA, Iran, Nordkorea, Frankreich und Großbritannien ein offensives Cyberprogramm: Sie entwickeln digitale Waffen.

Unsichtbare Angriffe erfolgen überall, Beispiele gibt es mehr als genug. Während der Eröffnungsfeier der Olympischen Winterspiele in Südkorea greifen Hacker im Auftrag eines Staates die Internetverbindung der Veranstalter an und machen Luftaufnahmen unmöglich. In Venezuela legen Hacker das Stromnetz lahm. Während der Wahlen für den Senat und das Repräsentantenhaus führen die Amerikaner einen Präventivschlag gegen das Netzwerk der berüchtigten russischen Internet Research Agency (IRA) in St. Petersburg. Sie nisten sich auch an strategischen Punkten im russischen Elektrizitätsnetzwerk ein. Der Kreml droht mit einem »digitalen Krieg« als Vergeltungsmaßnahme.

Russland handelt nicht nur nach eigenen Regeln, sondern geht noch weiter. Zurzeit experimentiert es damit, das russische Internet vom weltweiten Netz abzukoppeln. Im Fall einer digitalen Krise könnte es dann sein eigenes Netz schützen, eine Maßnahme, die nützlich sein könnte, wenn Russland offensive digitale Waffen einsetzt und die Auswirkungen des Angriffs im eigenen Land vermeiden möchte. Im Jahr 2018 finden niederländische Ermittler die Schadsoftware Triton in Zentraleuropa, ein Virus, das kritische Infrastrukturen wie Stromversorgung, petrochemische und nukleare Fabriken dereguliert und Chaos auslöst. Triton wurde wahrscheinlich in Russland entwickelt und zum ersten Mal 2017 gegen Saudi-Arabien eingesetzt. Das Virus beschädigt Sicherheitsprozesse, die im Notfall anlaufen und kann schnell lebensgefährliche Situation herbeiführen. Ein abgekoppeltes Internet könnte Russland vor derlei Angriffen schützen.

Die Niederlande sind durch ihre vielen und schnellen Internetverbindungen und das offene gesellschaftliche Zusammenleben besonders verwundbar. Die niederländischen Geheimdienste zählen einem Informanten zufolge zu den Top 5 der mächtigsten digitalen Staaten. Das Cyberkommando des Verteidigungsministeriums kann »feindliche Systeme angreifen, manipulieren oder ausschalten«. AIVD und MIVD hacken die

Computersysteme anderer Staaten. Ihre gemeinsame digitale Abteilung, die Joint Sigint Cyber Unit, ist im Jahr 2019 bereits auf 700 Mitarbeiter angewachsen, das Hackerteam, 2014 noch fünfköpfig, zählt inzwischen über 50 Mitarbeiter. Wie ein Informant berichtet, könnten die niederländischen Nachrichtendienste mittlerweile »mit Leichtigkeit« eine Spionagesoftware wie Regin entwickeln, jene komplexe, vielköpfige Schlange, die jahrelang unbemerkt Belgacom ausspähte.

Die digitale Eskalation spielt sich auf verschiedenen Ebenen ab, von Troll-Accounts in Social Media bis hin zu ideologisch motivierten Hackern, von stehlenden Kriminellen bis hin zu sabotierenden Staaten. Die Niederlande sind in einen permanenten digitalen Kampf mit Nordkorea, China, Iran und Russland verstrickt, kein Tag vergeht ohne digitales Scharmützel. Besonders heftig und besorgniserregend sind Quellen zufolge die russischen Attacken. Im Frühjahr 2018 bezeichnet Verteidigungsministerin Ank Bijleveld die digitalen Spannungen zwischen den Niederlanden und Russland in der Nachrichtensendung »Nieuwsuur« als »eine Art Krieg«. Ein lautloser, weitgehend unbemerkter Krieg.

Aber wenn unsere Informationssysteme attackiert werden, wer sorgt dann für den Schutz der Netzwerke, in denen die persönlichen Daten der Niederländer fließen? Unfälle im Jahr 2019 lassen befürchten, dass auch die sensibelsten Systeme nicht sicher sind. Beim Jugendamt verschwinden 3000 Dossiers schutzbedürftiger Kinder mit detaillierten Informationen über psychische Störungen oder sexuellen Missbrauch. Im Krankenhaus Gelre sind nach einer Phishing-Attacke die Patientendaten für alle zugänglich, in einem Amsterdamer Krankenhaus können Studenten monatelang medizinische Unterlagen durchforsten.

Behörden und Regierung sammeln überall Nutzerdaten. Überwachungskameras zeichnen auf, wo Menschen laufen oder parken, Unternehmen zeichnen auf, welche Produkte Kunden kaufen, Inkassobüros sammeln Daten über ihre Kreditwürdigkeit, und Apotheken sammeln Daten über die bestellten Medikamente. Die Polizei hat eine Datenbank mit 1,3 Millionen Aufnahmen von Niederländern. Und Nutzer geben ihre Daten immer häufiger frei, etwa auf Facebook oder Google. Eine Million Niederländer haben freiwillig ihre Familiengeschichte und DNA-Material an das kommerzielle MyHeritage weitergegeben – eine israelische Plattform, die sich auf Stammbäume und Genealogie spezialisiert hat.

In den Händen der Nachrichtendienste gefährden diese Datengebirge die Demokratie. Verwundbare Gruppen, wie etwa Minderheiten und politische Demonstranten, gehören häufig zu den ersten Opfern. NSA und GCHQ protokollieren, wer Wikileaks unterstützt. China späht durch ein gigantisches Kameranetzwerk mit Gesichtserkennungssoftware das Verhalten von Millionen Moslems aus. Die Türkei nutzt Software der deutsch-britischen Gamma Group, um Demonstranten und Dissidenten zu observieren. Ein »Informationsbüro« des niederländischen Ministeriums für Soziale Angelegenheiten gleicht die Datensätze von Bürgern ab – beispielsweise Ausbildungsdaten und Immobiliendaten – und überprüft das Risiko eines Sozialversicherungsbetruges.

Die Gefahr des physischen Schadens ist groß. Der Rechnungshof warnt im Jahr 2019, die »physische Sicherheit der Niederlande« stehe auf dem Spiel, weil Tunnel und Wehre nur unzureichend vor digitalen Angriffen ausländischer Staaten geschützt seien: »Tunnel, Brücken, Schleusen und Wehre müssen noch besser gegen Cyberattacken gesichert werden.« Der NCTV sieht die Gefahr einer »gesellschaftlichen Zerrüttung«. Die »permanente digitale Bedrohung« gefährde die »Unabhängigkeit und Selbstständigkeit der Niederlande«. Aber welche Maßnahmen ergreift das Land, um sich digital zu schützen?

Ein Freitagabend im Frühjahr 2015. Premierminister Rutte sitzt seinen drei Sicherheitschefs gegenüber, die ihm einmal im

Monat ihre neuesten Erkenntnisse mitteilen. Zusammen mit den Ministern der wichtigsten Ressorts empfängt Rutte die drei im Blauen Saal am Binnenhof, dem Regierungssitz in Den Haag. Porträts aller Nachkriegspremierminister schmücken die Wände. Das Treffen ist geheim: Die Protokolle werden nicht veröffentlicht, die Anwesenden müssen Stillschweigen über das Treffen bewahren.

»Wir sind beunruhigt«, sagt einer der Leiter. »Unsere Befürchtungen haben sich bestätigt.« Der militärische Sicherheitsdienst hat herausgefunden, dass russische Hacker einen Server in Meppel für ihre Angriffe benutzen. Über diesen Server verschaffen sie sich Zugang zu Kraftwerken in Ländern, mit denen Russland in Konflikt steht, und schleusen Viren ein. In Osteuropa werden die Netzwerke von Fernsehsendern angegriffen, Videos und Dokumente gelöscht. Die Hacker spähen die Steuerungen westeuropäischer Brücken und Schleusen aus und könnten diese im Konfliktfall abschalten.

Die Sicherheitschefs umreißen die Notfallszenarios. Viele Alternativen lassen die Fachleute dem Premier nicht. »Wir müssen etwas unternehmen«, sagt einer von ihnen. »Mit diesen Sabotageversuchen hat Russland eine rote Linie überquert. Wir geben hier keine theoretischen Warnungen ab, die ersten praktischen Folgen der Angriffe sind bereits sichtbar.« Die Chefs der Sicherheitsdienste fordern eine Investition von 340 Millionen Euro. Das sei das absolute Minimum, um im digitalen Kampf nicht völlig ins Hintertreffen zu geraten.

Mit dieser Investition sollen sensible Systeme wie Kraftwerke und Schleusen besser geschützt, der niederländische Datenverkehr gescannt und digitale Fachkräfte ausgebildet werden. »Alle waren sich einig, dass etwas unternommen werden muss«, unterstreicht einer der Teilnehmer später.

Doch sobald es ums Geld geht, kommen Rutte Zweifel. Zum einen sprechen praktische Gründe gegen eine solche Ausgabe: Das Ministerium für Innere Angelegenheiten hat nur ein geringes Budget, das Verteidigungsministerium muss sparen, und das Außenministerium möchte lieber in Auslandsbildung investieren. Rutte leitet keine Maßnahmen ein und lässt den Warnschuss verhallen.

Wegen dieser Unbekümmertheit sprechen meine Informanten hier auch von einer Kluft zwischen den Generationen. Die Altersgruppe der 40- bis 50-jährigen Politiker, die über digitale Sicherheit entscheiden, ist in der Regel ohne Computer oder Smartphone aufgewachsen. Sie hat wenig Affinität zu digitalen Werkzeugen und unterschätzt die Gefahren. Manche Minister weigern sich beispielsweise, ein bestimmtes Handy, das sogenannte Tigertelefon, zu benutzen, das besonders hohen Sicherheitsanforderungen genügt. Der ehemalige Innenminister Plasterk, politisch verantwortlich für den AIVD, lädt sich den umstrittenen Chatdienst Telegramm herunter und muss sich anschließend aus Sicherheitsgründen ein neues Telefon anschaffen.

Ein weiteres Problem ist die fehlende Zuständigkeit: Niemand fühlt sich für die Digitalisierung verantwortlich. Es sind zu viele Akteure im Spiel: Jeder Einzelne ist für sein Teilgebiet verantwortlich, aber niemand für das große Ganze. Die Aufgabe ist in den Niederlanden auf mindestens fünf Ministerien verteilt – Belgien und Schweden haben dagegen einen eigenen Minister für Digitale Angelegenheiten. Ein erster Versuch, die Regie zu übernehmen, war die Ernennung eines Digikommissars im Jahr 2014. Die Wahl fiel auf eine Lichtgestalt der liberalen Partei, Bas Eenhoorn, vormals Parteivorsitzender und anschließend in erster Linie bekannt durch seine Funktion als stellvertretender Bürgermeister in zahlreichen Städten. Ein 60-Jähriger kurz vor der Pensionierung sollte die Regierung in die moderne Zeit hineinsteuern.

Die Mission wird kein ungeteilter Erfolg und Eenhoorn übergibt nach vier Jahren das Ruder an Staatssekretär Raymond Knops, Mitglied der Christdemokratischen Partei, für den sich digitale Sicherheit auf die Regierung selbst beschränkt. Aus seiner Sicht fällt der digitale Schutz der Unternehmen in deren eigenen Verantwortungsbereich. Knops: »Der Wasserschutz zählt zu den Aufgaben des Staates, und eigentlich sollte der digitale Schutz auch darunterfallen, aber er ist in der öffentlich-privaten Verantwortung.«

Die Zusammenarbeit zwischen Regierung und Privatwirtschaft ist mühsam. Nachdem sich Russland in den US-Wahlkampf eingemischt hat, entsteht die Idee zu einer kurzfristigen Zusammenarbeit, die verhindern soll, dass Russland auch die 2017 stattfindenden Wahlen in den Niederlanden beeinflusst. Unternehmen wie FOX-IT, Northwave und Deloitte observieren die Netzwerke ihrer Kunden und entdecken dort neue Angriffsmethoden. AIVD und MIVD finden neue russische Malware. Doch der Plan, die Informationen von Unternehmen und Diensten zu sammeln, verläuft im Sande: Der AIVD nimmt zwar gern Informationen entgegen, ist aber nicht bereit, selbst Informationen zu teilen. Darauf wollen sich die Unternehmen nicht einlassen.

Das Scheitern dieses Projektes ist kennzeichnend für den zögernden Umgang mit der Digitalisierung: Man nutzt gern die Vorteile, verschließt jedoch die Augen vor den Risiken. Die niederländischen Nutzer verhalten sich ebenso, sie schicken Nachrichten, teilen und liken, aber so gut wie niemand hat einen Passwortmanager oder installiert Antivirensoftware.

Zwischen den Zielen des Kabinetts (»Niederlande als digitaler Spitzenreiter Europas«) und den fehlenden Investitionen in die digitale Sicherheit klafft ein Widerspruch. Die Ministerien stecken Millionen in IT-Projekte, die jedes Mal zu ehrgeizig sind. Verteidigung (100 Millionen), Steuerbehörden (203 Millionen), Einwohnermeldeämter (100 Millionen), Rechtsprechung (200 Millionen), Lebensmittelbehörden (65 Millionen). Erst nach Jahren stellt die Regierung die geldverschlingende Erneuerung der IT-Systeme ein. Für angemessene Sicherheitsmaßnahmen fehlen jedoch die Mittel.

Statt der benötigten 340 Millionen Euro wird nur spärlich in IT-Sicherheit investiert, werden Löcher gestopft, wo die Not am größten ist: Als könne man die Lecks in einem sinkenden Schiff mit Klebeband abdichten. Vor den Parlamentswahlen 2017 erscheint der Bericht »Land unter: die digitalen Niederlande« von Herna Verhagen, Vorstandsvorsitzende der PostNL. Ihre Schlussfolgerungen: »Cyberangriffe nehmen stark zu (…) Die Bedrohung unseres gesellschaftlichen Zusammenlebens könnte die Folge sein.«

Die Angriffszahl steigt insgesamt, stellt Verhagen fest. Sowohl im Hinblick auf digitale Kriminalität, deren Auswirkungen die Bürger direkt zu spüren bekommen – 2015 werden erstmals mehr Cyberverbrechen als Fahrraddiebstähle gemeldet – als auch was Spionage oder Sabotage durch ausländische Staaten betrifft. »Wir halten es für selbstverständlich, dass Regeln, Ampeln und Kreisverkehre für die Verkehrssicherheit sorgen. Die Sicherheit der digitalen Welt muss genauso wichtig werden wie die Sicherheit der Welt, die uns umgibt.«

Verhagen rät »dringend«, die digitale Sicherheit auszubauen und dafür zehn Prozent des ICT-Budgets zu investieren. Dabei geht es um Hunderte Millionen Euro. Die Niederlande müssten die digitale Deichüberwachung in Angriff nehmen. Sie regt außerdem an, einen hochrangigen Beauftragten zu ernennen, der einen »Aktionsplan für Cybersicherheit« aufstellt. Der Digikommissar 2.0 sozusagen.

Hans de Boer, der Vorsitzende der Arbeitgeberorganisation VNO–NCW, nimmt den Bericht gemeinsam mit Premier Rutte in Empfang. De Boer pflichtet Verhagen bei: »Dieses Thema verdient unsere Aufmerksamkeit, und zwar auf allen Ebenen. Es betrifft Regierung, Unternehmen und Konsumenten.« Sicherheitschef Dick Schoof schließt sich an: »Staaten wie Deutschland oder das Vereinigte Königreich investieren kräftig in Cybersecurity. Unser Land kann und darf hier nicht zurückstehen.«

Als Mark Rutte im Oktober 2017 seine neue Regierungsmannschaft vorstellt, schlägt er die Empfehlungen von Verhagen jedoch offenkundig in den Wind. Ein Digikommissar ist nicht vorgesehen. Das Kabinett stellt nur magere 95 Millionen Euro für digitale Sicherheit bereit, deutlich weniger als gefordert. Es bleibt also bei Flickwerk, und auf übergeordneter, strategischer Ebene dringt die Wichtigkeit des Themas nicht durch. Das ist auch Schoof zuzuschreiben: Obwohl er einen guten Draht zu Rutte hat, gelingt es ihm nicht, mehr Gelder loszueisen.

Eine Frage blieb während meiner jahrelangen Beschäftigung mit dem Thema offen: Wer wollte in meinen Router eindringen? Das Gerät ist zweimal ausgefallen. Das erste Mal – kurz vor meiner Reise nach Brasilien 2013 – hatte ich in Eigenregie versucht, den Router zu reparieren, irgendwelche Knöpfe gedrückt, das Gerät neu gestartet. Als ich ihn schließlich zu einem Spezialisten brachte, war es zu spät, und durch meine Bastelei hatte ich das Beweismaterial vernichtet. Ob es tatsächlich Spionage war oder es Spuren des Täters gab, ließ sich nicht mehr klären – alles war gelöscht.

»Das passiert mir nicht noch mal«, nahm ich mir fest vor. Beim nächsten Mal würde ich das Ding sofort ausschalten und zu einem Experten bringen. Als mein Router 2017 ein zweites Mal den Geist aufgab, packte ich ihn daher vorsichtig ein und lieferte ihn bei einem Fachmann ab.

Hoffnungsvoll ging ich nach einigen Monaten wieder in den Laden zurück. Ein junger Mann in Jeans begrüßte mich, bot mir einen Stuhl an und schüttelte den Kopf. »Ich muss dich enttäuschen«, sagte er. »Wir haben keinen uneingeschränkten Zugang zu deinem Router. Den hat nur der Hersteller.«

Während ich auf der Autobahn zurückfuhr, dachte ich über den kaputten Router und die aussichtslose Suche nach

Erklärungen nach. In den beinahe fünf Jahren zwischen dem ersten Ausfall des Routers und der enttäuschenden Untersuchung beim zweiten Ausfall des Gerätes hat sich eine schnelle Entwicklung vollzogen. Es wird mehr und professioneller spioniert, wir sind mittlerweile noch abhängiger vom Internet, und unser gesellschaftliches Zusammenleben ist gefährdet. Die Warnungen waren berechtigt. Aber genau wie im Beispiel des kaputten Routers haben wir diese Prozesse immer noch nicht im Griff.

EPILOG

Kurz bevor die ersten Sätze dieses Buches geschrieben waren, fiel der Bildschirm meines Dell-Laptops aus, und zwar auf einer kleinen Insel in Südostasien. Bei günstigem Wind hatte man zwar Wi-Fi, aber einen Computerladen gab es weit und breit nicht. Die Fahrt zum Festland dauerte Tage. Kollegen der *Volkskrant* rieten mir, ein internationales Supportteam von Dell zu kontaktieren. Die Kommunikation mit dem asiatischen Team war ein totales Desaster: Die Mitarbeiter verstanden weder meinen Namen noch kannten sie die Seriennummer des Laptops, und sie konnten sowieso nur helfen, wenn das Gerät in Asien registriert war.

Seltsamerweise schickte mir das Team einen Tag nach dem Gespräch eine SMS: Ein Teil des Gerätes sei per Schiff unterwegs zu mir. Aber welches Teil? Und wohin? Zwei Tage später nahm eine Englisch sprechende Frau über WhatsApp Kontakt zu mir auf und stellte sich als die Schwester des Zustellers vor. Und wieder einen Tag später meldete sich ein Mann mit Rucksack im einzigen Supermarkt der Insel. Er sprach kaum Englisch, hatte einen neuen Bildschirm dabei, und innerhalb von einer Viertelstunde lief der Laptop wieder. Mit anderen Worten: Das digitale Zeitalter hat auch unschätzbare Vorteile.

Man ist schnell verleitet, Fehlentwicklungen und Gefahren des Internets ausschließlich Unternehmen und Regierungen anzulasten. Facebook, das Millionen persönlicher Daten für politische Kampagnen freigibt, Schiphol, wo Kameras mit Gesichtserkennungssoftware eingesetzt werden. Regierungen, die den Internetverkehr scannen, Geheimdienste, die im großen Maßstab spionieren.

Dabei bleibt jedoch außen vor, dass auch wir, die Nutzer, dazu beitragen. Facebook gedeiht und wächst, weil persönliche Informationen *freiwillig* weitergegeben werden. Sollten Nutzer massenhaft ihre Konten kündigen, gäbe es kein Facebook mehr. Das gilt auch für die Datengroßmacht Google: Auch hier läuft alles auf freiwilliger Basis, das Unternehmen wächst durch die Daten der Nutzer. Es gibt Suchmaschinen, die unsere Privatsphäre respektieren, mindestens genauso gut funktionieren und deutlich weniger Nutzerdaten speichern. Die Suchmaschinen DuckDuckGo oder Startpage.com wären Beispiele dafür. Ebenso wie man sich freiwillig für WhatsApp entscheidet, obwohl Signal, sicher und ebenso gut, zur Verfügung steht.

Nach Angaben des Sicherheitsunternehmens Symantec wurden 2018 3,3 Millionen Niederländer digital angegriffen. Die Schwachstellen, die Kriminelle ausnutzen, entstehen häufig durch Faulheit. Dasselbe Passwort für verschiedene Dienste verwenden, keine regelmäßigen Updates ausführen, zu einfache Zugangscodes benutzen, Wi-Fi und Bluetooth niemals abschalten und immer sichtbar bleiben. Glücklicherweise gibt es Alternativen. Ein Passwortmanager generiert sichere Passwörter, lieber schnell updaten als warten, ein Zugangscode mit sechs Ziffern ist besser als einer mit vier und ein Fingerabdruck ist noch sicherer. Wi-Fi und Bluetooth kann man abschalten, wenn man sie nicht nutzt. Und man sollte sich niemals einfach so mit einem öffentlichen und daher unsicheren Wi-Fi-Netzwerk verbinden.

Das sind keine Geheimtipps. Wenn Leser dieses Buches sich besser schützen wollen, gibt es viele Informationsmöglichkeiten. RTL-Nieuws-Journalist Daniel Verlaan hat eine nützliche und verständliche Anleitung geschrieben: *laatjeniethackmaken.nl*. Andere Journalisten haben sich ebenfalls mit dem Thema beschäftigt. Wouter van Noort und Marc Hijink vom *NRC*, Joost Schellevis und Nando Kasteleijn vom *NOS*, Kristel van Teeffelen von *Trouw*. Dimitri Tokmetzis und Maurits Martijn von *De Correspondent* haben das eindrucksvolle Buch *Je hebt wél iets te verbergen* (Du hast doch was zu verbergen) geschrieben; sie beschäftigen sich mit dem Thema Privatsphäre und geben auch brauchbare Tipps. Wer mehr über die Risiken der Digitalisierung und Regierungsüberwachung erfahren möchte, ist mit den Büchern des amerikanischen Journalisten Kim Zetter oder des schottischen Journalisten Ryan Gallagher zu diesem Thema gut bedient.

Wer über Spionage und Geheimdienste schreibt, muss sich der Frage stellen, wem seine Berichterstattung dient. Bin ich nur ein Spielball des AIVD, und werde ich von der Regierung benutzt? Es wäre naiv, diese Fragen außer Acht zu lassen. Gespräche mit Partnern, die eindeutig nur Regierungsinteressen vertreten, sind selten ergiebig. Ihnen fehlt die Unabhängigkeit, die gerade für Journalisten interessant ist.

Außerdem gibt es noch einen wichtigen Grund dafür, dass ich nicht glaube, dass AIVD oder MIVD mich bewusst manipuliert haben: Ich schreibe nicht über Themen, die sie geheim halten wollen, beispielsweise ihre Operationen. Es kostet viel Zeit, um das Vertrauen guter Informanten zu gewinnen, und das hat seinen Grund. Sie wissen, dass sie sich in Gefahr bringen. Um Manipulationen oder dem Tunnelblick vorzubeugen, prüfe ich alle Informationen gegen und bespreche mich vor jeder Veröffentlichung mit Kollegen. Dass Nachrichtendienste meine Artikel nicht immer schätzen, geht aus ihren diversen Aufforderungen hervor, bestimmte Passagen des vorliegenden Buches unter Berufung auf die nationale Sicherheit zu löschen, ebenso wie ein Rechtsstreit des AIVD gegen einige Passagen. Dazu mehr im folgenden Kapitel »Verantwortung«. Verschiedene Informanten wurden außerdem zum Zielobjekt von Ermittlungen der Nationalen Kriminalpolizei.

Wer über Geheimdienste schreibt, muss mit Skepsis rechnen, insbesondere was Journalistenkollegen betrifft. Zum Teil liegt es daran, dass sich die Arbeit der Dienste im Dunkeln abspielt. Typisch für dieses Misstrauen war die Reaktion auf den im Januar 2018 veröffentlichten Artikel über den Cozy-Bear-Hack, den Eelco Bosch van Rosenthal und ich selbst verfasst haben.

Die Tageszeitung *Trouw* publizierte daraufhin den Artikel eines Reporters, der für das Ressort Ausland und Verteidigung schreibt. »Jemand hatte Interesse daran, die Geheimoperation des AIVD zu leaken«, titelte der Kollege. Aus den Reaktionen der zuständigen Minister meinte der Journalist ableiten zu können, dass es »keine Hetzjagd auf indiskrete Mitarbeiter gab«. Er stellte außerdem einen Zusammenhang zwischen meinem Artikel und der Abstimmung über das Nachrichtendienstgesetz her, die zwei Monate zuvor stattgefunden hatte. »Alles weist darauf hin, insbesondere wenn es zu keiner Anzeige kommt, dass die politischen und beamtlichen Leiter des niederländischen Nachrichtendienstes mit der Veröffentlichung von so spezifischen Informationen gut leben können.« Und: »Gezieltes Enthüllen ist bekanntlich keine Seltenheit.«

Wie in diesem Buch beschrieben, führte der AIVD sehr wohl eine interne Sicherheitsuntersuchung nach indiskreten Mitarbeitern durch. Hätte der Journalist von *Trouw* eigene Informanten gehabt, hätte er sie selbst fragen können. Ein Zusammenhang zwischen unserer Veröffentlichung und dem Referendum ist ausgeschlossen: Eelco und ich haben im Juni 2017 zum ersten Mal Einzelheiten über diese Operationen gehört, bevor die Erste Kammer dem neuen Gesetz zustimmen musste. Damals ahnte noch niemand etwas von einer Unterschriftensammlung für ein Referendum. Ganz zu schweigen davon, dass die Unterschriften dann auch tatsächlich zu einer Volksabstimmung führen würden. Diese Information wurde damals auch in der *Volkskrant* veröffentlicht, was den Reporter von *Trouw* jedoch nicht davon abhielt, seine Theorie in Umlauf zu bringen.

Die Wege der Geheimdienste sind schwer zu erforschen, das liegt nun einmal an der Art ihrer Arbeit. Es war für mich ein besonderer Ansporn, den journalistischen Prozess in diesem Buch so genau und transparent wie möglich zu beschreiben.

VERANTWORTUNG

Über Geheimdienste zu schreiben, hat Ähnlichkeit mit Hochseil-akrobatik. Informanten wollen so wenig wie möglich über sich preisgeben, und Leser möchten alles möglichst genau wissen. War es ein Mann oder eine Frau? Hat er beim Nachrichtendienst gearbeitet oder nicht? Logischerweise möchten Leser nach-prüfbare Informationen.

Aber sogar eine geringfügige, unschuldige Typisierung kann Quellen in Bedrängnis bringen. Telefone hinterlassen digi-tale Spuren, genau wie Autos und Kreditkartenzahlungen. »Be-zeichnen Sie mich bitte nicht als Nachrichtendienstquelle«, heißt es dann nervös, oder »schreiben Sie bloß nicht, in welcher Stadt wir uns getroffen haben«. Wenn ich berichte, dass ich dienstags in Den Haag mit einer Quelle verabredet war, kann ein Fahndungsteam ziemlich problemlos herausfinden, wo ich den Informanten gesehen habe und wer es gewesen sein muss.

In diesem Buch werden Gespräche fast nie direkt wieder-gegeben, eine direkte und unvermeidliche Konzession, wenn man über Geheimdienste berichtet. Auf die Weitergabe von Staatsgeheimnissen steht eine sechsjährige Haftstrafe.

Trotz alledem möchte ich noch etwas über Quellen sagen. Das Buch beruht auf Gesprächen mit 110 Personen, (ehemali-gen) Mitarbeitern des AIVD, NCTV und MIVD, Beamten ver-schiedener Ministerien, Sicherheitsexperten und Fachleuten. Wortführer und Sprecher sehe ich nicht als Informanten an, ebenso wenig wie einen Lehrer, der mir seine Meinung mitteilt oder einen Beamten, der einen öffentlichen Bericht mailt. In-formanten sind Personen, die ich bereits häufiger getroffen habe und die mir nicht-öffentliche Informationen mitteilen.

Ein Informant kann aber auch jemand sein, der Informationen lediglich bestätigt oder widerlegt.

Gespräche mit Informanten zeichne ich nicht auf. Das würde meine Arbeit zwar erheblich erleichtern, aber Informanten wissen nur zu gut, wie leicht Audiodateien in fremde Hände geraten können. Ich mache mir jedoch kurze Notizen – nur Stichworte, keine wörtlichen Zitate –, was gelegentlich ein Nachteil ist, da man sich im öffentlichen Raum dadurch als Journalist zu erkennen gibt. Die Notizen überarbeite ich direkt nach den Gesprächen und speichere sie in gesicherten Dateien. Um meine Informationen so gründlich wie möglich gegenzuprüfen und zu verifizieren, zeige ich Informanten regelmäßig Passagen und frage sie, ob die Fakten korrekt wiedergegeben sind.

Diese Arbeitsweise führt dazu, dass ich letztlich auf das Vertrauen des Lesers baue. Aber es gibt eben nur zwei Alternativen: Entweder man hält sich beim Schreiben über Geheimdienste an diese Vorgaben, so wie ich in diesem Buch, oder man ist auf die öffentlichen Publikationen der Dienste angewiesen.

Neben diesen Gesprächen mit Informanten habe ich aus allen möglichen anderen Quellen geschöpft: staatsgeheime Dokumente, vertrauliche politische Unterlagen, amtliche Schreiben und Jahresberichte der Dienste sowie Berichte öffentlicher und privater Institutionen. Das war meine persönliche Entscheidung. Meine journalistische Recherche verlief dabei wesentlich unberechenbarer und ungewöhnlicher als hier im Buch beschrieben. Aus Gründen der Lesbarkeit habe ich die zeitliche Abfolge gelegentlich angepasst.

Aus demselben Grund habe ich auch Jargon, Fachsprache und Namen von Beamten oder Ermittlern weitgehend vermieden. Auf das leere und verwirrende Wort »Cyber« – sehr beliebt bei Entscheidungsträgern – habe ich beispielsweise so selten wie möglich zurückgegriffen. Stattdessen habe ich eigene Begriffe oder Bilder gewählt. Das führt vielleicht manchmal zu Vereinfachungen und hat mich gelegentlich aus der Kurve getragen, insbesondere wenn es um Geräte oder Technik geht. Ein Computerserver, der digitale Zertifikate signiert, wird als HSM bezeichnet und der AIVD hieß bis 2002 offiziell der Innerer Sicherheitsdienst oder BVD. Wenn ich »Leaseweb« schreibe, ist damit auch manchmal das Rechenzentrum EvoSwitch gemeint, wo Leaseweb seine Server mietet.

Das Buch stellt die lesbarste Version der Wirklichkeit dar, auf die ich in meinen Recherchen gestoßen bin. Für das Endresultat, eine Zusammenfassung von vielen Hundert Gesprächen, bin ich allein verantwortlich – ebenso wie für das, was ich nicht erwähnt habe.

AIVD und MIVD haben Teile des Manuskripts vor der Veröffentlichung gesehen und daraufhin überprüft, ob sich daraus eventuell Gefahren für laufende Operationen oder Nachrichtendienstmitarbeiter ergeben könnten. Der MIVD hat die Kapitel 3, 5, 8, 11 und 12 gelesen und in zwei Fällen um Streichungen gebeten. Nach sorgfältiger Abwägung habe ich mich dagegen entschieden und diese Passage mit aufgenommen, weil sie (teilweise) auf öffentlich zugänglichen Informationen beruhen.

Der AIVD hat alle Kapitel einsehen können und Streichungen in den Kapiteln 2, 3, 8 und 9 verlangt. Dabei ging es in erster Linie um Namen und rückverfolgbare Informationen zu Mitarbeitern des Dienstes. Waren die betreffenden Personen für den Text nicht relevant, wurde der Anfrage zugestimmt. Zwei Mitarbeiter, die noch für den AIVD tätig sind, sind in den Kapiteln 3 und 8 mit Initialen genannt, ebenso wie ein CIA-Mitarbeiter in ebendiesen Kapiteln. Anschließend wollte der AIVD auch noch Detailangaben streichen, die laut Dienst unter die Kategorie »streng geheim« fallen und Personen gefährden könnten. Als ich mich weigerte, weil mich die Argumente nicht überzeugten, hat der Dienst im Juli 2019 Klage erhoben und den Prozess gewonnen. Aufgrund des angedrohten Bußgeldes in einer Höhe von 25.000 Euro wurden daher einige Details in diesem Buch gestrichen oder verallgemeinert.

DANK

An erster Stelle möchte ich mich hier bei denjenigen bedanken, deren Namen ich nicht nennen kann. Sie haben ihre Karriere aufs Spiel gesetzt und das Risiko einer Gefängnisstrafe auf sich genommen. Noch vor Arbeitsbeginn haben sie rasch bestimmte Informationen gesammelt oder spätabends zum Telefon gegriffen und waren niemals ungehalten, wenn ich sie bei Mahlzeiten im Kreis der Familie, bei Bootsfahrten oder Versammlungen störte. Ihnen allen tausend Dank.

Mein Dank gilt auch der Chefredaktion des *de Volkskrant*, die mir Gelegenheit gab, dieses Buch zu schreiben und mir unerschütterlich vertraute – bis in den Gerichtssaal hinein: Philippe Remarque, Corine de Vries und Pieter Klok. Danke auch für den warmen Empfang an den Podium-Verlag; Joost Nijsen setzte so großes Vertrauen in mich, dass er dachte, das Buch würde schon ein Jahr früher fertig werden. Willemijn Lindhout hat mich unermüdlich unterstützt, gecoacht und gelenkt. Eindrucksvoll.

Hugo Logtenberg war mit seinem Engagement und seinen Anregungen ein journalistischer Ratgeber von unschätzbarem Wert. »Details, Huib, pass mit den Details auf!« Tom Kreling war ein toller Reisegefährte und glaubte noch vor mir daran, dass dieses Buch zustande kommen würde. Joris Luyendijk hat mir klargemacht, worin die wirkliche Bedeutung des Buches besteht; seine Genauigkeit und seine Ratschläge haben es eindringlicher und lesbarer gemacht.

Mein Dank geht auch an Marije Randewijk, Eelco Bosch van Rosenthal, Ruben Maes, Titia Kramer, Mieke Clement, Peter Modderkolk, Jeroen de Bakker, Pieter van Os und Ryan Gallagher für ihre Unterstützung, viele Tassen Kaffee, Faktenchecks und

Angebote von Schreibtischplätzen. Bonny, Roxy und Lou kann ich nicht genug danken. Ihr seid die wahren Helden.

LITERATUR

Prolog

BSI-Bericht über Sabotage
Bundesamt für Sicherheit in der Informationstechnik (Hrsg.): *Die Lage der IT-Sicherheit in Deutschland 2014.* Auf: https://www.bsi.bund.de/SharedDocs/Downloads/DE/BSI/Publikationen/Lageberichte/Lagebericht2014.pdf?__blob=publicationFile

Hack Bundestag
Patrick Beuth, Kai Biermann, Martin Klingst und Holger Stark: »Merkel and the Fancy Bear«. In: *Die Zeit*, 12. Mai 2017. Auf: https://www.zeit.de/digital/2017-05/cyberattack-bundestag-angela-merkel-fancy-bear-hacker-russia

Deutscher Geheimdienstchef warnt
Lizzie Dearden: »German spy chief warns Russia cyber attacks aiming to influence elections«. In: *Independent*, 4. Mai 2017. Auf: https://www.independent.co.uk/news/world/europe/germany-spy-chief-russian-cyber-attacks-russia-elections-influence-angela-merkel-putin-hans-georg-a7718006.html

Andrea Shalal: »Germany concerned about possible ›sleeper‹ cyber sabotage«. In: *Reuters*, 4. September 2018. Auf: https://www.reuters.com/article/us-germany-security/germany-concerned-about-possible-sleeper-cyber-sabotage-idUSKCN1LK1DX

1 Ein ungebetener Gast

Zahlenangaben über die Abhörtätigkeiten der NSA stehen in den ersten Snowden-Veröffentlichungen
Glenn Greenwald: »NSA collecting phone records of millions of Verizon customers daily«. In: *The Guardian*, 6. Juni 2013. Auf: https://www.theguardian.com/world/2013/jun/06/nsa-phone-records-verizon-court-order

Glenn Greenwald und Ewen MacAskill: »NSA Prism program taps
into user data of Apple, Google and others«. In: *The Guardian*, 7. Juni 2013.
Auf: https://www.theguardian.com/world/2013/jun/06/us-tech-giants-
nsa-data

Beverwijk und Katwijk auf US-Liste der kritischen Infrastrukturen
Cablegate, WikiLeaks, cablenummer: 09STATE15113, Dezember 2010.

2 Totaler Blackout

Kurzfilm von 1998 über das Mobiltelefon von Frans Bromet
(in Niederländisch)
https://www.youtube.com/watch?v=TNwhIHqM60g

DigiNotar-Replik in gesichertem Bunker bei Schiphol
René Schoenmaker: »De opkomst en ondergang van DigiNotar«. In:
webwereld.nl, 7. September 2011. Auf: https://webwereld.nl/nieuws/
security/de-opkomst-en-ondergang-van-diginotar-3703331/

Einzelheiten über Kabel, DigiNotar, Verkaufspreis etc.
Klage gegen Eigentümer von DigiNotar, *rechtspraak.nl.*

Pressekonferenz Piet-Hein Donner zum Thema gehackte Regierungsseiten
YouTube, 3. September 2011.

3 Die Schweiz unter den Geheimdiensten

Abdul Khan
Jaco Alberts: »De Nederlandse connectie met de islamitische bom«.
In: *de Volkskrant*, 19. November 2011. Auf: https://www.volkskrant.nl/
nieuws-achtergrond/de-nederlandse-connectie-met-de-islamitische-
bom~b6513e00/

Chinesisches Frachtschiff BBC in Italien abgefangen
Robin Wright: »Ship Incident May Have Swayed Liby«. In: *Washington
Post*, 1. Januar 2004.

Angriff auf irakische Kommunikationssysteme 2003
John Markoff und Thom Shanker: »Halted '03 Iraq Plan Illustrates US
Fear of Cyberwar Risk«. In: *The New York Times*, 1. August 2009. Auf:
https://www.nytimes.com/2009/08/02/us/politics/02cyber.html

Die Zentrifugen von Natanz
Kim Zetter: *Counting down to Zero. Stuxnet and the Launch of the World's
First Digital Weapon*. New York 2015.

4 Alarmstufe Rot

Passwörter von KPN-Kunden veröffentlicht
Colin Hoek und Brenno de Winter: »Wachtwoorden KPN-klanten
gepubliceerd«. In: *NU.nl*, 10. Februar 2012. Auf: https://www.nu.nl/
internet/2737997/wachtwoorden-kpn-klanten-gepubliceerd.html
o. A.: »Hoogste alarmfase na hack KPN«. In: *nos.nl*, 9. Februar 2012.

5 Bombenabwurf auf eine SIM-Karte

NSA infiziert zunehmend mehr Rechner
Ryan Gallagher und Glenn Greenwald: »How the NSA plans to infect
millions of computers with malware«. In: *The Intercept*, 12. März 2014.
Auf: https://theintercept.com/2014/03/12/nsa-plans-infect-millions-
computers-malware/

Zahlen zur NSA
Peter Koop: »Some numbers about NSA's Data Collection«. In: *Electro-
spaces.net*, 5. Juni 2014.

Chinesische Computerchips
Jordan Robertson und Michael Riley: »The Big Hack: How China
Used a Tiny Chip to Infiltrate US Companies«. In: *bloomberg.com*,
10. April 2018. Auf: https://www.bloomberg.com/news/features/
2018-10-04/the-big-hack-how-china-used-a-tiny-chip-to-infiltrate-
america-s-top-companies

Wie Amerikaner Zielobjekte für Drohnen auswählen
Cora Currier und Peter Maass: »Firing Blind. Article 6 of 8 from the
Drone Papers«. In: *The Intercept*, 15. Oktober 2015.

Die Bombe auf der SIM-Karte
Jeremy Scahill und Glenn Greenwald: »THE NSA's secret role in the US Assassination program«. In: *The Intercept*, 10. Februar 2014. Auf: https://theintercept.com/2014/02/10/the-nsas-secret-role/

Opfer von Drohnenangriffen
The Bureau of Investigative Journalism, thebureauofinvestigas.com/projects/drone-war

Zahlen zu gesammelten Metadaten des GCHQ
Peter Koop: »Some numbers about NSA's data collection«. In: *electrospaces.net*, 5. Juni 2014.

6 Die vielköpfige Schlange

Der griechische Fall
James Bamford: »A death in Athens«. In: *The Intercept*, 29. September 2015.

Israelische Firmen liefern Abhörtechnologie
James Bamford: »Shady Companies With Ties to Israel Wiretap the U.S.: for the NSA«. In: *wired.com*, 4. März 2012. Auf: https://www.wired.com/2012/04/shady-companies-nsa/

Israel hört Bill Clinton und Monica Lewinsky ab
Gordon Thomas: *Gideon's Spies: The Secret History of the Mossad*. New York 2000.

NSA-Katalog
Jacob Appelbaum, Judith Horchert und Christian Stöcker: »Der geheime Werkzeugkasten der NSA«. In: *Der Spiegel*, 29. Dezember 2013.

Briten verweigern Mitarbeit bei den Belgacom-Ermittlungen
Anouk van Kampen: »Britten weigerden medewerking aan onderzoek naar hacking Belgacom«. In: *NRC Handelsblad*, 25. Oktober 2018. Auf: https://www.nrc.nl/nieuws/2018/10/25/britten-weigerden-medewerking-aan-onderzoek-naar-hacking-belgacom-a2752736

Belgien ruft NSA zu Hilfe
Mitch Prothero: »Belgium Called In the NSA to Catch Europe's Most Wanted Man«. In: *Buzzfeednews.com*, 21. August 2016. Auf: https://

www.buzzfeednews.com/article/mitchprothero/belgium-called-in-the-nsa-to-help-catch-paris-attacker

8 Komplott in Amsterdam

Niederländische Dienste müssen schneller Informationen teilen
Niels Rigter: »VS: informatie na aanslag kwam te laat«. In: *De Telegraaf,*
5. September 2018. Auf: https://www.telegraaf.nl/nieuws/2522637/
vs-informatie-na-aanslag-kwam-te-laat

Bericht über die chinesische Spionageeinheit APT1
Mandiant: *Exposing one of China's Cyber Espionnage Units,* fireeye.com/
content/dam/fireeye-www/services/pdf/mandiant-apt1-report.pdf,
19. Februar 2013.

Chinesische Spione greifen US-Regierung an
David Barboza, Nicole Perloth und David E. Sanger: »Chinese Army
Unit is Seen as Tied to Hacking Against U.S.«. In: *The New York Times,*
18. Februar 2013. Auf: https://www.nytimes.com/2013/02/19/tech-
nology/chinas-army-is-seen-as-tied-to-hacking-against-us.html

Spionagevorwurf: US-Regierung klagt China an
David E. Sanger: »U.S. Blames China's Military Directly for Cyberattacks«. In: *The New York Times,* 6. Mai 2013. Auf: https://www.nytimes.com/
2013/05/07/world/asia/us-accuses-chinas-military-in-cyberattacks.
html

Ingelicht (Mitarbeiterzeitschrift MIVD)
Stichting Argus. www.inlichtingendiensten.nl/organisatie/ingelicht

Streit zwischen AIVD und MIVD
Bart Olmer: »Spionnen onder één dak: ruzie«. In: *De Telegraaf,* 28. Februar, 2014. Auf: https://www.telegraaf.nl/nieuws/992303/spionnen-
onder-een-dak-ruzie

FSB hackt Yahoo
Vindu Goed und Eric Lichtblau: »Russian Agents were behind Yahoo
Hack, U.S. says«. In: *The New York Times,* 15. März 2017. Auf: https://
www.nytimes.com/2017/03/15/technology/yahoo-hack-indictment.html

Russen sind gewiefte Hacker
Peter Apps und Jim Finkle: »Suspected Russian Spyware Turla targets
Europe, United States«. In: *Reuters*, 7. März 2014. Auf: https://www.
reuters.com/article/us-russia-cyberespionage-insight/suspected-russian-
spyware-turla-targets-europe-united-states-idUSBREA260YI20140307

Belgien als Zielobjekt russischer Hacker
Mark Eeckhaut en Nikolas Vanhecke: »Ook België doelwit van Russische hackers«. In: *De Standaard*, 5. Oktober 2018. Auf: https://www.
standaard.be/cnt/dmf20181004_03807956

Russen und der Handel mit Malware
MA Goncharov: »Russian Underground Revisited«. In: *Trendmicro.de*,
28. April 2014.

9   **Auf dem Roten Platz ertappt**

Scoop Tweakers
Olaf van Miltenburg und Joost Schellevis: »Chipmachinefabrikant
ASML is gehackt door Chinese overheid«. In: *Tweakers.net*, 2. Februar
2015.

Antwort auf Anfrage nach Hack Rheinmetall
www.rijksoverheid.nl/documenten/kamerstukken/2016/07/01/
beantwoording-kamervragen-over-het-bericht-nederlandsduits-
defensiebedrijf-gehackt-door-chinezen

Von Ocean's Eleven zu Die Hard
Kim Zetter: »Hacker Lexicon: what are CNE and CNA«. In: *Wired.com*,
7. Juni 2016. Auf: https://www.wired.com/2016/07/hacker-lexicon-
cne-cna/

Kaspersky und die Ermittlungen zu Cozy Bear oder »Miniduke«
GReAt: »Miniduke is back: Nemesis Gemina and the Botgen Studio«.
In: *Kaspersky Lab*, 3. Juli 2014. Auf: https://securelist.com/miniduke-
is-back-nemesis-gemina-and-the-botgen-studio/64107/

New York Times über russische Trollfabriken
Adrian Chen: »The Agency«. In: *The New York Times*, 2. Juni 2015. Auf:
https://www.nytimes.com/2015/06/07/magazine/the-agency.html

Bericht in De Groene über russische Trolle
Robert van der Noordaa und Coen van de Ven: »Het MH17-complot«.
In: *De Groene Amsterdammer*, 29. Mai 2019. Auf: https://www.groene.nl/
artikel/het-mh17-complot

Russische Hacker greifen Wahlsysteme an
Bill Whitaker: »When Russian hackers targeted U.S. election infra-
structure«. In: *CBSNEWS.com*, 17. Juni 2018. Auf: https://www.
cbsnews.com/news/when-russian-hackers-targeted-the-u-s-election-
infrastructure/

Russen lesen Obamas E-Mails
David E. Sanger und Michael Schmidt: »Russian Hackers read
Obama's Unclassified Emails, Officials Say«. In: *The New York Times*,
25. April 2015. Auf: https://www.nytimes.com/2015/04/26/us/russian-
hackers-read-obamas-unclassified-emails-officials-say.html

Russen greifen amerikanische Militärführung an
Nancy A. Youssef: »Russians Hacked Joint Chiefs Of Staff«. In:
TheDailyBeast.com, 4. April 2017.

US-Demokraten schlagen FBI-Warnungen in den Wind
Eric Lipton, David E. Sanger und Scott Shane: »The Perfect Weapon:
How Russian Cyberpower invaded the U.S.«. In: *The New York Times*,
13. Dezember 2016. Auf: https://www.nytimes.com/2016/12/13/us/
politics/russia-hack-election-dnc.html

10 Porno und Rolls-Royce

NSA-Chef verrät westliche Verbündete
Ellen Nakashima: »New Details emerge about 2014 Russian Hack of
the State Department: It was ›hand to hand combat‹«. In: *The Washington Post*, 3. April 2017.

Niederländische Firma King-Servers betroffen von russischen Hacks
Andrew E. Kramer: »A Voice Cuts through, and Adds to, the Intrigue
of Russia's Cyberattacks«. In: *The New York Times*, 27. September 2016.
Auf: https://www.nytimes.com/2016/09/28/world/europe/russia-
hacker-vladimir-fomenko-king-servers.html

Kaspersky spioniert, nach Ansicht der Amerikaner
Nicole Perlroth: »How Antivirus Software Can Be Turned Into a Tool for Spying«. In: *The New York Times*, 1. Januar 2018. Auf: https://www.nytimes.com/2018/01/01/technology/kaspersky-lab-antivirus.html

Ehemaliger FBI-Mitarbeiter über Gubarew und Webzilla
Matthew Rosenberg: »Tech Firm in Steele Dosier May Have Been Used by Russian Spies«. In: *The New York Times*, 14. März 2019. Auf: https://www.nytimes.com/2019/03/14/us/politics/gubarev-steele-dossier-trump-russia.html

11 Mit Dynamit fischen

Auswirkungen von Geiselsoftware in britischen Krankenhäusern
National Audit Office: *Investigation: WannaCry Cyber Attack and the NHS*, 25. April 2018.

Auswirkungen von NotPetya
Andy Greenberg: »The Untold Story of NotPetya, the Most Devastating Cyberattack in History«. In: *Wired.com*, 22. August 2018. Auf: https://www.wired.com/story/notpetya-cyberattack-ukraine-russia-code-crashed-the-world/

US-Krankenhaus muss Rechner austauschen
Jessica Davis: »West Virgina hospital replaces computers after Petya cyberattack«. In: *HealthCareITNews.com*, 30. Juni 2017.

Angriff auf die ukrainische Stromversorgung
Kim Zetter: »Inside the Cunning, Unprecedented Hack of Ukraine Power Grid«. In: *Wired.com*, 3. März 2016. Auf: https://www.wired.com/2016/03/inside-cunning-unprecedented-hack-ukraines-power-grid/

US-Regierung und Großbritannien machen Russland für NotPetya verantwortlich
Sarah Marsh: »US Joins UK in Blaming Russia for NotPetya cyberbattack«. In: *The Guardian*, 15. Februar 2018. Auf: https://www.theguardian.com/technology/2018/feb/15/uk-blames-russia-notpetya-cyber-attack-ukraine

Zurich North America weigert sich, Ansprüche zu erstatten
Luke Irwin, »›An act of war‹: Zurich American refuses to pay out on
cyber insurance policy following NotPetya Attack«. In: *IT GOvernance
Blog*, 3. April 2019.

*NSA-Mitarbeiter befürchten, ihre Hacker-Werkzeuge könnten Schaden ver-
ursachen*
Ellen Nakashima und Craig Timberg: »NSA officials worried about
the day its potent hacking tool would get loose. Then it did«. In: *The
Washington Post*, 16. Mai 2017. Auf: https://cyber-peace.org/wp-content/
uploads/2017/05/NSA-officials-worried-about-the-day-its-potent-
hacking-tool-would-get-loose.-Then-it-did.pdf

12   Kampf ohne Regeln

Ronald Prins
o. A.: »Ronald Prins. The Spy's Spy«. Auf: politico.eu/list/politico-
28-class-of-2019-the-ranking/ronald-prins/

Israelische Spionagesoftware, um Journalisten abzuhören
Azam Achmed und Daiv D. Kirkpatrick: »Hacking a Prince, an Emir
and a Journalist to Impress a Client«. In: *The New York Times*,
31. August 2018. Auf: https://www.nytimes.com/2018/08/31/world/
middleeast/hacking-united-arab-emirates-nso-group.html

Meinungsumfragen zum Referendum über das *Nachrichtendienstgesetz*
I&OResearch

Bill Clintons Rede über China
movies2.nytimes.com/library/world/asia/030900clinton-china-text.
html

Reaktion von Gemalto auf die Behauptung, die Firma sei gehackt worden
Gemalto.com/press/pages/gemalto-presents-the-findings-of-its-
investigations-into-the-alleged-hacking-of-sim-card-encryption-keys.aspx

Interview mit dem ehemaligen CIA-Chef Michael Hayden
Paul D. Shinkman: »Former CIA Director: Cyber Attack Game-Chan-
gers Comparable to Hiroshima«. In: *usnews.com*, 20. Februar 2013.

Auf: https://www.usnews.com/news/articles/2013/02/20/former-cia-director-cyber-attack-game-changers-comparable-to-hiroshima

CIA verwendet Hacking als Waffe
WikiLeaks, Vault 7: CIA Hacking Tools Revealed, 7. März 2017.

Ermittlungen zu Triton-Malware
Steve Miller et. al:»Triton Actor TTP Profile, Custom Attack Tools, Detections, and ATT&ck Mapping«. In: *FireEYe.com*, 10. April 2019. Auf: https://www.fireeye.com/blog/threat-research/2019/04/triton-actor-ttp-profile-custom-attack-tools-detections.html

Entwendung von Daten des Jugendamtes
Daniël Verlaan:»Groot datalek bij Jeugdzorg: dossiers duizenden kwetsbare kinderen gelekt«. In: *RTLN ieuws.nl*, 10. April 2019. Auf: https://www.rtlnieuws.nl/tech/artikel/4672826/jeugdzorg-datalek-dossiers-kinderen-utrecht-email

Datenleck im Krankenhaus Gelre
o. A.:»Gelre ziekenhuizen waarschuwt voor datalek na phishingaanval«. In: *Security.nl*, 11. Dezember 2018. Auf: https://www.security.nl/posting/590454/Gelre+ziekenhuizen+waarschuwt+voor+datalek+na+phishingaanval

Patientenakten öffentlich durch Leak in Amsterdamer Krankenhaus
Michiel van der Geest:»Patiëntdossiers in te zien door lek bij ziekenhuis OLVG«. In: *de Volkskrant*, 15. Februar 2019. Auf: https://www.volkskrant.nl/nieuws-achtergrond/patientdossiers-in-te-zien-door-lek-bij-ziekenhuis-olvg~bab966c4/

1,3 Millionen Fotos in Datenbank der Polizei
Wester van Gaal:»Gezichtsherkenning op de Nederlandse straten: moeten we dat willen?«. In: *Vice*, 18. Juli 2019. Auf: https://www.vice.com/nl/article/8xzydz/gezichtsherkenning-op-de-nederlandse-straten-moeten-we-dat-willen

Türkei überwacht Dissidenten mit Spionagesoftware
Lorenzo Franceschi-Bicchierai:»Turkey's Government Tried to Hack Hundreds of Protesters Over Twitter, Researchers Say«. In: *Vice*, 14. März 2018. Auf: https://www.vice.com/en_us/article/wjb8g5/finfisher-turkey-twitter-spyware

Warnung Rechnungshof
Floor Bouma: »Rekenkamer: ministerie moet cyberveiligheid water-
werken verbeteren«. In: *NRC Handelsblad*, 28. März 2019. Auf: https://
www.nrc.nl/nieuws/2019/03/28/rekenkamer-ministerie-moet-
cyberveiligheid-waterwerken-verbeteren-a3954956

Gesellschaftliche Zerrüttung droht
Ministerium für Sicherheit und Justiz: »Cybersecuritybeeld Nederland CSBN 2019«. In: *NCTV.nl*, 12. Juni 2019.

REGISTER

313